한국 사람
(Koreans)

저자 **손동완** (Son, Dong-wan)

한반도(조선 반도)의 민족 집단에 대해서 다 각도로 연구해 온 저자는 그 기원, 역사, 정치적 조건 등을 주목한다. 2001년 이래의 연구는 "한민족의 기원에 대한 우리의 인식"(2023)(828쪽), "3국, 3조선, 북방을 넘어서서"(2024 a), "한반도 국가의 정치 군사적 조건"(2024 b) 이란 책으로 출간된 바 있다. 2000년 이전에는 20세기의 사회와 가치에 대한 여러 문제를 강의(고려대 법대와 경영대 교양과정)하고 구 중국의 정치/ 사회사상에 관한 논문(1991, 1992, 1993)을 쓰고 서구권의 중국 연구 동향을 소개하는 편역(1984) 작업에 참여하기도 했다.

POLITICAL CONDITIONS

HISTORY

ORIGINS

한국 사람
(Koreans)

정치적 조건, 역사, 그리고 기원

손동완 지음

바른북스

현재의 한국 사람(남한의 남한인)은 1953년에 출발한다 고 보아야 할 여지가 많다. 그 위로는 676년에 출발한다는 것이 통설인데 이른바 한국(조선) 민족은 한반도 3조(676~1910)를 통해서 형성된다고 할 수 있기 때문이다. 또 하나 676년 이전은 기원전후 정도가 중요하고 훨씬 더 위의 10000, 50000, 100000년전(BP) 이란 시간은 그다지 의미가 없다. 그 집단과 관련해서 그들이 '어디에서 기원하는가'(외래설의 입장이다) 보다는 그들이 '어떻게 형성되는가'(내재론의 입장이다) 가 훨씬 더 중요하다고 해야 한다. 여하튼 한반도(조선 반도)의 민족 집단은 어느 시점에 단발적으로 출발한다고 할 수는 없을 듯하다.

목차

(part 1 한국 사람)

1 이주민	14
2 한국 사람	24
3 조선 사람	33
4 해양	40
5 대륙	47
6 전환	56
7 신 중국	65
8 친중파	75
9 북한 완충론	85

(part 2 민족)

10 디아스포라 동포	96
11 민족 공동체	105
12 근대주의	115
13 근대주의 딜레마	124
14 민족주의	134
15 한반도의 민족 집단	140
16 한반도 3조	150
17 통일 전쟁	160
18 만들어진 3국	169
19 조건	175

(part 3 대 북국 대 중국 논)

20 북방 북국	184
21 남국 문제	194
22 남 북국설	203
23 북국 제국	210
24 화하	220
25 구 중국 문화	227
26 한족	238
27 정치 군사	247
28 한 4군	254
29 소 중화 문제	264
30 사대 문제	274

(part 4 역사 만들기)

31 양계	286
32 고구려와 발해	293
33 본토설	303
34 조선사	310
35 갈해(말갈 발해)	317
36 동사	327
37 기자	334
38 위만 조선	341
39 소급과 재 소급	348
40 단군	355
41 한국사	362

(part 5 기원 문제)

42 기원 이론   374

43 3한 일관론   379

44 3한 복합체   390

45 3한의 기원 문제   401

46 시베리아   409

47 발해연안   419

48 부여   429

49 남방 해양   439

50 유전자 논   446

〈보론〉

1 선사시대와 민족 기원 2 선/ 후 남방계설 3 고 아시아족과 퉁구스인 4 마한 조의 예맥 5 가야인의 유전체 6 임나일본부 7 백제 상층 8 3국 결합설 9 북계 10 동계   460

참고 문헌   548
용어와 색인   562

part 1   한국 사람

괄호 안의 1, 2, 3, 4……50 은 각각 본문 1, 2, 3, 4……50, 그리고 괄호 안의 023′, 024 a, 024 b 는 각각 손동완 2023(부록), 손동완 2024 a, 손동완 2024 b 의 약호임(456쪽 참조).

1 이주민

현재 대한민국(남한)은 출산율 저하로 인해서 국가 또는 민족의 소멸 가능성까지 제기되고 있다. 1950년대 후반 한 해 태어난 사람이 100만 명 수준인데 현재는 20만 명을 향해서 가고 있다는 수치가 그것을 잘 말해준다. 정부에서 상당 기간 막대한 예산을 투입해서 출산율을 끌어 올리기 위해 힘썼지만 그 결과는 처참하다. 사회 구조적인 요인이 몇몇 피상적인 정책으로 해결되기는 힘든다 는 교훈만 얻은 듯하다. 이민 사회가 그 현실적인 타개책으로 제시된다(김시덕 2023)(3장). 아직까지는 남한은 이민을 끌어들일 만한 요인이 있고 그 기회를 놓치지 않고 정책을 편다면 인구 문제를 어느 정도 해결할 수 있을 듯하다. 그러나 이주민에 대한 거부감이 문제로 떠오른다.

민족 공동체(한민족 공동체)(11) 논자들은 공개적으로 이민 사회를 반대한다. 물론 탈 민족주의를 비판하는 형식을 취하지만 현금의 다 문화 적 상황에 대해서 거리낌 없이 비판하고 있다(정영훈 외 2017). 그들은 아직까지 민족 소멸 문제가 심각하다는 사실을 인식하지 못하고 있는 듯하다. 그리고 민족주의(14)에 기반한 그들의 주장은 문자 그대로 한가한 얘기일 수 있다. 현대 남한에서 민족주의(위)는 여러가지 형태로 진행이 된다. 저항적 민족주의, 발전적 민족주의에 이어서 열린 민족주의가 나오긴 하지만 지금까지 한국 시민(아래)보다는 한국 민족(한민족) 이란 개념이 더 우위를 점하고 있고 그러한 경향이 이민 사회로 가는 길을 가로막는 역할을 하는 것이 분명하다.

주로 현대 남한의 남한인을 지칭하는 한국 사람(2)은 아직까지 한국 시민(위) 보다는 한국 민족 을 의미하는 경우가 더 많다. 다 문화 사회에서 이주민들 더 자세히 말해서 이주 배경 인구가 하나의 구성원으로 통합이 되려면 한국 민족 보다는 한국 시민(위)의 정체성을 가지는 방향으로 가는 것이 맞다(윤인진, "한국민족문화대백과사전" 한민족). 말하자면 종족 민족 등 혈통적인 요인보다는 주민 시민의 비 혈통적인 요인이 더 중요하게 작용해야 한다. 한국 사람(위) 이란 용어도 달라져야 한다. 이주 배경의 인구가 전체 인구의 5%에 육박하고 있는데도 아직까지 우리 사회의 정체성에 대한 논의는 본격적으로 이루어지지 않고 있는 형편이다.

현재 외부에서 한반도(조선 반도)로 들어가는 집단은 다양하다. 이전(아래)과는 다른 점은 세계화 지구화가 진행되면서 인접 지역뿐 아니라 상당히 멀리 떨어진 지역에서 그것도 동 아시아의 유전적 범위를 넘어서는 다양한 집단들이 들어간다는 사실이다. 또한 한반도 국가(024 b)에서 그 밖으로 나간 디아스포라 동포(10) 가운데 조선족/ 고려인 이 다시 들어가는 경우도 많다. 이른바 다 문화 상황에서 조선족/ 고려인을 제외한 다른 집단들은 기존의 한국 민족 이란 정의와 범위에 상당한 혼란을 주고 있다. 한국 민족(한민족)에 대한 정의를 다시 해야 한다는 원론적인 제시도 있지만(박영호, 각종 언론) 그보다는 한국 시민(위) 이란 개념으로 풀어가야 할 듯하다.

이전에도 구 중국(24, 25, 26, 27)에서 한반도(조선 반도) 지역으로 들어가는 집단이 있었다. "삼국지"('위지' 동이전, 예 조, 한 조)에도 기원전 200년 전후해서 진난(진시황의 진 제국이 혼란에 빠지면서 일어나는 사태를 말한다)을 피해서 한반도 지역으로 들어간다는 집단이 등장한다. 또한 기원전 100년 전후와 그 이후에 위만 조선(38) 또는 한 4군(28)의 한 부분을 이루던 한족(26) 가운데 일부가 3한 지역으로 들어간다는 기록도 나온다(이른바 한족계설의 근거가 되기도 한다. 45). 다만 주로 기원전의 그들 한족 집단보다는 7세기 이래의 한반도 3조(676~1910) 기간에 귀화하는 한족(위)인 중국계 성씨를 가진 집단이 더 현실적이다. 그들 집단은 한반도 3조(16) 특히 고려 조선 양조 기간 동안 들어간다.

반기문 전 유엔 사무총장도 구 중국 절강성에서 한반도로 들어간 인물의 후손이지만 당연히 한반도(조선 반도)의 민족 집단(15)의 범위에 들어간다. 반 총장은 퇴임 직전에 중국을 방문에서 그 지역의 반씨 문중과 해후한 적이 있고 베트남(월남)으로 날아가서 그곳으로 들어간 반씨 후손과도 교분을 나눈 적이 있다. 그렇지만 반 총장이 한반도의 민족 집단(위)의 일원 이란 것은 말할 것도 없고 가장 지명도가 높은 '한국 사람'(위)이기도 하다. 이상의 구 중국뿐 아니라 일본에서 한반도 국가로 귀화한 집단도 있고 베트남(월남)에서 귀화한 집단까지 있다. 그들도 현재는 당연히 한반도의 민족 집단의 한 부분을 이루고 있다.

 현재 한반도(조선 반도)의 한 부분인 양계(31) 지역 출신의 여진계(023')도 상대적으로 현실적인 집단인데 그들은 다수 집단에 동화(023')되어 현재 한반도(조선 반도)의 민족 집단(위)의 일부를 이루고 있다. 그들 집단은 알타이언어 사용 집단(아래)의 하나인 퉁구스어(T) 남부 방언 사용 집단의 일부가 양계 지역으로 이주한 후에 한반도 국가(위)로 편입(023')이 된 것이다. 여진 집단 가운데 양계 지역으로 들어간 집단은 현재 한반도의 민족 집단(위)의 일부가 되지만 양계 지역 밖 특히 요동 지역의 여진 집단은 다른 길을 걷는다. 그들은 명의 간접 지배(명은 그 지역에 요동도지휘사사 란 기관을 설치한다)를 받다가 이후 북국 제국(23) 청을 세운다.

 참고로 동부 만주를 대표하는 집단인 읍루계는 일찍이 "삼국지"('위지') 동이전에 나오는 부여/ 고구려/ 동 옥저/ 읍루/ 예/ 한/ 왜인(023') 의 읍루 에서 시작해서 물길 〉 말갈 〉 여진 으로 이어진다. 말갈은 발해 말갈과 흑수 말갈로 나뉘는데(35) 흑수 말갈 계통에서 여진이 나와서 여진 금(1115~1234)을 세운다. 발해 말갈(위)은 발해 국가를 세우지만 발해인(노태돈 1985)은 거란 요(위)의 지배를 받으면서 정체성을 상실한다. 이후 여진 금(위) 은 몽골 원(1206~1368)에 정복되어 그 지배를 받는다. 몽골 원 당시 양계 지역의 여진 집단은 고려조를 거쳐서 조선조로 가면서 한반도 국가에 편입되어 동화된다(위).

그 외에도 한반도 3조(위) 이전에 만주의 예맥계 특히 부여계(023')가 한반도 지역으로 들어간다는 이론이 있다. 한강 유역의 십제(023') 집단이 그들인데 그들은 이후 한반도 서남부의 고대 국가의 핵심을 이루는 집단이 된다는 입론이다. 한반도 동남부에도 여러 계통의 이주민이 들어간다는 이론이 있다. 진난(위) 때 중국인(한족) 들이 들어간다는 설(위)/ 시베리아 계통의 이주민이 경주 지역으로 들어가서 마립간(023') 집단의 대릉원을 남긴다 등의 주장도 있다. 그렇지만 한반도(조선 반도)는 정복자 기원(023')의 이론이 잘 들어맞지 않는 지역이다. 그보다는 기원전 1000년 이래의 초기 농경 사회(지석묘가 그 표지다)가 더 중요한데 기원전후 국이 발생하고 이후 연맹과 병합의 단계를 거쳐 고대 국가로 간다(44).

다시 현대로 돌아가서 이주 배경 인구가 한국 사람(위)으로 대우를 받기까지는 좀 더 시간이 필요해 보인다. 아직까지 한국 사람(위) 이란 말이 한국 민족(위) 또는 역사 공동체 '한국'(조선)과 연관성이 높은 용어로 사용되기 때문이다(2). 그렇지만 되도록 빨리 한국 사람 이 한국 시민(위)을 아우르는 용어가 되어야 할 것이고 그렇지 않을 경우 한국 사람 자체가 소멸이 될 가능성이 상당히 높다. 말하자면 한국 시민 이란 단계로 나아가지 않으면 한반도의 민족 집단(위)과 국가 자체가 생존하기 쉽지 않을 듯하다. 현재 열린 민족주의 또는 세계주의 로 나가는 것은 불가피한 일로 보인다(14). 한반도로 들어가는 현대의 이주민(위)들을 한국 시민(위) 이란 개념으로 통합해 나가는 일은 시급하다.

현대의 이주 배경 인구도 한반도 3조(위) 기간 동안 구 중국에서 들어가는 집단(위) 또는 양계 지역의 여진계(위) 처럼 언젠가는 한반도(조선 반도)의 민족 집단(위)으로 흡수(023')될 것이다. 물론 앞서 여러 번 강조한 대로 그것은 한반도의 민족 집단(위)이 소멸하지 않는다는 전제 하에서의 얘기다. 한국 시민 이 한국 민족 보다 더 중요한 개념이 되는 시기가 가능한 한 빨리 오는 것이 바로 한반도의 민족 집단이 소멸하지 않을 조건이 될 것이다. 기본적으로 인류의 역사는 이주의 역사 라고 해도 과언이 아니다(아래). 그런 만큼 현재의 인구 문제가 이주민의 이민 사회 란 방식으로 해결이 되는 것도 그다지 부자연스런 것만은 아닐 듯하다.

 빙하기의 현생 인류가 동 아프리카에서 아라비아 반도와 서 아시아의 해안을 따라 동남 아시아로 들어가고 다시 동북 아시아로 가는 것도 크게 보면 이주민이라 할 수 있다. 또한 동 중국 해안을 따라서 일본 열도와 사할린 섬 해안(현재보다 해수면이 낮은 빙하기에는 육로로 연결된다)을 거쳐서 아무르 강을 거슬러 올라간다는 집단(아무르설, 023')도 이주민이다. 최근 이론에 나오는 중국 동북 요서 지역에서 기장 농사 또는 벼 농사의 확산에 따라 주변 지역으로 흩어진다는 집단(Robbeets 외 2021)도 이주민이다. 현재의 알타이언어(TMT) 즉 트랜스 유라시아 언어 사용 집단은 이상의 집단 가운데 하나에서 기원(023') 한 것일 가능성이 높다.

 알타이언어(TMT) 사용 집단 가운데 일부는 다시 몽골 고원을 거쳐서 중앙 아시아 지역으로 들어가는데 바로 투르크어(T) 사용 집단이다. 그 지역으로 들어가는 집단은 그 지역의 페르시아(이란) 계 집단을 정복해서 현재의 민족 집단을 구성한다. 그들 집단도 이주민이다. 근대의 신 대륙 또는 호주 대륙도 유럽계 이주민이 정복자로 들어가서 현지의 원주민을 말살(북미, 호주)하거나 그들과 혼합(남미)되어 이루어진 지역이다. 동 아시아에서도 기원전후 황하 유역에서 형성되는 한족(위)이 남쪽으로 내려가면서 그 지역의 집단들과 혼합이 되고(Wen 외 2004) 이후 중국 대륙은 한족이 주류가 된다. 신 대륙의 원주민도 오래 전에 유라시아 대륙에서 건너간 이주민인 것은 말할 것도 없다.

2 한국 사람

한반도 현대의 2국가 2국민 가운데 남한인은 '한국 사람' 이라 부르고 북한인은 '조선 사람' 이라고 부른다. 남한의 한국 사람은 해양(4) 세력인 일본과 미국의 영향 하에서 자본주의적 현대화를 겪은 집단이고 북한의 조선 사람은 대륙(5) 세력인 구 소련과 신 중국(7)의 영향 하에서 사회주의적 현대화를 겪은 집단이다. 분류 상 19, 20세기에 한반도(조선 반도) 밖으로 나간 디아스포라 동포(10)가 위의 두 집단과 가장 가깝다. 통상 민족 공동체(11) 란 용어는 한국 사람(남한인)/ 조선 사람(북한인)/ 디아스포라 동포 세 집단과 관련이 있다. 그 세 집단은 모두 한반도 3조(16)를 거치면서 형성되는 한반도의 민족 집단(15)과 관련이 있는데 19, 20세기의 전환(6) 이후 각자 다른 길을 걷는다.

현재 한국 사람(위)은 여전히 한국 민족(아래) 이란 측면이 한국 시민 이란 측면보다 더 강조되고 있다(1). 그렇지만 미래 지향적인 측면에서는 한국 민족 보다 한국 시민이 더 중시되어야 할 듯하다. 한반도의 민족 집단(위)에게 당면한 민족 소멸 문제를 넘어서기 위해서는 한국 민족(한민족) 이란 개념을 반드시 극복하고 가야 하기 때문이다. 민족 소멸을 넘어서기 위한 마지막 카드인 이민 사회에서 가장 핵심적인 것이 바로 한국 민족 이란 개념이 가진 폐쇄성을 극복하는 것이고 대신 한국 시민 이란 개념이 긍정적인 역할을 해야 한다(1). 한국 시민 이란 개념으로 나아가기 위해서도 우리는 한국 민족 을 둘러 싼 논의를 더 잘 이해할 필요가 있을 듯하다.

현대의 2국가 2국민인 한국 사람(남한인)/ 조선 사람(북한인)은 그 이전인 근대(아래)의 여러 단계를 거치면서 형성이 된다고 할 수 있는데 한반도의 근대는 역사 학계에 여러 가지 문제를 던져주는 시대임에 틀림이 없다. 시대 구분(023') 이란 면에서도 서구를 중심으로 나온 근대 란 시대가 동 아시아에서 그대로 적용이 된다고 볼 수도 없고 서구 역사에서 일반화되는 근대가 기타 지역에서 적용되는 데는 여러 가지 논란이 따를 수밖에 없을 것이다. 다만 서구와는 달리 왕조 시대가 오랜 기간 지속된 동 아시아는 대체로 왕조 시기가 끝나면서 근대로 접어들고 현대로 넘어가면서 그 시기가 역할을 다한다고 할 수 있다.

한반도(조선 반도)의 역사에서 이른바 근대(위)는 극적인 변화를 겪는 시기라고 할 수 있다. 한반도 남단의 남한(대한민국)의 한국 사람(위)도 그 정체성을 정의하기 바쁠 정도의 급격한 변화에 휘말린다. 물론 그 북단의 북한(조선민주주의인민공화국)의 조선 사람(3)도 많은 변화를 겪는다. 그 두 집단은 그 동안 민족과 통일(023') 이란 명분 하에서 특수 관계 임을 주장한 적이 많지만 실제로는 2국가 2국민의 상태였음이 분명하다. 2023년 연말에는 북한의 최고 권력자인 김정은(국무위원장)이 특수 관계를 부인하고 공식적으로 2국가임을 선언한다. 여하튼 한국 사람(위)을 구성하는 남한(대한민국)은 이미 '성공의 보고서'와 '멸망의 보고서'를 동시에 써야 하는 상황(박명림, 각종 언론)에 이른다.

1953년 이래의 남한(대한민국)의 한국 사람(위) 은 사회학자의 분석에서도 등장한다. "한국인의 발견"(최정운 2016)이 그것이다. 그 때의 한국인(한국 사람)은 근대 한국인(아래) 또는 고대 한국인(아래) 이 아니라 현대 한국인 이다. 또한 현대 한반도 지역 2국가 가운데 하나인 북한(조선민주주의인민공화국)의 조선 사람(위)은 그 범위에서 제외된다. 현재 남한의 남한인과 북한의 북한인은 각각 한국 사람(한국인)과 조선 사람(조선인) 이란 각기 다른 용어로 불리는데 그들 두 집단은 이전의 같은 집단을 기초로 해서 나온 것임은 말할 것도 없다(16). 민족 공동체(11) 논에서도 한국 사람(남한인)과 조선 사람(북한인)이 주요 대상이 된다.

위의 저작은 현대 남한에서 나온 문학 작품(소설)을 분석해서 현대의 한국 사람(한국인)의 정체성을 탐구하는데 특히 1953년 이후를 집중적으로 다루고 있다. 한국 전쟁 직후인 1950년대는 '전쟁과 아프레게르' '한국인의 부활'이란 제목으로 당시의 여러 소설을 많은 지면을 할애해서 살펴보고 있다. 이어서 두 개의 혁명(4. 19 와 5. 16)을 언급하고 그 이후를 역사와 개성의 시기(1960년대), 분열과 연합의 시대(1970년대), 투쟁의 시대(1980년대) 등의 순으로 분석하고 있다. 그 저작에서는 1953년 이후의 남한의 남한인을 한국 사람(한국인) 이란 명칭으로 다루고 있는 셈이다. 그런데 같은 저자의 다른 저작인 "한국인의 탄생"은 시대 범위가 조금 다르다(아래).

"한국인의 탄생"(최정운 2013)은 근대(위)의 소설을 분석하는 과정에서 '근대 한국인'의 초상을 제시하고 있다. 근대 이전의 두 인물인 홍길동과 성춘향에서 시작해서 신 소설의 여러 인물들과 그 이후의 소설에 등장하는 민족주의자들 그리고 3. 1 운동 후의 한국 소설 문학의 출발과 이어서 나오는 대 도시 지식인들 그리고 그 이후의 새로운 전사인 근대적 민중 영웅의 출현 등을 통해서 '근대 한국인'의 상을 보여주고 있다. 그 저작의 '근대 한국인'은 "한국 사람 만들기"(함재봉 2017)의 한국 사람과 관련이 있다. 말하자면 '한국 사람 만들기' 논의 한국 사람은 현대 한국인(위) 보다는 '근대 한국인'(위)과 더 가깝다.

그렇지만 이른바 근대 한국인은 현대 한국인(남한의 남한인)에 비해서 모호하다고 할 수밖에 없다. 한반도의 근대(위)가 과도기일 수밖에 없듯이 근대 한국인 이란 개념 또한 과도기적인 존재일 수밖에 없기 때문이다. 그것은 위의 "한국 사람 만들기"의 한국 사람(위) 즉 조선조가 막을 내리면서 조선조 사람의 정체성이 무너지면서 나타나는 새로운 정체성을 가진 사람인 근대 한국인(근대 한국 사람)을 다섯 종류로 나눈 것에서도 잘 드러난다. 물론 그 다섯 가지 정체성을 가진 사람을 다섯 가지 대안으로 보고 있긴 하지만 1953년 이래의 두 집단(남한의 한국 사람/ 북한의 조선 사람)에 비해서는 여전히 모호한 존재라고 할 수밖에 없을 듯하다.

한반도(조선 반도)의 한국(조선) 민족이 현대의 2국가 2국민

형태로 존재한 기간도 이미 70년을 훌쩍 지났다. 물론 70년이 짧은 시간이라 할 수도 있지만 한반도(조선 반도) 역사에서 유명한 이른바 후 3국(900~935)도 겨우 30여년이다. 한반도 국가뿐만이 아니라 구 중국(24, 25, 26, 27)의 경우도 한족 왕조 한(漢)과 진(晉) 사이의 3국(220~280)도 60년인데 "삼국지"(정사) "삼국지연의"(소설)의 3국은 우리에게 잘 알려져 있다. 한족 왕조 당(唐)과 송(宋) 사이의 5대(907~960)도 50여 년 남짓이지만 당당히 연표에 올라있다. 또한 한반도 근대(위)의 일본 식민지기(1910~1945)도 30여년 정도의 기간이란 것을 감안하면 1953년 이래의 그 기간이 결코 짧은 것이라 할 수도 없다.

참고로 '고대 한국인'(고대 조선인) 이란 용어는 성립하기 쉽지 않다. 물론 한국(조선) 민족이 선사시대에 이미 형성된다는 이론이 없지는 않지만 그것이 문헌에 의거하든(단군 담론, 024 a) 아니면 고고 인류학적인 근거를 들이대건(김정학 1990) (제 2장) 그러한 이론은 문제가 많은 것이 사실이다. 적어도 동 아시아의 한국 민족(한민족)/ 일본 민족은 7세기에 모태 (023') 집단이 형성된 뒤에 그 지역의 국가 또는 왕조를 통해서 형성된다 고 해야 한다(15). 그렇다고 한다면 이미 기원전에 형성되는 한족(26)이 주가 되는 중국과는 달리 고대 한국인/ 고대 일본인 이란 개념은 문제가 있다. 한국(조선) 민족이 이미 고대에 형성된 것이 아니라면 고대 한국인 은 그다지 의미가 없다고 해야 한다.

역사 공동체 '한국'(조선)을 전제하는 한국사(조선사) 또는 한국어(조선어)가 가능하다 하더라도 그것이 선사시대까지 올라간다면 분명히 문제가 있다. 심지어는 기원전후 3국(아래)까지 올라가는 문제도 제한적인 의미에서만 가능하다고 보아야 한다(18). 더구나 '고대 한국인'이란 용어가 이른바 고대 한국(ancient Korea)의 한국 문화(김정배 1973) 또는 한국 문명(유사역사학자들이 주로 사용하는 용어다)과 관련되어 사용이 된다면 더 그렇다. 고대의 한국 문화 또는 문명을 구성하는 것은 그 자체가 상당한 문제를 내포하고 있기 때문이다(Pai 2000)(제 1~4장). 물론 고대의 한국 문화 또는 문명을 전제하는 역사 구성도 문제가 없을 수 없다.

그렇다고 할 때 한국인(한국 사람) 이란 용어를 '고대 한국인'(ancient Koreans)으로 사용하기에는 상당한 무리가 따른다고 할 수밖에 없다. 물론 고고학, 인류학, 역사학에서 한국(조선) 선사시대(Korean prehistory)를 다룰 수 있고 선사시대의 한국(조선)(Prehistoric Korea)에 대해서 연구하고 한국(조선)의 고고학(Archaeology of Korea, Yi 2022)을 저술할 수는 있겠지만 그것은 일종의 역사 공동체 '한국'(조선)을 은연 중에 전제하는 것이라 할 수밖에 없다. 그러한 예를 인정한다 하더라도 고대의 한국 사람(조선 사람)은 물론이고 선사시대의 한국 사람(조선 사람)은 매우 제한적으로 사용해야 한다. 물론 빙하기의 까마득한 시기의 한국 사람(조선 사람) 이란 것은 더 더욱 그렇다.

3 조선 사람

 동 아시아 지역은 19세기를 거치면서 기존의 '한반도 국가/ 북방 북국/ 구 중국'의 구도가 무너지고 '해양 대 대륙' 또는 '해양의 자유민주권 대 대륙의 사회주의권'의 구도로 넘어 간다(6). 대륙 쪽은 현재 러시아, 신 중국, 북한이 하나의 권역을 이루고 있다. '해양 대 대륙' 두 진영 가운데 대륙 쪽의 최 전방인 북한(조선민주주의인민공화국)은 이전의 양계(31) 지역을 그 주 영토로 하고 있다. 특히 평양이 위치한 북계(보론 9) 지역은 북한의 핵심부를 이루고 있다. 평양은 북한의 정치적 문화적 중심지 역할을 하고 있는데 북한의 문화어(표준어에 해당한다)도 평양 지역에서 사용하는 언어를 기초로 하고 있다. 양계 이외의 지역은 황해도 정도가 현재 북한의 영역에 포함되어 있다.

현재 북한은 대륙(5) 쪽 배후 세력의 지원 하에 사회주의 사회를 고수하고 주체 사상을 통해서 그 체제를 공고히 한 후 다시 핵 무장 국가(이삼성 2018)로 거듭나고 있다. 신 중국(7)과 러시아의 후원을 받고 있는 북한은 사회주의 국가 란 동질성을 확보하고 거기서 한 걸음 더 나아가서 일반적인 사회주의 국가보다 훨씬 더 강력한 일당(조선 노동당) 지배를 구현하고 있다. 그 이면에는 김씨 왕조의 주체 사상도 한 몫을 하고 있다. 다른 사회주의 권에서는 상상조차 할 수 없는 한 가문의 지속적인 지배는 북한이 주민 통제 란 부분에서 고도의 기술을 보유하고 있음을 잘 확인시켜준다(북한 붕괴론 또는 흡수 통일론 이 잘 먹히지 않고 있다).

북한(위)은 현재 양계(위) 지역을 중심으로 대륙의 사회주의권(위)의 일부로 서의 정체성을 강화하고 있다. 그 결과 북한은 사실 상 남한(대한민국)과는 다른 국민(민족 2)을 형성하고 있다고 해도 절대 과언이 아니다. 1953년 이래 북한과 남한은 서로 다른 현대화의 과정을 밟아 왔고 서로 다른 정체성을 가진 서로 다른 국민 국가(nation state)의 국민(nation)을 이루고 있다는 것이 진실일 것이다. 북한은 물론 민족(민족 3)이란 개념을 동원해서 민족 통일(아래)을 말해 왔지만 그것은 정치 선전에 불과한 것이다 는 것이 최근 확인이 된 바 있다. 통일 문제를 떠나서도 북한을 냉정하게 전략적인 측면에서 보는 자세가 요구된다(9).

조선 이란 용어는 이른바 고조선(023')을 제외하고도 다양한 의미로 사용된다. 현대로 와서는 조선 사람 은 주로 북한(조선민주주의인민공화국)의 국민(인민)을 가리키는 용어로 사용된다. 말하자면 조선 사람 은 한반도(조선 반도) 지역 현대 2국가의 2국민(위)인 남한인/ 북한인 두 집단 가운데 하나인 북한인을 의미하는 용어인 셈이다. 한반도(조선 반도) 내의 한국 사람(남한인)과 조선 사람(북한인)은 19, 20세기에 걸쳐 한반도에서 이산한 집단인 조선족/ 고려인/ 재일 교포/ 미주 한인(023') 집단과 가장 가까운 관계에 있다. 분류 상 위의 디아스포라 동포(10)가 다른 어떤 집단보다 현재의 한국 사람(남한인) 조선 사람(북한인)과 가장 가깝다.

물론 조선조(1392~1910)의 사람도 조선 사람 이라 불리지만 당연히 현대의 조선 사람(위)과는 구분이 된다. 여하튼 현재 조선 사람(위)은 주로 1953년 이래의 한반도 북단의 북한(조선민주주의인민공화국)의 북한인을 가리킨다(2). 그런데 조선조의 조선 사람(위) 또는 현대 북한의 조선 사람 과는 다른 의미의 조선 사람(조선 사람 2, 아래) 도 있다. 그것은 동 아시아 특히 조선 반도(한반도)의 역사 공동체 '조선'(한국)과 관련이 있는 용어다. 예를 들면 일본에서 나온 "조선 사상 전사"(Ogura 2017)의 조선은 조선조(위)나 북한이 아니라 역사 공동체 '조선'(한국)의 조선이다. 그 책에서 다루는 사상은 조선조나 현대의 북한 만이 아니라 남한도 포함되고 그 이전의 조선 반도(한반도)의 사상이 다 다루어진다.

넓은 의미의 조선 사람(조선 사람 2, 위)은 예를 들면 역사 공동체 '일본'을 전제하는 일본 사람 또는 역사 공동체 '몽골'

을 전제하는 몽골 사람에 해당한다. 말하자면 몽골 사람(몽골인)/ 일본 사람(일본인)은 현대의 몽골 사람/ 현대의 일본 사람 이란 의미 외에도 역사 공동체 '몽골'/ 역사 공동체 '일본'을 전제하는 몽골 사람 2/ 일본 사람 2 의 의미도 있다. 그런데 조선 사람 2(위)는 한국 사람 2(아래)와 같은 의미다. 그것은 남한의 한국 사람(위)과 북한의 조선 사람이 같은 집단을 그 기원으로 하고 있기 때문이다. 예를 들면 "한국인의 발자취"(김병모 1992) "한국인의 기원"(박정재 2024)의 한국인(한국 사람)은 역사 공동체 '한국'(조선)을 전제로 하는 한국 사람 2 이고 조선 사람 2(위)와 의미가 같다.

물론 역사 공동체 '한국'(조선)은 편의 상의 개념이지 엄밀한 것은 아니라고 할 수도 있다. 동 아시아 지역 전체를 볼 때 한반도(조선 반도) 지역에서 역사 공동체가 존재한다는 것은 분명하지만 그 범위는 문제가 없을 수 없기 때문이다. 그렇다고 해도 '한국'(조선)과 마찬가지로 바다 건너에도 오랜 역사를 자랑하는 '중국' 이란 역사 공동체가 존재하고 다른 바다 건너에도 '일본' 이란 역사 공동체가 존재한다. 그리고 한반도와 바로 인접한 만주에도 역사 공동체가 존재했다는 이론(김한규 2004)도 있고 북방 북국(20)도 그러한 역사 공동체를 어느 정도 전제하고 있다. 다만 만주 보다는 현재까지 그 존재가 남아 있는 중국 대륙/ 한반도/ 일본 열도/ 몽골 고원의 (역사 공동체) '중국' '한국'(조선) '일본' '몽골'이 더 확실하다.

남한의 한국 사람(위)과 북한의 조선 사람(위)은 모두 7~19세기까지의 이른바 한반도(조선 반도)의 민족 집단(위)을 그 기원(023')으로 한다. 그 민족 집단은 앞서 말한 대로 한국 사람 2(위) 또는 조선 사람 2(위) 에 해당한다. 그 개념은 당연히 역사 공동체 '한국'(조선)을 포함한 의미인데 한국 민족(조선 민족), 한국사(조선사), 한국어(조선어)는 한국 사람 2 또는 조선 사람 2(앞서 논의한 바대로 그 둘은 같은 대상을 가리킨다) 의 용법이란 것을 분명히 해야 한다. 말하자면 한국 사람 은 두 가지 의미가 있다. 하나는 현대 남한의 한국 사람 이고 다른 하나는 역사 공동체 한국(조선)을 전제하는 한국 사람 2(조선 사람 2) 다.

그렇지만 한국 민족(조선 민족) 이란 의미의 한국 사람 2(조선 사람 2) 는 현재 남한 사회에서 부정적인 역할을 하고 있다. 왜냐하면 다 민족/ 다 문화 의 상황으로 가는(또는 가야 하는) 남한 지역의 주민 국민 의 통합을 이끌어내는데 그 개념이 방해하고 있기 때문이다. 한국 민족(조선 민족), 한국사(조선사), 한국어(조선어)의 '한국'(조선) 은 여전히 유효하지만 적어도 남한 사회의 통합성을 부여하기 위해서는 한국 민족(위) 보다는 한국 시민 이 더 강조되어야 한다(1). 이상의 시각은 탈 민족(transnational 2) 적인 것이라 할 수 있다. 또 하나 한국 시민(위) 은 이른바 근대 한국인/ 고대 한국인(2)보다는 현대 한국인(한국 사람)과 더 관련성이 높다.

4 해양

동 아시아에서 해양(김시덕 2015)은 원래 큰 부분이 아니었다. 전형적인 대륙의 농업 국가인 구 중국(24, 25, 26, 27)은 그 자체로 오랜 기간 그 지역의 중심이었고 그 지역 국가들과 북방의 유목형 국가 또는 혼합형 국가(만주 지역 국가는 대부분 혼합형의 형태를 띤다, 김기협 2022)와의 교섭이 대외 관계의 핵심적인 부분이 된다. 전체적으로 볼 때 구 중국은 해양이 결정적인 역할을 한 것은 아니었다고 해야 한다. 물론 바다를 향한 시도가 없었던 것은 아니지만 고대의 그리스 또는 근대의 서 유럽 같은 해양의 비중은 없었다는 것이 진실이다. 다만 대략 조선조의 전기(1기)에서 후기(2기)로 넘어가는 시점에는 유럽 해양 세력(바다 오랑캐)의 움직임이 인도의 고아/ 중국의 마카오를 거쳐서 일본 열도까지 미친다.

　일본은 전국시대가 끝이 나고 열도를 통합한 도요토미 히데요시가 조선을 침략하는데(1592~8) 그의 대륙을 향한 시도는 결국 좌절되고 이어지는 에도 막부(1603~1868) 시기에는 기본적으로는 쇄국 정책이 실시된다. 말하자면 19세기가 되기 전까지는 일본은 본격적인 해양 세력으로 발전하지는 못한다. 일본이 해양 세력으로 다시 대륙을 향한 도전을 시작한 것은 대륙의 청이 두 번에 걸친 아편 전쟁(1839~42; 1856~60)에서 패하고 태평천국의 난(1850~1864)을 겪으면서 서구 열강의 영향력 아래 들어가면 서부터다. 일본은 메이지 유신(1868~)을 시작으로 급격한 발전을 이루는데 점차적으로 서구 열강의 구 중국(위) 잠식에 동참한다.

　조일수호조규(강화도 조약)(1876)를 체결하면서 일본은 한반도에 대한 영향력을 넓혀 가다가 청 일 전쟁(1894~5) 승리 이후 승기를 잡고 러 일 전쟁(1904~5)에 승리하면서 완전히 해양 세력의 일부로 자리 매김이 된다. 그 과정에서 반 러시아의 영 미 일의 연합이 있었고 이어서 미국과 일본 간의 연합이 다양한 층차로 진행이 된다(그것은 '미일 제국주의 카르텔' 이라 불리기도 하는데 미국은 이후 동 아시아 해양 세력의 중추가 된다, 이삼성 2009 b 제 7장). 서구 열강과의 줄다리기를 통해서 어느 정도의 지분을 챙긴 일본은 마침내 한반도 국가를 병합(1910) 한다. 식민지기(1910~45)가 시작되는데 한반도의 역사에서 이른바 근대의 주요 부분을 이룬다.

일본은 다이쇼(1912~26)를 거쳐서 쇼와(1926~89) 시기로 넘어간다. 다이쇼 시기 후반 이래 폭주하는 군부 세력의 영향력 하에서 만주국(1932~45)을 세우고 중국 본토를 침략하고 마침내 미국과 전쟁을 하는 상황으로 간다. 일본은 영국 또는 미국과는 기본적으로 우호적인 관계였지만 급격히 사이가 벌어진다. 태평양 건너의 미국은 오랜 기간에 걸쳐서 동 아시아 지역과는 비교적 좋은 관계를 지속하면서 점차 그 지역에 대한 영향력을 확대해왔다. 미국은 이전에는 대서양 국가라고 할 만했지만 미주 대륙의 서안까지 도달한 이후에는 태평양 상의 하와이 제도 및 기타 여러 섬과 필리핀에 이르는 지역까지 진출한다. 이어서 동 아시아에 막강한 영향력을 행사하게 된다.

태평양 전쟁(1941~45)에서 패배한 일본은 미 군정기를 맞게 된다. 그 기간 동안 일본은 평화 헌법을 채택하고 미국과 동맹 관계를 맺는다. 오랜 기간 태평양 서쪽으로 영향력을 확대해서 해양 세력으로 진화해 온 미국은 소비에트 연방(USSR)의 사회주의(아래) 권으로부터 동 아시아 지역을 방어할 목적으로 잠시 동안 적국이었던 일본을 군정기의 유리한 상황을 이용해서 같은 진영으로 조직한 셈이다. 일본이 만주와 한반도에서 물러날 때 미국은 한반도의 남단을 점령하고(1945) 그 북단으로 들어간 소련과 대치한다. 그 이후 남한에서는 미 군정기를 거쳐서 단독 정부인 대한민국을 수립하고(1948) 그 전후해서 북한에서는 조선민주주의인민공화국이 들어선다.

한반도의 민족 집단(15)과 관련해서 해양(023')이란 용어는 크게 봐서 두 가지로 사용이 된 바 있다. 하나는 선사시대 특히 신석기/ 청동기 양 시대를 배경으로 하는 이론에서 나오는 남방 해양(49) 이란 용법이고 다른 하나는 20, 21세기 한반도가 '해양 대 대륙'의 구도로 바뀌면서 나오는 바의 해양 쪽의 해양 세력 이란 용법이다(위). 근 현대 배경의 해양 세력은 더 구체적으로 일본과 미국이다(위). 현대의 한국 사람(2) 즉 남한인 의 정체성은 대륙(위)보다는 해양 쪽의 국가와 상관성이 더 높은데 1885년에서 1953년까지의 기간이 그 기초가 된다고 해야 한다(아래). 더 세부적으로는 전환기(1885~1910) 식민지기(1910~45) 해방 분단 전쟁기(1945~53)의 과정을 밟는다(12).

동 아시아 지역은 그 권역 안의 정치 체제 란 면에서 1885년 이래의 이른바 전환(6)을 거치면서 해양 세력 위주의 구도로 재편된다. 해양 세력이 등장하고 상당한 기간에 걸쳐서 한반도/ 동 아시아/ 세계 체제 의 수준에서 여러 가지 변화를 겪는다. 이전의 한반도 3조(16) 기간은 기본적으로 대륙(위)의 세력을 중심으로 한 정치 군사적인 구도가 형성되어 왔다. 그래서 '한반도 국가/ 북방 북국/ 구 중국'의 구도(김한규 2004; 이삼성 2009 a; 손동완 2022)에서 해양 또는 해양 세력의 비중은 낮을 수밖에 없고 그 세력이 핵심적인 역할은 한 것은 아니라고 해야 한다. 그 구도가 흔들린 것은 대략 1850년대 이후이고 1885년은 그것을 상징하는 해라 할 만하다.

현대의 한반도 국가인 남한(대한민국)은 해양 국가(박명림, 각종 언론) 라고 정의되기도 하는데 그것은 동 아시아에서 1885년 이래로 진행되는 '해양 대 대륙'(위)의 구도에서 해양 쪽 진영에 속하고 자본주의적 현대화를 거치면서 무역과 방위란 측면에서 해양의 요소가 부각된다는 면에서는 상당 부분 타당성이 있다. 어떤 면에서는 그러한 해양이 현대의 한국 사람(위)을 만들어내는 기초가 된다고 할 수 있다. 그 해양은 20, 21세기의 해양이지 선사시대의 해양(위) 또는 7~19세기의 해양(위)이 결코 아니다. 해양 세력인 일본과 미국과의 관련 속에서 이루어진다고 할 수 있는 남한(대한민국)은 역사 상 처음으로 진정한 의미의 해양 국가가 된다고 할 만하다.

해양 쪽의 해양 세력은 정치 군사적 측면에서 자유 진영 또는 서방이라 불린다. 다만 서방은 동 서 남 북의 방위칭이 들어가는 용어인데 유럽을 기준으로 한 것이다. 서방(서유럽)은 2차 세계 대전 이후 유럽의 동편을 지배한 소비에트 연방(위)과 그 휘하의 동 유럽과 대비되는 의미다. 동 아시아에서는 대륙의 사회주의권(아래)과 대비되는 진영을 일단 해양의 자유민주권(아래)이라 할 수도 있지만 방위칭이 들어가는 적당한 용어는 아직까지 없는 듯하다. 대륙의 사회주의권(위)은 방위칭을 적용하면 북방 사회주의(023') 권이라 할 수 있지만(적어도 한반도 국가 기준으로 북방 이란 용어는 명확한 의미를 지닌다) 해양의 자유 민주권을 남방 자유주의권이라 하는 것은 문제가 있다.

5 대륙

동 아시아 근대의 이른바 '해양 대 대륙'의 구도 하에서 대륙 쪽은 크게 봐서 사회주의권이라 할 만하다. 현재 해양(4)과 대비되는 의미의 대륙(아래)은 남한과는 가치와 체제를 달리하는 사회주의권이 두텁게 포진하고 있다. 대륙의 사회주의권은 구 소련 즉 소비에트 연방(아래)과 신 중국(7)이 대표한다. 1917년 러시아에서 사회주의 혁명이 일어난 이후 대륙은 급속히 사회주의화하고 우랄 산맥 넘어서 아시아 대륙으로 확산한다. 러시아 영토인 시베리아는 물론이고 중앙 아시아와 몽골에 이어서 중국 대륙도 공산화한다. 뒤이어서 한반도의 북단에도 사회주의 국가가 들어선다. 대륙의 북방

뿐 아니라 동남 아시아의 몇몇 국가도 그 대열에 동참한다.

유럽 대륙의 변방에 지나지 않던 러시아는 오랜 기간에 걸쳐서 동방 정책을 추진하면서 그 활동 반경을 넓혀간다. 16세기에 이미 러시아는 시베리아로 진출해서 이후 러시아인이 극동의 태평양 연안까지 들어간다. 모스크바 대공국(1283~1547) 등을 중심으로 해서 발전한 러시아는 원래 동 유럽의 슬라브계가 여러 단계의 정복자 집단의 지배를 거치고 동 로마 제국의 문화적 영향을 받아서 성립한 국가다. 제정 러시아는 19세기에 한반도(조선 반도)와 만주 지역에도 그 힘을 미치지만 서구 열강과 일본의 견제로 번번이 좌절한다 ⑹. 한말 고종의 아관파천(1896~7)도 그 과정의 일부라고 할 수 있다. 볼세비키 혁명(1917)으로 제정 러시아는 무너지고 소비에트 연방(위)이 들어선다.

소비에트 연방(소비에트 사회주의 공화국 연방, 소련, USSR)은 러시아(현재의 러시아 연방이다) 뿐 아니라 우크라이나, 벨로루시, 발트 3국, 자 카프카스(아제르바이젠, 아르메니아, 조지아), 중앙 아시아 국가를 포함한 사회주의 연방 국가다. 그 연방 국가는 제정 러시아가 사회주의 혁명으로 무너진 이후(위) 각자 민족의 자주권을 인정하고 나서 다시 연합하는 형식을 띠고 있다. 물론 초반의 그러한 이상은 이후 무력화된다. 1980년대 후반을 지나면서 마지막 서기장 고르바초프의 개방(글라스노스트) 개혁(페레스트로이카) 정책이 시행되지만 결국 소비에트 연방은 해체되고 그들 국가는 독립 국가 연합을 거쳐서 각자의 길을 가고 있다.

남한(대한민국) 정부는 고르바초프/ 옐친 시기에 그 동안의 대 사회주의권 정책을 바꾸게 된다. 노태우 정권(1987~1992)의 이른바 북방 정책이 바로 그것인데 1989년 동 유럽 국가(헝가리, 폴란드, 유고슬라비아), 1990년 구 소련, 1992년 신 중국과 수교한다. 북방 정책(위)의 북방은 바로 대륙의 사회주의권(위)을 의미한다. 기본적으로 동 서 남 북 이란 용어가 들어가는 이른바 방위칭은 상대적인 것이다. 한반도 특히 남한을 기준으로 대륙의 사회주의권은 북방(위)이라 호칭이 된다. 물론 그 북방은 그것과 대비되는 남방 이란 용어가 확실하지 않다는 단점이 없지 않다. 참고로 한반도 국가에서 남방은 역사적인 맥락이 상대적으로 약하다(21).

이전의 소비에트 연방은 20세기 미/ 소 양극 체제를 이루고 동 유럽과 유라시아 대륙의 북쪽을 거의 석권하는 판도를 구축한 바 있다. 인도를 비롯한 인도양에 접한 지역을 제외한 대부분이 그 영향권 하에 있었다고 해도 과언이 아니다. 중앙 아시아는 물론이고 몽골과 신 중국(위)과 북한 그리고 인도 차이나 반도의 여러 국가(베트남, 라오스, 캄보디아)까지 포함된다. 유럽의 변방인 러시아는 사회주의 혁명을 거쳐서 명실상부한 제국(아래)으로 나아간다고 할 수 있다. 여기서 제국은 19, 20세기 유럽의 식민지 제국주의의 제국의 의미가 아니라 어느 한 권역에서 막대한 영향력을 미치는 국가라는 의미다(6). 그 제국은 어떤 의미에서 북국 제국(23)과도 상통한다.

유라시아 대륙에 걸친 소비에트 연방(구 소련)은 일종의 '신 북국 제국'(아래)이라 할 수도 있다. 북국 제국(위)은 원래 원

(1206~1368)과 청(1616~1911)을 지칭하는 용어인데 그 가운데 원 제국이 유라시아 대륙에 걸쳐서 상당한 영향력을 행사한 것은 우리가 잘 알고 있는 바와 같다. 물론 원 제국 더 정확히 말해서 대 몽골 울루스(김호동 2016)(03 정복 왕조와 몽골 제국)의 연합 세력이 동에서 서로 뻗어 나간 것과는 반대로 구 소련은 서에서 동으로 확장된 것은 다르지만 북방에서 유라시아 대륙을 석권한다는 의미에서는 북국 제국 이라 해도 과언이 아닐 것이다. 현재는 신 중국(7)이 소비에트 연방의 '신 북국 제국'의 위상을 이어가고 있다(아래).

소비에트 연방이 몰락(1991) 한 뒤 지구 상에서 사회주의 패권의 시대가 막을 내리고 '신 북국 제국'은 영향력을 상실하는 듯했다. 그렇지만 신 중국(위)이 등소평 시기(1978~92)의 개혁 개방을 지나서 이후 미국과 경쟁하는 이른바 G2로 부상하면서 소비에트 연방의 '신 북국 제국'의 위치를 대신하고 있다. 말하자면 한 때 구 소련이 가지고 있던 '신 북국 제국'의 이미지는 현재 신 중국이 대행하고 있다고 할 만하다. 다만 신 중국은 이전의 원(위)보다는 청(위)이 가진 북국 제국의 모습에 더 가깝다고 할 수 있다. 여하튼 신 중국인 중화 인민공화국(1949~)의 비상으로 북방 사회주의권은 다시 한 번 전성기를 구가하고 있는 듯하다.

소비에트 연방과 신 중국의 이른바 '신 북국 제국'은 한반도(조선 반도)를 기준으로 '북방 사회주의' 란 용어로 개괄할 수 있을 듯하다. 적어도 한반도를 기준으로 해서 북방 은 그 개념이 명확한 편인데 역사적으로 북방 시베리아/ 북방 북국/ 북방 사회주의 세 가지 개념으로 사용이 된다. 북방 시베리아(023') 는 선사시대 배경의 한반도(조선 반도) 문화의 시베리아 기원설의 바로 그 북방 시베리아 이고 북방 북국(20) 은 7~19세기 동 아시아의 '한반도 국가/ 북방 북국/ 구 중국' 구도의 북방 북국 인데 발해, 요, 금, 원, 청 을 말한다. 북방 사회주의(위)는 20, 21세기 '해양 대 대륙'의 동 아시아 지역 구도에서 대륙 쪽의 사회주의권 특히 구 소련과 신 중국을 말한다.

20, 21세기 동 아시아는 '대륙 대 해양'(위)의 구도 하에 대

륙의 사회주의권과 해양의 자유민주권이 서로 대립하는 양상이다. 더 자세히 말하자면 대륙(위) 쪽의 북한/ 신 중국/ 러시아 연방과 해양(4) 쪽의 남한/ 일본/ 미국의 양 진영이 대치하고 있다. 그 동안 소비에트 연방이 무너지면서 한 때 화해의 분위기가 없었던 것은 아니지만 아직도 그 양 진영의 대 분단(이삼성 2019, 2023)의 구도는 지속되고 있다. 대륙의 사회주의권과 대비되는 해양의 자유민주권은 서방 또는 자유 진영 이란 용어로 지칭되기도 한다(위). 서방은 유럽 중심의 용어인데 서 유럽/ 동 유럽의 대결 구조 속에서 미국 영향 하의 서 유럽을 의미하는 용어다. 자유 진영은 이른바 공산 진영과 대비된다.

한반도(조선 반도)를 기준으로 20, 21세기 대륙의 사회주의권(위)은 신 북방(아래) 이라 할 만하다. 동 아시아의 역사에서 볼 때 대륙의 사회주의권을 의미하는 북방 사회주의(위)의 북방은 이전의 북방 북국(20)과 대비해서 신 북방(위)이라 해도 큰 오류가 없을 듯하다. 한반도 국가(024 b)는 7세기 이래 북방(위)인 북방 북국(위)과 대치해 왔는데 20, 21세기에는 신 북방(위)인 대륙의 사회주의권과 대치하고 있다. 다만 이전의 양계(31) 지역이었던 북한은 신 북방의 일원으로 편입되어 있다. 양계 지역은 오랜 기간 북방 북국(위)의 영토 또는 그 영향권 하에 있다가 고려조 전기에 북계(보론 9) 지역이 그리고 그 후기와 조선조 초기에 동계(보론 10) 지역이 한반도 국가로 넘어간 바 있다(31).

참고로 최근 동 아시아 정치 외교 분야에서 사용되는 남방/ 북방 또는 신 남방/ 신 북방은 좀더 신중하게 사용해야 할 듯하다(아래). 위에서 이미 언급한 바와 같이 한반도(조선반도) 관련 연구에서 북방 이란 용어는 역사적인 맥락이 확실한 반면 남방 이란 용어는 그렇지 못하다. 따라서 남방/ 북방 을 함부로 대비적인 의미로 사용하는 것은 바람직하지 않다. 한반도 지역의 북방 북국(위) 이란 존재를 감안한다면 신 북방(위) 이란 용어는 대륙 쪽의 사회주의권이 우선권을 가진다고 해야 한다. 역사적으로 볼 때 7~19세기의 북방 북국(위)은 '구 북방'/ 20, 21세기의 북방 사회주의(위)의 북방은 '신 북방'이라 규정하는 것이 훨씬 더 바람직할 듯하다.

현재 외교가의 신 북방/ 신 남방의 신 북방(중앙 아시아)은 더 좁은 의미의 용어 사용인데 역사적인 맥락이 약한 용어일 듯하다. 또한 이른바 신 남방 은 논리적으로 남방 정책의 남방(아래)이 있고 난 후에 '신 남방'이 있어야 하는데 정작 남방 정책의 남방이 어디인지 불 확실하다. 적어도 남방 정책의 남방은 해양 쪽의 자유민주권(일본 또는 미국)을 지칭하는 용어는 아닐 것이다. 이른바 '신 남방' 정책의 남방은 주로 아세안 국가를 말하고 인도가 포함이 될 때가 있다. 각각 동남 아시아/ 중앙 아시아 를 지칭하는 신 남방/ 신 북방은 뿌리가 약한 매우 용어임에 틀림이 없고 앞으로도 지속적인 의미를 가질 용어일 지 여부도 의문이다.

6 전환

현대 남한의 한국 사람(한국인)(2)은 한반도의 민족 집단(15)이 이른바 근대를 경과하고 나서 1953년 이래 형성이 되는 집단이다. 한반도 3조(16)의 마지막인 조선조 고종기에 동 아시아 지역은 정치 체제 란 면에서도 큰 변화를 겪는데 가히 전환(023')이라고 할 만하다. 왜냐하면 그 변화는 이를테면 과학철학에서 말하는 패러다임(paradigm)에 준하는 획기적인 변화이고 전환 이란 용어로 부르기에 충분하기 때문이다. 현재 패러다임 이란 용어는 남용이 되어 아주 짧은 시간의 변화에도 아무렇지 않게 사용되고 있지만 원래의 의미는 물론 그 이상이다("전환 시대의 논리" 리영희 1974 의 전환도 그 정도의 의미는 아닌 듯하다). 한반도(조선 반도)의 민족 집단은 19세기 말에 한 번의 전환(아래)을 거친다.

 적어도 동 아시아의 국제적인 정치 체제 란 면에서 1885년은 전환 이란 용어를 사용하기에 충분할 듯하다. 7~19세기에 걸친 '한반도 국가/ 북방 북국/ 구 중국'의 구도(김한규 2004; 이삼성 2018; 손동완 2022)는 19세기 후반 특히 1885년을 기점으로 해서 전환되어 20, 21세기의 전혀 다른 정치 구도와 정체 체제로 접어든다. 이상의 동 아시아의 정치 체제의 전환(위)은 남한 학계에서 한 식민지 근대화 논자가 말하는 '문명사의 대전환'의 전환과도 조응한다(이영훈 2007)(제 2부). 그 전환은 중국 문명에서 서 유럽 문명으로 또는 유교 문명권에서 기독교 문명권으로 또는 대륙 농경 문명에서 해양 상업 문명으로 간다는 내용을 담고 있다.

 구 중국(24, 25, 26, 27)의 마지막 구간은 북국 제국 청(1616~1911)이 장식한다. 한족 왕조 명(1368~1644) 당시에 약체로 남아 있던 여진(023') 세력은 임진왜란 이후 만주 지역을 모두 장악하고 나서 후방의 조선을 단 기간에 제압하고 산해관을 넘어 중원을 차지한다. 후금에서 청으로 이름을 바꾼 그 국가는 한족 왕조 명 대신 동 아시아 주변의 국가들과 책봉 조공 관계를 맺고 그 지역의 오랜 정치 질서인 천하 체제(023')를 계승한다. 구 중국(위)의 역사에서 원에 이어 두번째의 경우다. 원(1206~1368)과 마찬가지로 청은 북방 북국(20)이 구 중국(위)을 정복하고 나서 한족 왕조 대신 천하 체제(위)를 떠맡은 이른바 북국 제국(23)에 해당한다.

청은 강희제(1662~1723) 옹정제(1723~1736) 건륭제(1736~1796)를 거치면서 몽골은 물론이고(청의 황제는 공식적으로 몽골의 칸을 겸한다) 신강(현재의 신강위구르자치구) 티베트(현재의 서장자치구)까지 그 영토로 확보한다. 어느 한족 왕조도 이루지 못한 영토 확장이 청에 의해서 이루어진다. 조선조(1392~1910)는 만주의 민족 집단(민족 1)인 여진(위)이 그러한 위치에 선 것에 대한 반감이 없지 않았지만 공식적으로 청의 책봉을 받고 사신을 보내서 그들이 동 아시아 세계(Nishizima 1983) 또는 동 아시아 문명권(조동일 2010)의 중심임을 받아들인다. 그 시기에 나온

소 중화론(29)에 대해서는 뒤에서 다시 논의한다.

19세기 후반에 와서 청은 한반도 국가(024 b)에 대해서 그 동안의 책봉 조공 체제(그것은 천하 체제 하의 평화적인 국제 질서라 할 만하다)의 근간을 뒤집는 모습을 보인다. 청 중심의 동 아시아의 질서는 19세기로 접어들면서 흔들리는데 1880년대에 와서는 그러한 모습이 적나라하게 나타난다. 임오군란(1882) 때 청의 군사력이 한반도로 들어와서 군란을 진압한 이후에도 철수하지 않는다. 이어서 청과 조선은 조청상민수륙무역장정(朝淸商民水陸貿易章程)에 서명하고 청의 관리를 주둔시킨다. 1885년 원세개(袁世凱 Yuan Shikai)는 주차관으로 임명되는데 그 때부터 그 인물은 조선의 수구 세력과 손을 잡고 조선에서 지속적으로 영향력을 행사한다.

서구 학계에서도 1850년 이래의 청이 그 이전의 청과는 전혀 다른 존재임을 논증한 저작이 나온다(Larsen 2011). 청과 조선의 관계가 그 이전과는 완전히 다르고 그것은 도리어 19, 20세기 당시의 다른 국가의 식민지 제국주의(아래)와 흡사하다는 것인데 청 제국주의(Qing Imperialism) 이란 용어도 사용된다. 당시의 식민지 제국주의를 추종하던 청과 그 이전의 천하 체제(023')를 시현하던 청(위)은 다를 수밖에 없는데 조약(Treaties) 장사(Trade) 란 말(위의 저작의 서명의 일부다)이 그것을 잘 보여준다. 동 아시아 세계 또는 동 아시아 문명권 안의 북국 제국(원 또는 청)의 제국(제국 1) 이란 용어와 그 체제가 와해되는 과정의 식민지 제국주의(위)의 제국(제국 2)은 그 의미가 다르다고 해야 한다.

1885년은 임오군란의 1882년 또는 갑오경장의 1884년에 비해서 역사적인 인지도가 떨어지는 해지만 그 해는 1882년 또는 1884년에 못지 않은 의미를 가진 해라고 해야 한다. 무엇보다 동 아시아 지역에서 오랜 기간 내려온 정치 체제란 측면에서 볼 때 하나의 전환(위)을 보여주는 획기적인 해라고 할 수 있기 때문이다. 말하자면 676년 이래 한반도 국가(위)가 성립해서 구 중국(위) 또는 구 중국을 대신하는 북국 제국(위)과의 책봉과 조공 이란 대외 관계에서 적용되어 왔던 원칙이 완전히 무너지는 해이기 때문이다. 더 자세히 말하자면 동 아시아를 지배한 그러한 체제 내에서 책봉을 받은 국가가 가지던 주권(형식적인 면보다는 실제적인 면에서의 주권이다)이 직접적인 제한을 받게 된다.

동 아시아의 그 체제에서는 천하 체제를 구현하는 국가가 책봉을 받는 국가에 군대를 파견한다든가 통감에 준하는 관리를 파견하는 경우는 거의 없다. 그 두 국가 사이에는 사신이 오고 가면서 그 관계를 유지한다. 물론 천자의 국가와 제후의 국가 사이의 위상의 차이에 따른 의례적인 절차가 있고 그것은 형식적인 면에서 불 평등한 것은 사실이다. 다만 현재의 관점에서 보는 사대 문제(30)는 재고할 필요가 있을 듯하다. 그 체제의 형식적인 면보다는 실제적인 면이 더 중요하다고 보는 관점에서는 동 아시아 지역의 책봉 조공은 다른 지역의 유사한 체제(조동일 2010)(제 3부)와 비슷하게 적어도 주권 또는 준 주권의 실제적인 보장이 뒷받침되는 제도이기 때문이다.

여하튼 1885년의 그 사건은 1200년 간 내려오던 정치 체제가 근본적으로 흔들린다는 것을 극명하게 보여주고 있다. 원세개(위)는 1885~94년까지 조선에서 단순한 외교관이 아니라 거의 통감에 해당하는 권력을 행사한다. 사실 상의 통감 역할을 한 원세개의 흔적은 서울과 그 주변의 여러 곳에 남아 있다. 그 기간은 '잃어버린 10년'(이삼성 2009 b)(제 10장)이라고도 불리는데 한 일본사 연구자도 그 시기가 조선이 결정적으로 개혁의 시기를 놓친 때라고 규정한다(박일, 각종 언론). 그 기간 동안 가해진 각종 내정에 대한 간섭은 그만두고라도 외교에 대한 간섭도 그것을 잘 말해준다. 조선의 대미 외교가 제한을 받는 이른바 영약(另約) 3단(1887)도 그 상황을 상징적으로 보여 준다.

당시 조선은 상대적으로 중립적으로 보이던 몇몇 국가와 적극적인 외교를 시도한다. 이미 청이 서구 열강의 식민지 제국주의의 대상이자 또 다른 식민지 제국주의 국가로 전락한 상태에서(위) 조선은 자구책을 시도할 수밖에 없고 내정의 개혁 여부는 그만 두고라도 외교적인 카드도 고려하지 않을 수 없는 상황이었다. 당시 조선과 지리적으로 가장 가까운 지역의 국가인 청과 일본이 식민지 제국주의를 추종하고 유럽 열강과 미국과 러시아가 모두 동 아시아에서 세력 확장을 추구한다. 정치 군사 상의 위기를 타파하기 위해서 고종과 그 조정이 외교적인 노력을 시도하는 것은 당연할 텐데 서구의 열강 가운데 주로 미국(위)과 러시아(아래)가 그 대상이 된다.

조선은 일찍부터 러시아와 접촉하는데(조 러 밀약설 도 나온 바 있다) 특히 청 일 전쟁(1894~5) 직후에는 친일 내각에 반대해서 고종이 러시아 공관으로 망명하는 사건(아관파천, 1896)까지 일어난다. 당시 러시아와의 외교는 균형 외교(아래)의 한 예로 거론이 되고 있지만 그 시도는 결과적으로 부정적인 결과를 낳고 말았다는 평가를 받는다(이삼성 2009 b)(제 11 장). 한반도(조선 반도)에 청이 이례적인 개입을 하고(위) 영 미 일의 제국주의 해양 세력이 득세하는 상황에서 당시의 대 러시아 외교는 조선을 경계와 견제의 대상이 되게 하고 결국 일본이 한반도를 차지하게 승인하는 결과를 가져왔다는 해석이다. 이른바 러시아를 끌어 들여 일본을 물리치는 인

아거일(引俄拒日)의 균세(均勢) 전략은 소기의 성과를 거두지 못한다.

　1885년 이래의 그 기간 동안 일본은 잠시 뒤로 물러가 있지만 우리가 잘 아는 바처럼 동학농민봉기(1894) 이후 다시 한반도(조선 반도)로 들어와서 청 일 전쟁(1894~5)을 통해서 주도권을 장악하고 막후에서 갑오개혁(1894) 과 을미개혁(1895)을 지휘한다. 그 전쟁에서 패한 청은 사실 상 한반도 국가에 대한 영향력을 상실하고 이른바 다자적 제국주의(Larsen 2011)(제 3장)의 일원으로 위상이 추락한다. 청은 그 이전의 10년 동안 조선에서 다급하게 서구 열강 또는 일본과 다름이 없는 식민지 제국주의(위)를 추종해서 주도권을 행사하지만 그것마저 좌절이 되는 셈이다. 청이 추종한 식민지 제국주의(위)는 동 아시아의 기존 질서의 와해를 재촉하는 것일 뿐이었다고 할 만하다.

7 신 중국

 신 중국은 물론 구 중국(24, 25, 26, 27)과 대비되는 의미다. 구 중국은 기본적으로 이른 시기 황하 유역의 문화를 바탕으로 한족(Chinese Han)(26)이 성립하고 그들 집단이 중국 대륙으로 확산해서 한족 왕조를 세운 것인데 그 사이 사이에 그 주변의 이민족이 들어간다. 구 중국의 마지막 왕조는 한족 왕조가 아니라 북국 제국(23) 청인데 만주의 퉁구스계인 여진이 세운 북국(후금)이 한족 왕조(명)를 정복해서 천하 체제를 떠맡는다. 청은 1911년 한족 중심의 혁명 세력에 의해서 전복된다. 청의 몰락은 구 중국(위) 또는 구 중국이 상징하는 이른바 봉건 사회의 종언이기도 하지만 다른 한편으로는 북국 제국(위)의 종언이기도 하다.

청(1616~1911) 다음이 중화민국(1912~49)이고 그 다음이 중화인민공화국(1949~)인데 신 중국(위)은 주로 중화인민공화국을 말한다. 중화민국 시기에 중국 공산당(CCP, 1921~)은 국(국민당) 공(공산당) 합작(1924)을 하는데 북벌 과정에서 분열해서 홍군이 성립하고 이른바 장정(1934~5)을 거치면서 세력을 확보한다. 서안 사건(1937)을 계기로 2차 국 공 합작으로 들어가는데 이후 국 공 내전을 통해서 결국 공산당이 대륙을 차지해서 중화인민공화국을 세우고 국민당은 대만(臺灣 Taiwan)(아래) 섬으로 물러간다. 소비에트 연방(구 소련)의 지원 하에 몽골에 이어서 중국 대륙이 공산화하고(5) 그 때 성립한 국가가 바로 신 중국이다.

신 중국은 이전의 청(위)의 영토를 물려 받는 국가이기도 하다. 더 정확히 말해서 중화인민공화국(1949~)이 중화민국(1912~1949)에 이어서 북국 제국(위) 청의 영토를 승계한다. 신 중국은 만주 뿐만이 아니라 내 몽골/ 신강/ 티베트(아래)까지 차지한다. 그 가운데 만주(Manchuria) 지역을 병합한 것이 훨씬 더 큰 의미가 있다. 왜냐하면 그것은 7~19세기까지 지속되던 동 아시아의 '한반도/ 북방 북국/ 구 중국'의 구도(김한규 2004; 이삼성 2009 a; 손동완 2022)가 완전히 소멸하는 것을 의미하기 때문이다. 말하자면 오랜 기간 지속되던 그 지역의 정치 군사(023')적인 지형이 완전히 변화한다. 그 결과로 한반도 지역은 그 이전과는 사뭇 다른 조건 하에 놓이게 된다.

만주 지역은 현재 신 중국의 동북(東北 Dongbei)으로 편입되어 있다. 이른바 동북 3성(요녕/ 길림/ 흑룡강 성)이다. 그 지역의 민족 집단(아래)은 여러 차례 중원으로 들어가서 그 일부(요, 금) 또는 전부(원, 청)를 지배한다. 그 과정에서 그 일부가 한족(위)에 흡수되기도 하지만 만주는 워낙 광대한 외곽 지역을 확보하고 있는 만큼 지속적으로 새로운 집단이 등장한다. 만주 기원의 민족 집단(3북) 가운데 예맥계(고구려)는 비교적 이른 시기에 명맥이 끊어진다. 7세기 이후 통합 국가인 발해, 요, 금, 원, 청 가운데 요와 원은 동호계로 분류되는데 알타이언어(TMT) 가운데 몽골어(M) 사용 집단에 해당한다.

반면 발해와 금과 청은 읍루계(숙신계)로 분류되는데 퉁구스어(T) 사용 집단이다.

바로 위에서 말한 바처럼 만주 이외의 지역도 신 중국(중화인민공화국)으로 병합이 된다. 다만 만주 지역이 성(省)으로 편입이 되는데 비해서 그 외의 지역은 내 몽고 자치구/ 신강 위구르 자치구/ 서장 자치구 로 편입이 된다. 신 중국의 행정 구역은 직할시/ 성/ 자치구/ 특별 행정구 가 같은 급(그 규모에 있어서는 미국의 주에 버금가지만 미국의 주 같은 위상은 아니다)인데 자치구는 그 지역 민족 집단(민족 1)이 한족(위)과는 상당한 차이가 있는 경우에 해당한다. 위의 세 자치구는 각각 몽골족/ 위구르족/ 티베트족의 영역을 신 중국의 행정 체계로 흡수한 것이다. 그 세 지역은 구 중국(중원)과는 구분되는 역사와 문화가 유지되어 왔다.

그 가운데 서장 자치구의 티베트족(장족 藏族)은 오랜 기간 티베트 고원에서 특유의 문화를 펼치면서 다른 역사 공동체(023')를 이루어 왔다고 할 만하다. 서장 자치구는 라싸를 비롯한 도시 지역에는 한족(위)이 대거 이주해서 변화를 겪고 있는 중이다. 이미 오래 전에 티베트의 라마교 지도자인 달라이 라마는 인도로 망명해서 망명 정부를 수립하고 그 지역의 티베트인 공동체를 이루고 있다. 현재 서장 자치구 뿐 아니라 청해성/ 사천성(특히 서부) 등의 지역에서도 장어(티베트어) 사용 소수 민족 집단이 산재한다. 장어는 한 장어(Sino-Tibetan)의 하위 집단이다(26). 분류 상 장어(위)와 가장 가까운 한어(한어 1)는 다수 민족 한족(위)과 장, 태, 동, 수, 묘, 요(023') 같은 소수 민족이 사용하는 언어다.

내 몽고 자치구도 북국 제국 청이 전반기에 정복해서 영토로 편입시킨 지역이다. 여진의 후금 즉 청(위)은 처음부터 그 이전의 원(1206~1368)의 영광이 남아 있는 몽골과의 유대를 표방하고 청의 황제는 공식적으로 몽골의 칸을 겸한다. 청 제국이 막을 내리고 나서 20세기에 소비에트 연방(위)이 중앙 아시아와 몽골(외 몽골)을 사회주의화 시키고 이어서 중국 공산당을 지원해서 중화인민공화국(위)이 성립한다. 소비에트 연방은 중국의 화북 지역과 가까운 내 몽골은 신 중국의 지배를 허용한다. 내 몽고 자치구도 현재 한족이 대거 이주하고 공업 지대화 한 곳도 적지 않다. 그 자치구는 서쪽의 청해성에서 동쪽의 흑룡강성까지 걸쳐서 면적도 만만치 않는데 신 중국의 북단을 이루고 있다.

신강(新疆 Xinjiang)은 이전에는 우리에게 서역 이란 이름으로 더 잘 알려져 있는데 최근 외신에 등장하면서 훨씬 더 익숙한 지역이 된다. 천산 산맥은 신 중국과 중앙 아시아 국가 사이의 국경을 이루고 다시 신강 자치구를 남북으로 나눈다 (자치구의 수도인 우루무치는 그 북쪽이다). 산맥의 빙하가 녹은 물이 지하로 흘러 들어가서 사막의 오아시스를 이루고 농업이 이루어지는데 초원과 사막 지역을 횡단하는 카라반이 지나가고 교역이 이루어진 곳이기도 하다. 감숙성 옥문(玉門) 밖인 그 지역은 중앙 아시아의 유목 제국 또는 구 중국(위)의 영향 하에 들어가 있었다. 청은 그 지역을 '새로운 강역'이란 이름으로 편입한다. 현재 티베트와 마찬가지로 한족이 도시 지역으로 대거 이주하고 기존의 위구르인들과 마찰을 빚고 있다.

신 중국에서 성(자치구도 동급이다)은 그 아래에 다시 광역 행정 구역인 지급시(地級市)(우리에게 비교적 익숙한 도시는 대부분 지급시다)가 있고 그 아래에 다시 (현급)시/ 현이 있다. 자치주는 지급시와 동격인 행정 구역인데 소수 민족 집단이 많이 분포하는 지역에 설치된다. 중국 동북(만주) 길림성의 연변 조선족 자치주도 그 가운데 하나다. 조선족은 한반도(조선 반도) 밖의 이른바 디아스포라 동포(10)의 하나다. 조선족 자치주에도 현재 한족 유입의 추세가 거세다. 한반도(조선 반도)의 한국(조선) 민족은 한반도 안의 남한인/ 북한인을 주로 말하는데 분류 상 그 두 집단과 가장 가까운 집단이 한반도 밖의 '조선족/ 고려인/ 재일 교포/ 미주 한인'(023)이다.

구 중국(위)의 중원은 원래 황하 유역인 화북(아래) 지역만을 의미했지만 화북/ 화중/ 화남 모두를 지칭하기도 한다. 신 중국에서는 이전의 화북/ 화중/ 화남 대신 화북/ 화동/ 중남(아래) 이란 분류가 더 일반적으로 사용된다. 우리에게 조금 낯선 분류인 화북/ 화동/ 중남은 화북을 제외한 지역(화북도 이전과는 달리 변동이 있다)을 동부 해안 쪽의 화동과 내륙 쪽의 중남으로 구분한 것이다. 화동은 산동(이전에는 화북으로 분류된 지역이다)/ 강소(상해 직할시는 강소 성 경내에 있다)/ 안휘/ 절강/ 복건/ 강서 등의 성이 포함되고 중남은 하남/ 호북/ 호남/ 광동/ 광서/ 해남 등의 성이 포함된다. 홍콩과 마카오, 더 정확하게 말해서, 홍콩 특별 행정구와 마카오 특별 행정구는 중남(위)의 광동 성 경내에 있다.

화동 지역은 당연히 대만(臺灣 Taiwan)과 대안을 이룬다. 대만은 중국 본토에서 바다 건너에 위치하고 있는 상당히 큰 섬이다. 그 지역은 중화민국(1912~1949)이 중화인민공화국(1949~)으로 넘어간 후 민국의 국민당 세력이 옮겨간 곳이다. 현재 신 중국(중화인민공화국)은 영국 지배 하의 홍콩/ 포르투갈 지배 하의 마카오를 되찾아서 특별 행정구로 편입한 바 있다(신 중국은 홍콩의 친중파를 집중 지원해서 민주화파를 거의 제압한 상황이다). 그 다음 목표는 대만임이 분명하다. 신 중국이 개방에 이어 G2로 부상하고(아래) 최근 시 주석(習近平 Xi Jinping)이 중국 공산당(CCP)의 집단 지도 체제를 와해시키고 일인 체제로 가면서(2022) 양안의 긴장은 더 고조되고 있다.

대만 성도 신 중국에서는 화동 지역으로 분류한다.

신 중국은 이후 1964~76년 모택동(Mao Zedong)의 문화 혁명 또는 문화 대 반란(송재윤 2022)을 겪고 이후 화국봉(Hua Guofeng)에 이어 등소평(Deng Xiaoping)의 개혁 개방(1978~92)을 거쳐서 장택민(Jiang Zemin) 후 주석(胡錦濤 Hu Jintao) 시대를 거치면서 점차 지구 상의 패권 국가 위상을 가지는 이른바 G2로 부상한다. 그 동안 이른바 도광양회(韜光養晦)의 전략으로 미국의 대 중국 유화책을 이끌어내고 고도 성장을 지속해 온 신 중국은 시 주석(위) 시대에 와서는 미국과 정면 대결을 불사하는 노선을 취하고 있다. 그 동안 홍콩의 민주화 세력을 무력화시키고 이어서 대만을 무력 침공하려는 계획을 숨기지 않고 있다.

한반도 국가(024 b)는 이전의 구 중국(위)과는 같은 가치를 공유하고 동맹에 가까운 관계를 유지해 온 것이 사실이다(27). 그렇지만 현재의 신 중국은 다르다. 신 중국은 북한과는 진영을 같이 하고 같은 가치를 추구하는 것이 맞지만 적어도 남한과 그 배후의 해양의 자유민주권과는 서로 다른 가치를 가지고 서로 다른 진영으로 대치하는 관계이기 때문이다. 구 소련의 붕괴로 냉전 시대의 긴장이 완화되는 추세였지만 현재는 다시 신 냉전 이라 할 만한 시대로 가고 있다. 정치 군사(023') 적인 측면에서 볼 때 남한에서 신 중국(위)을 추종하는 친중파(민주화파가 그 중심이다)는 국가 전략 이란 면에서 상당한 불안을 예고하고 있다(8).

8 친중파

현재 남한(대한민국)의 정치 지형은 좌에서 우로 '진보 정당/ 민주화파/ 보수 정당'의 스펙트럼으로 구성되어 있다. 그 가운데 진보 정당은 한 때 반 헌정 세력에 가까운 부류도 없진 않았지만 유럽 기준으로 사민당 또는 녹색당 정도의 노선을 보이고 있다. 보수 정당은 이승만 이래 박정희를 거쳐서 전두환, 노태우, 김영삼 그리고 이명박, 박근혜, 윤석열 정권으로 이어지고 있다. 그 양 세력 사이의 민주화파는 상당히 특징적인 모습을 보인다. 김대중, 노무현 그리고 문재인 집권으로 이어지는 그 세력은 기본적으로 보수 정당 특히 권위주의 정권(박정희와 전두환이 대표적이다)에 반대 투쟁을 한 집단인데 보수 정당을 통칭하는 산업화 세력 이란 용어와 대비되어 민주화 세력 이라 불린다.

그 동안 민주화 세력(위)은 수시로 국회의 다수 세력을 확보하고 외견 상으로는 의회 민주주의 내에서 활동을 하는 세력이고 진보 정당한테서 도리어 보수적이란 공격을 받기도 한다. 다만 그들 집단이 민주화 투쟁을 하는 과정에서 상당히 반미 종북(아래)의 성향을 보여 왔기 때문에 이른바 사상적인 의심을 받아온 것이 사실이다. 1970~80년대의 상황 자체가 지식인 사회에서 반미적인 분위기가 팽배하고 그들 세력은 주사파 라는 타이틀이 붙을 정도로 친 사회주의를 넘어서 친 김일성주의로 흐른 감이 없지는 않다. 그렇지만 현재 그 집단이 아직까지 문자 그대로의 반미 종북 적인 집단인가는 분명하지 않다. 적어도 그러한 의심을 살만큼 한 때는 급진적이었다고는 할 수는 있다.

남한의 보수 정당(위)이 북한(위)의 사회주의 정권과 대치하면서 그들의 입지를 강화해 온 것은 상식에 속하는 사실이다. 어떻게 말하면 그들은 북한 정권과 '적대적 공생 관계'라는 분석도 충분히 가능할 것이다. 한편 보수 정당만이 아니라 민주화파도 북한과의 관계에서 공생적인 면이 전혀 없다고도 할 수는 없을 것이다. 왜냐하면 그들 역시 이른바 분단 체제(백낙청 2021)에 편승하고 있다고 보는 것이 더 정확할 것이기 때문이다. 한반도 국가(024 b)가 19, 20세기의 근대를 거치면서 2국가 2국민이 성립한 것은 부정할 수 없는 현실이고 두 개의 국가 위에 더 상위의 개념인 민족(민족 3)이 끈끈하게 작용하고 있다.

그러한 또 다른 의미의 민족(민족 3)은 북한뿐만이 아니라 남한의 민주화 세력에도 큰 영향을 미치고 있다. 그 세력도 기본적으로 민족주의(14)를 최 상위의 개념으로 삼고 있는 듯하고 그들의 담론에는 분단(체제), 민족, 통일 등의 개념이 큰 부분을 차지하고 있다(문익환, 임수경의 방북으로 상징이 되는 통일 운동도 한 때 유행한 바 있다). 문학 분야에서도 민족 문학(창비 를 비롯한 몇몇 출판 집단이 그 중심을 이룬다)이 담론 시장을 장악하고 있는 상황이다. 그렇지만 무엇보다 북한은 물론이고 남한의 민주화파에게도 금과옥조로 기능하고 있는 민족(민족 3)이 최고의 지도 이념일 수 있는가 는 제대로 논의가 되어야 할 듯하다(결국 2023년 연말 김정일은 민족을 내던지고 2국가 2국민을 선언한다).

민주화파가 한 때 반미 종북(위)의 성향을 보인 바는 있지만 현재의 '해양 대 대륙'의 구도 하에서 어느 정도는 균형 감각을 유지한다고는 할 수 있다. 바꾸어 말하면 한미 동맹(1953~)을 완전히 부정하는 반미 또는 북한을 종주국으로 떠받드는 종북 이란 면에서는 상당 부분 벗어난 것은 사실이라 할 만하다. 그렇지만 적어도 대 중국(대 신 중국) 관련에서는 아직까지 우려가 되는 면이 많이 남아 있다고 보아야 한다. 민주화파가 기본적으로 친중(친중 2)의 성향을 보인다 는 것은 공공연한 팩트이기 때문이다. 물론 친중 이란 용어는 다의적인 것이고 그 정도도 서로 다르다는 것을 인정한다 하더라도 전 주중 대사 노영민 사건이 보여주듯 그 뿌리는 상당히 깊다고 할 수 있다(29).

친중 이란 용어는 두 가지로 사용된다. 하나는 구 중국(24, 25, 26, 27)과 관련된 것이고 다른 하나는 신 중국(7)과 관계가 있다. 한반도 국가(위)와의 관계에서 구 중국과 신 중국은 완전히 다른 존재라고 해야 한다. "한국 사람 만들기"(함재봉 2017)에서 친중파는 한말의 위정 척사파(아래)를 말하는데(친일파/ 친미파/ 친소파 등과 대비되는 용어로 사용이 된다) 그 친중파의 중국은 신 중국(위)이 아니라 구 중국(위)이다. 이전의 한반도 국가(024 b)는 기본적으로 구 중국과는 가치와 체제를 공유하고 사실 상 동맹에 가까운 관계이고 사대주의도 제한된 범위에서 해석을 해야 할 듯하다(30). 여하튼 구 중국과 관련한 친중파(친중 1)는 현재 세력이 많이 약화된 상황이다.

사대주의 란 측면과 관련해서(위) 구 중국과 관련이 있는 친중(친중 1)은 충분히 이해가 가능하다. 왜냐하면 7~19세기까지의 한반도 국가(위)는 구 중국과 가치(023')와 체제를 같이 하고 거의 동맹에 가까운 관계를 유지해 왔기 때문이다. 그러한 오랜 기간의 유대가 한말의 위정 척사파(위)를 거쳐서 유림을 중심으로 아직까지 작용한다는 것도 어느 정도는 봐 줄 만하다. 그렇지만 현재 남한은 문화(023') 적으로뿐 만이 아니라 정치 군사(023') 적으로도 신 중국(위)이 아니라 해양(4) 세력인 미국과 일본과 더 핵심적인 관련이 있는 데도 친중파(친중 2)가 득세한다는 것은 좀 이해하기 힘든 상황이 아닐 수 없다. 특히 남한 친중파의 사대주의는 심각한 양상이라 할 수 있다.

구 중국(위)이 아니라 신 중국(중화인민공화국)과 관계 있는 친중파(친중 2)는 현재 홍콩의 친중파가 대표적이다. 그들은 홍콩 내에서 친 대륙의 성향을 보이는 세력이다(그들은 홍콩 내의 반 민주화파인데 비해서 남한의 친중파는 민주화파로 규정된다). 홍콩 특별 행정구에서 행정 장관(수반) 직선제와 관련해서 촉발된 우산 혁명(2014)은 세계 언론의 주목을 받지만 곧 사그라들고 만다. 그 전후의 미얀마(버마)의 민주화 운동도 점차로 외신의 관심권 밖으로 밀려난 것도 마찬가지 상황이다. 홍콩은 1997년 영국에서 신 중국으로 넘어가면서 이른바 일국이제(一國二制) 란 개념으로 상당 기간 그 독립성을 약속 받지만 신 중국은 홍콩의 친중파를 이용해서 야금야금 그 체제를 무너뜨려 왔다.

현재 남한에서는 친미/ 친일/ 친중(친중 2) 이란 용어가 사용된다. 물론 친미/ 친일 이란 용어 특히 친일 이란 용어는 매우 정치적인 타산에 입각해서 사용이 되고 있기도 하고 그 만큼은 아니지만 친미도 부정적인 용어로 쓰이기도 한다. 위의 친중(친중 2)은 앞서 논의한 바와 같이 구 중국(위)에 관한 것이 아니라 신 중국(위)에 관한 것이다. 현재 남한 민주화파(위)의 신 중국을 향한 사대(위)는 그럴 만한 문화적인 배경이 있는 것도 아니고 대국과의 동맹이란 배경이 있는 것도 아니다(위). 그렇다면 그들의 사대는 다른 요인이 있다고 보아야 한다. 그것은 그들 집단에 북한과 같은 친 사회주의적인 정서가 작용한다는 것일 듯하다.

남한 친중파 즉 민주화파(위)는 좀더 논의할 필요가 있을 듯하다. 남한의 민주화파는 한 때 급진주의적인 노선을 걷기도 했지만 현재는 거의 의회 민주주의 안으로 진입한 것이 사실이라고 한다면 그 부분에 대한 입장 정리가 있어야 할 듯하다. 아니면 신 중국을 향한 사대(위)에는 더 큰 명분이 있어야 할 것이다. 예를 들면 적어도 신 중국이 역내에서 지도적인 위치에 걸맞은 비전을 제시한다면 상황은 다를 수도 있다. 그렇지만 현재 신 중국(위)이 주변 지역에 대해서 그러한 비전을 제시하고 있다고 보이진 않는다. 그보다는 상당히 위협적인 모습을 보이는 경우가 비일비재하다. 더구나 대국의 위상과는 어울리지 않는 대응을 보이기 일쑤다.

특히 시 주석(위)이 일인 체제를 굳히는 과정에서 사드 보복(2016)과 관련한 중국 진출 국내 기업에 대한 제제와 여론몰이는 도가 지나친 것이었다. 거기에다 남한의 여행업과 엔터테인트먼트 산업에 대해서 상당 기간 제한을 가한 바 있다. 베이징 올림픽(2008) 성화 봉송 때도 남한 국민들의 정당한 의사 표시(홍콩 민주화 관련)를 중국 유학생을 비롯한 인원들이 조직적으로 그것도 폭력적으로 대응한 바도 있다(그것은 우리 주권에 엄연히 미치는 서울 한 복판에서 벌어진 일이다). 만일 중국 베이징에서 한국 유학생이 조직적이고 폭력적인 시위를 한다면 그들이 어떻게 될 것인지는 더 이상 말할 필요가 없다(그 곳에서 대한민국 대통령의 경호원들도 폭행당한 사례가 있다).

  남한의 민주화파가 남한 내의 친중파(친중 2)의 주력을 이룬다고 해도 과언이 아닐 듯하다. 신 중국은 남한과는 가치를 달리하고 잠재적인 위협 세력인 데도 불구하고 친중파(친중 2)가 두드러지는 것은 과거 그들 민주화파의 노선이 반영되어 지속된 것이라고 할 수밖에 없다. 정치 세력으로서의 민주화파는 이미 반미 종북(위)에서 벗어난 지 한참 지난 데도 불구하고 사회주의권에 대한 관성이 아직까지 강하게 작용하고 있다고 볼 수밖에 다른 설명 방법이 없을 듯하다. 일반적으로 문화란 것은 단기간에 바뀌지 않는다(가끔씩 일본 특파원 등이 심각하게 지적하는 우리의 상당히 후진적인 교통 문화도 그것을 잘 말해 준다).

  민주화파와 그 세력을 옹호하는 측에서는 물론 경제 논리를 내 세울 것이지만 호주의 예를 보듯이 그것은 독이 든 성배일 가능성이 높다. 호주는 정체성이란 면에서는 구미의 앵글로 색슨계 국가와 많은 부분을 공유하지만 지역적인 면에서는 아시아 태평양의 범위에 속한 국가다. 신 중국은 호주의 경제에 상당한 부분을 차지한다. 점차 신 중국에 대한 경제적 의존도를 높여 갔던 호주는 어느 순간부터 경제를 무기로 한 신 중국의 압박을 받는다. 신 중국은 상당 기간 음으로 양으로 호주의 정치 경제 사회 문화 부문에 친중파를 심어 왔는데 호주 정부는 그 부담을 안고 화들짝 놀라서 대비책을 강구하기에 이른다. 물론 남한의 상황은 호주보다 더 심각하다.

9 북한 완충론

2차 세계 대전 직후 미국과 소비에트 연방(USSR, 구 소련)이 점령한 지역 가운데서 오스트리아는 중립국을 선언하면서 분단되지 않고 바로 통일이 된다. 반면 독일은 서독과 동독으로 분단된 뒤 구 소련(위)의 해체를 계기로 겨우 통일을 이룬다. 그 두 국가가 속한 유럽 지역은 육지로 연결되어 있는데 비해서 동 아시아 지역은 '해양 대 대륙'의 구분이 선명하다(4)(5). 거기에다가 신 중국(7) 이란 또 하나의 변수가 있다. 국제 사회의 바람과는 달리 신 중국은 당분간 경제 발전에 합당한 정치 민주화가 이루어질 가능성이 그리 높지 않아 보인다. 현재 시점에서는 대륙 쪽의 세력들이 기존의 가치 체계를 유지한다고 보고 안보 전략을 짜야 할 듯하다.

한편 구 소련(위)은 그 체제가 붕괴되지만(1991) 그 뒤를 잇는 러시아 연방은 그 이전의 오랜 기간 물든 권위주의 체제를 넘어서지 못하고 있다. 더구나 우크라이나 전쟁(2022~)이 보여주듯이 아직까지 냉전 체제가 극복되는 데는 많은 시간이 필요할 듯하다. 러시아 연방의 우크라이나 침공은 북한(붕괴) 이후의 한반도(조선 반도) 상황을 예시하는 것일 수도 있다. 남한(대한민국)은 신 중국에 의해서 바로 우크라이나처럼 될 수 있는 위험성이 상존한다고 할 수밖에 없을 듯하다. 현재 북한(조선민주주의인민공화국)은 좋든 싫든 대 중국 완충(023') 지역 역할을 하고 있다(아래). 북한 붕괴 시 신 중국이 북한의 상당 부분을 점령할 가능성이 높고 여러 가지 시나리오가 나와 있다(이삼성 2018)(제 10장).

현재 시점에서 북한의 붕괴와 이어지는 통일이 반드시 바람직한 상황을 의미하는 것은 아닐 지도 모른다. 통일 이후에 대한 더 면밀한 분석과 대응이 요구된다 할 수 있다. 물론 두 집단의 동질성 회복도 중요한 문제임에는 틀림없지만 그 보다는 대 중국(대 신 중국)의 정치 군사적인 문제 역시 시급한 듯 보인다. 이미 신 중국은 거의 동맹 관계에 가까운 관계였던 이전의 구 중국(24, 25, 26 ,27)이 아니라 한반도 국가(024 b) 전복 이전의 북국 제국(23)과 더 흡사한 존재가 되어 있다. 더구나 가치 문제에서도 상당한 괴리가 있다. 그렇다고 할 때 북한 이란 대 중국 완충 지역은 차선이자 현재로서는 최선일 가능성도 배제할 수 없을 듯하다. 물론 통일 지상주의(023')의 이상과는 다를 수도 있지만 현실은 현실이다.

신 중국은 개방 개혁 이후 상당 부분 자본주의 시장 경제의 세계 질서에 편입이 되지만 아직까지 공산당 일당 지배는 전혀 흔들리지 않고 있다. 북한은 대륙 쪽의 사회주의 또는 권위주의적 정치 세력의 배경을 업고 사회주의 사상뿐만이 아니라 다른 부문에서도 나름의 정체성을 구축하고 있다는 것은 우리가 잘 알고 있는 바와 같다(31). 더구나 주민 통제에 관한 한 세계적인 수준의 기술을 축적하고 있고 경제적 열세를 우회하는 비 대칭 전력과 심지어는 핵 무장(이삼성

2018)까지 이룩한 상태다. 현재로서는 분단 고착화를 우려하는 이상주의보다는 대 중국 전략 이란 면에서의 완충 지역이란 현실주의를 더 강조해야 할 듯하다.

한반도(조선 반도)를 기준으로 해양 세력(위)은 대륙에 비해서 상대적으로 외곽에 위치하고 있다. 물론 일본은 미국보다는 더 가까이 있지만 역시 '바다 건너'에 있다(일본이 우리를 위협하는 국가가 아니라 준 동맹 이란 전제 하의 이야기다). 미국의 경우는 일본 본토와 오키나와에 기지가 있긴 하지만 광활한 태평양 상의 도서 지역(괌/ 하와이) 또는 그 건너의 미주 본토의 지원을 받아야 한다는 것이 현실이다. 미국의 6개 지역별 통합전투사령부 가운데 하나인 인도 태평양 사령부도 대양 건너 하와이 섬에 그 중심이 있다. 반면 대륙의 세력은 북한이란 완충(위) 지역을 제외한다면 바로 압록강 건너에 신 중국의 북부 전구 사령부(신 중국의 5대 전구 가운데 하나이다)가 자리잡고 있다.

대륙 쪽의 신 중국(중화인민공화국)(위)은 현재 우리에게 '바다 건너'이긴 하지만 그것은 북한이 완충(위) 지역 역할을 한다는 전제 하에서 다. 여하튼 '바다 건너'란 것은 방어 란 측면에서 육지로 연결된 곳보다는 비교할 수 없을 정도로 유리하다. 유럽의 경우 육지로 연결되어 있어서 물론 대 중국이 아니라 대 러시아의 경우이긴 하지만 핀란드는 물론이고 우크라이나도 매우 불리한 위치에 있다. 동 아시아의 경우는 대만(臺灣 Taiwan)이 오랜 기간 영토를 유지하고 있는 것이 '바다 건너' 란 위치가 큰 역할을 한다. '바다 건너'인 경우는 전략 목적군이 상륙을 해서 그 지역을 장악해야 하는데 그것은 육지로 연결된 지역에 비해서 난도가 높을 수밖에 없다.

동 아시아에서 해양 쪽의 세력은 상대적으로 부차적인 것이고 장기적으로도 그 전력을 유지하는 것이 불리하다고 할 수밖에 없다. 어떻게 말하면 정세의 변화에 따른 일시적 중요성을 가질 뿐이라고 할 수도 있다(대륙 주축론 의 입장이다). 20, 21세기의 동 아시아의 '해양 대 대륙'이란 구도(위)는 어쩌면 시효가 존재하는 것일지도 모른다. 그런 면에서는 대륙 쪽의 신 중국(위)이 더 유리한 상황일 수밖에 없다. 그럴

수록 그 사이에 완충(위) 역할을 하는 북한의 존재는 무시할 수 없는 부분이라 해야 한다. 적어도 단기적인 관점에서는 그 전략적 가치를 높이 평가하지 않는다는 것이 이상할 지경이다. 북한 때문에 남한이 '섬 아닌 섬'이 되어 있다는 불만도 있지만 그것은 하나의 축복이라고 할 수도 있다.

그 동안 북한(조선민주주의인민공화국)은 의도적으로 남한(대한민국)과는 다른 지역적 정체성(023')을 구축(31, 32, 33, 34)하면서도 수시로 민족 통일(023') 이란 구호를 내세우는 모순(023')을 범해왔다. 적지 않은 기간 동안 북한은 남한과는 서로 다른 정체성을 세우는데 거의 모든 역량을 총 동원한 듯이 보인다. 특히 역사 분야에서 북한은 대 신라(통일 신라)가 아니라 발해 중심의 역사를 만들어서 한반도 3조(16) 란 오랜 기간을 거치면서 동질적인 집단으로 걸어온 한반도의 민족 집단(15)의 정체성에 혼란을 부추기고 있다. 어떻게 말하면 현재 북한은 통일 이란 주제보다는 분단(023')과 분리 란 주제를 말해야 논리적으로 모순이 없다고 해도 과언이 아닐 정도다.

북한의 그 동안의 그러한 행위는 남한에서도 어느 정도는 평가를 받아왔다. 한 동안 남한에서는 통일 지상주의(023')의 주장이 도덕적 우위를 점하고 그것이 당위적인 것인 동시에 어느 정도의 시간 안에 통일이 현실 가능한 것일지도 모른다는 인식이 지배적이었다. 오랜 동안 권위주의적 정치 세력이 지배해 온 남한에서 민주화가 진행되는 동안 그 주체 세력(그들이 반 자유주의적이고 민중주의적 성향을 보인다는 비판도 있다)이 북한의 동향과는 상관없이 대북 문제에서 유화적인 태도를 취하고 통일 지상주의(위)로 경도된 것이 사실이다. 그렇지만 일각에서는 통일은 절대적인 것이 아니라 선택적인 것으로 위상이 조정되어 왔다.

이른바 대 분단(이삼성 2018, 2023)의 상황이 엄존하는 상태에서 섣불리 감상적인 통일을 외치거나 그것에 동조하는 것은 상당히 성급한 일이라고 보아야 한다. 통일은 그 동안 두 국가의 통일이 아니라 민족 통일(위) 이란 구호로 제시되어 왔다. 의도적으로 다른 정체성을 추구하면서도 민족(민족 3)(023')이란 것을 이용해서 통일을 말하는 북한은 완전히 모순적인 행위를 한 셈이다. 민족 집단 이란 측면에서 그들은 통합보다는 분리를 조장하고 또 다른 지역적 정체성(위)을 확립하는데 주력해 왔다. 그들은 단지 그들 국가의 정치 군사적 측면의 이익을 위해서 문자 그대로 대남 전략(023')적인 차원에서 민족 통일을 말하고 있는데 지나지 않는다는 의심을 받아왔다(023, 14 북한).

현재 남한과 북한의 통일 내지 통합은 요원한 것처럼 느껴 지기도 한다. 한반도 3조(16)의 오랜 기간을 걸쳐서 형성된 한반도(조선 민족)의 민족 집단(위)은 20세기에 와서 남한과 북한 두 집단으로 나뉘어지고 그 두 집단은 거의 70년이 가까운 기간 동안 상당히 빠른 속도로 두 가지 지역적 정체성(위)을 가진 집단으로 분화가 된다. 더구나 그것이 동 아시아 지역의 정치 군사(023')적 구도가 달라진 것에 기인한다는 것은 문제의 심각성을 더한다. 한반도의 2국가의 2국민이 현재의 분단 상황을 극복하고 동질성을 회복하려면 고도의 협력이 전제되어야 그것이 가능할 것이다. 그렇지만 현재 북한은 그러한 의사(023') 자체가 없을 듯하다는 이전의 분석

(위, 14 북한)이 최근 확인이 된 바 있다.

| part 2 | 민족 |

괄호 안의 1, 2, 3, 4……50 은 각각 본문 1, 2, 3, 4……50, 그리고 괄호 안의 023′, 024 a, 024 b 는 각각 손동완 2023(부록), 손동완 2024 a, 손동완 2024 b 의 약호임(456쪽 참조).

10 디아스포라 동포

 19, 20세기에 한반도(조선 반도)에서 그 밖으로 나간 집단이 이른바 디아스포라 동포다. 조선족(중국)/ 고려인(러시아와 중앙아시아)/ 재일 교포(일본)/ 미주 한인(023') 이 바로 그들이다. 그 네 집단은 현재 각각 해당 국가에서 소수 민족(023') 집단을 이루고 있다. 그들은 한민족 공동체론자가 말하는 한국 사람(남한인)과 디아스포라 동포 간의 네트워크 구성의 대상이 되는 집단이기도 하다(11). 또한 현재 인구 문제가 심각한 남한에서 일부 디아스포라 동포(위) 후손들이 일용 건설과 간병 등 몇몇 직종에서는 필수적인 역할을 하고 있다. 이른바 한민족 공동체(위)의 범위를 넘어서는 집단의 이주민(1)까

지 시급하게 고려해야 하는 상황에서 그들은 실질적인 인적 자원이라 할 수도 있다.

우선 중국의 조선족(023')은 상대적으로 이른 시기에 나간 집단이다. 그들은 양계(31) 지역 가운데 함경도 접경 지역 사람들이 여러 가지 이유로 국경을 넘어 이른바 간도로 들어가면서 시작된다. 간도는 두만강 건너 지역(원래 청을 건국한 여진 즉 만주족이 그들의 발상지라서 봉금 封禁 한 곳이다)인데 조선에서 넘어간 사람들이 그곳에서 농경지를 개척한다. 만주 사변(1931) 이후 만주국(1932~45) 때에도 일본 지배 하의 조선인이 들어간다. 현재 그들은 중화인민공화국(1949~)에서 신 중국(7)의 55개 소수 민족의 하나를 이루고 있다. 신 중국과 수교(1992) 이후에는 중국으로 진출한 우리 기업인의 보조 역할도 한 바 있고 남한으로 들어와서 몇몇 업종에 인력을 제공하고 있기도 하다(위).

다음으로 고려인(023')은 러시아 연해주(동부 만주의 일부인데 1860년 러시아로 편입된다)로 간 사람들이다. 연해주가 제정 러시아를 거쳐서 소비에트 연방으로 들어가고 스탈린 통치기에 그 지역의 집단은 중앙 아시아로 강제 이주 당한다(1937~9). 그 지역에서 주로 농경지를 개척해서 농업에 종사하는데 일부는 도시로 들어가서 다른 업종에도 종사한다. 고려인은 그 일부가 원래 그들이 있던 연해주로 돌아가기도 하고 남한으로 들어가서 조선족과 비슷한 업종에 종사하기도 한다. 다만 연해주와 가까운 지역의 사할린 동포는 고려인과 혼동되기도 하지만 그들은 식민지기 일본 내지로 간 집단(아래) 가운데 일부가 징용 등의 이유로 사할린 섬에 들어간 경우다.

그 다음의 재일 교포(더 정확히는 재일 한국인)는 식민지기 일본 내지로 나간 사람들이다. 중일 전쟁(1937~45) 태평양 전쟁(1941~45)이 일어난 후 징용 등의 사유로 간 사람들도 많다. 1945년 8월 일본이 미국에 항복하고 난 후 그들은 일본 국적을 상실한다. 수백만 명 규모의 그 집단은 상당수가 한반도로 돌아가지만 여러 가지 이유로 그곳에 남은 사람들은 무국적 상태로 남는다. 이후 남한과 일본 정부의 협의(1952)로 대부분 대한민국 국적을 얻는데 거부한 사람은 조선적(朝鮮

籍(북한이 아니라 조선조의 조선이다)을 가진다. 그들 일부는 북한으로 북송되기도 한다. 재일 교포는 여러 가지 제한 속에 살았는데 1991년에 와서 야 일부 권리를 얻는다. 연예 스포츠 분야에서 두각을 나타낸 사람도 있다. 현재 재일 교포는 3세, 4세로 가면서 상당수가 귀화한 상태인데 아직 40만 정도가 대한민국 국적을 갖고 있다.

마지막의 미주 한인(023')은 1903/ 1905년에 하와이/ 멕시코의 사탕수수/ 에니켄 농장에 인력을 공급하기 위한 이민을 보낸 데서 시작한다. 1923년 멕시코 이민자 일부는 쿠바로 가지만 고립되어 그 지역 다수 집단에 흡수된 상태다. 안창호 이승만 유한일 등이 미주 한인 사회에서 활동한 인물이다. 오랜 기간에 걸쳐서 하와이와 미국 서부 지역에서 주로 자리 잡은 한인 이민 사회는 20세기 후반 남한에서 대거 이민이 들어가고 남미로 농업 이민을 간 사람들도 북미로 이주하면서(그들은 디아스포라 한국 사람 에 해당한다, 아래) 그 규모가 급속히 커진다. 현재 미주 한인들은 일부가 남한으로 들어가서 활동하지만(이른바 재미 교포 로 불린다) 대부분 북미 지역에서 한인 커뮤니티를 유지하고 있다.

이상의 조선족/ 고려인/ 재일 교포/ 미주 한인(위)의 이른 바 디아스포라 동포는 현재의 한반도(조선 반도)의 2국가 2국민인 한국 사람(남한인)(2)/ 조선 사람(북한인)(3) 과 가장 많은 것을 공유하는 집단이다. 물론 그들보다 더 이전에 한반도(조선 반도)에서 다른 지역으로 나간 집단(아래)도 있지만 그들은 여기서 다루는 디아스포라 동포에 속하지 않는다. 말하자면 한반도 지역에서 그 외부로 나간 모든 집단이 디아스포라 동포는 아니다. 디아스포라(이산)이지만 디아스포라 동포 라는 개념으로 묶이지 않는 집단이 있다. 그들은 편의 상 디아스포라 비 동포(아래) 라고 할 수 있다. 그것은 디아스포라 동포(위)와는 구분되는 디아스포라 란 의미인데 단순히 분류 상의 용어다.

한반도(조선 반도)와 육지로 연결된 북방 북국(20) 지역을 보면 우선 조선조 후기에 북국 제국(23) 청의 침입 이후 심양 등지로 끌려간 사람들이 그 지역에서 일부 커뮤니티를 형성했을 가능성도 없지 않다. 다음으로 그 이전에도 고려조 후기 북국 제국(위) 원의 영토로 편입되는 요동 지역에는 고려조 사람 이주민 집단이 존재했고(당시 고려왕이 겸하는 심양왕도 그들 집단과 관련이 있다) 대도(수도)에도 고려조의 왕실 구성원, 관료 학자, 기타 집단의 커뮤니티가 형성되었을 가능성이 있다. 더 이전에는 대 신라(통일 신라) 시기 구 중국(당, 한족 왕조다) 산동 반도에 교역 등의 이유로 들어간 신라인의 커뮤니티인 신라방 집단도 역사에 등장한다. 물론 남쪽으로는 임진왜란 때 일본으로 끌려 간 사람들이 있다.

그렇지만 그들은 현재 대비 오래 전에 한반도(조선 반도)에서 그 밖으로 나간 사람들이고 이미 오래 전에 해당 지역의 집단들에 흡수(023') 된다고 보아야 한다. 현재의 한국 사람(위) 또는 조선 사람(위) 과의 관련 이란 면에서 그들은 당연히 조선족/ 고려인/ 재일 교포/ 미주 한인 의 디아스포라 동포(위)에 비해서 멀다고 할 수밖에 없다. 그렇다고 하더라도 그들 집단은 적어도 한반도 3조(16) 시기 한반도의 민족 집단(15)이 한반도(조선 반도) 밖으로 나간 것이다. 말하자면 디아스포라 비 동포(대 신라, 고려조, 조선조 고종기 이전에 이산한 집단)도 디아스포라 동포(19, 20세기에 이산한 집단)만큼은 아니지만 한반도(조선 반도)의 민족 집단인 한국(조선) 민족 과의 관련성은 있는 셈이다.

반면 한반도 3조(676~1910) 이전에 현재의 한반도(조선 반도) 지역에서 다른 지역으로 나간 집단은 현재의 한반도의 민족 집단(위)과의 관련은 멀다고 할 수밖에 없다. 특히 3한 지역이 아니라 양계(31) 지역에서 나간 집단은 더 더욱 그렇다. 예를 들어 한반도 3조(676~1910) 이전 양계 지역의 고구려인은 구 중국(24, 25, 26, 27)으로 사민("신오대사" '사이부록' 발해) 되거나 발해인(노태돈 1985)으로 흡수된 경우가 대부분이다. 구 중국으로 사민(위)된 집단은 대다수가 중국 대륙의 한족(26)으로 흡수되고(보론 7) 발해인을 이룬 집단은 그 일부가 양계 지역에 살았다고 하더라도 거란 요/ 여진 금/ 몽골 원 의 지배를 거치면서 다른 민족 집단으로 편입되어 동화(023')된다.

10세기 이전에 양계(위) 지역에 살던 집단들은 현재의 한국 사람(위) 또는 조선 사람(위)과는 큰 관련이 없다고 보아야 한다. 말하자면 고구려와 발해(32)의 영역에 있던 집단들은 많은 변화를 겪기 때문에 우리가 생각하듯 그렇게 단순하게 우리와 연결되지는 않는다. 물론 발해인(위)의 일부가 발해 멸망 전후해서 고려조로 들어간다고 하지만 그들은 소수 집단일 뿐이다. 10세기 이후에는 양계 지역이 점차로 한반도 국가(024 b)로 편입(023')이 되고 그 곳의 집단들도 한국(조선) 민족으로 흡수된다. 북계(보론 9) 지역은 고려조 전기에 거의 한반도 국가로 들어가지만 동계(보론 10) 지역은 고려조 후기를 지나서 조선조 초기에 와서 야 한반도 국가로 들어가게 된다. 여진계(023')가 그 지역과 관련한 대표적인 집단이다(1).

적어도 19, 20세기에 이산한 조선족/ 고려인/ 재일 교포/ 미주 한인 의 디아스포라 동포(위)는 한국 사람(남한인)/ 조선 사람(북한인) 과 함께 그 이전의 한반도 3조(16)의 역사를 공유하는 집단이다. 바꾸어 말하면 한반도 3조(676~1910)가 그 세 집단의 선행 단계가 된다. 한반도(조선 반도)의 민족 집단, 다시 말해서, 한국(조선) 민족은 3국 통일 전쟁(17) 이후 그 지역

7세기의 집단을 모태(023' 024 a)로 해서 한반도 3조인 대 신라 (통일 신라)/ 고려조/ 조선조 를 거치면서 형성(023')이 된다. 말하자면 현재의 한반도의 민족 집단(위)의 형성에 한반도 3조 (위)는 핵심적인 역할을 한다. 그 집단은 7세기 이전에 이미 성립된 것도 아니고 7세기에 바로 성립하는 것도 아니다.

부언하면 한국 사람/ 조선 사람/ 디아스포라 동포 그 세 집단의 기원(023')이 바로 한반도 3조(위) 라 고 말할 수 있다. 그 세 집단은 한반도 내의 세 왕조 란 역사적 경험을 공유하는 집단이기 때문이다. 민족 집단(민족 1)의 규정에서 역사(이른바 영토, 역사, 언어, 전통 의 역사다, Winston 2004, Peoples)를 공유한다는 것은 상당히 중요한 부분일 수밖에 없다. 당연히 그 역사 란 것은 그 집단의 영토(023')와도 관련이 있다. 한국(조선) 민족도 한반도(조선 반도) 란 영토를 확보하고 그 역사를 만들어 온 집단이라 할 수 있다. 그 과정에서 전쟁이 개입되고 전쟁도 한 집단의 정체성을 결정하는 요소가 되기도 한다. 특히 3국 통일 전쟁(위)은 더 중요하다.

11 민족 공동체

그 동안 남한(대한민국)의 외교 통일 분야에서 민족 공동체(아래)란 용어가 사용된 적이 있다. 노태우 정부에서 한민족 공동체 통일 방안(1989)이 나오고 이후 김영삼 정부의 민족 공동체 통일 방안(1994)으로 이어진다. 그 때의 민족 공동체(한민족 공동체)는 주로 남한(대한민국)과 북한(조선민주주의인민공화국)의 두 국민인 한국 사람(남한인)(2)과 조선 사람(북한인)(3)을 대상으로 한다. 두 국가 사이에는 일찍부터 통일에 대한 논의가 있어 왔는데 그 2국가의 통일에는 민족 통일(023')이란 화두가 전면에 작용한다. 그 때의 민족(민족 3)은 민족 집단(민족 1) 또는 국민(민족 2)을 넘어서는 개념인데 특히 북한(조선민주주의인민공화국)과 남한의 민주화파가 강조하는 개념이다(8).

한편 민족 공동체(한민족 공동체) 란 용어가 한국 사람(남한인)과 조선 사람(북한인) 관련보다는 한국 사람(남한인)(2)과 디아스포라 동포(10) 사이의 네트워크 수립과 관련된 의미로 사용될 경우도 있다. 특히 한민족 공동체론(정영훈 외 2017)(제 1부)은 한국 사람(남한인)과 디아스포라 동포(위)의 초국(transnational 1) 적인 네트워크 수립을 전제하는 용어로 주로 사용된다. 한민족 공동체론자들은 민족(이 때는 반드시 '민족 3'의 개념은 아닌 듯하다, 위) 이란 개념을 앞세우면서 지구촌 또는 세계에서 초국(위) 적인 네트워크를 구성하는 것을 하나의 중요한 목표로 삼고 있는 듯하다. 그들이 말하는 공동체는 민족 공동의 네트워크를 구성해서 그 성원들을 결속시키고 공동 번영을 모색한다는 의미인 듯하다.

지구촌에서의 민족적인 네트워크 란 것은 아마 화교 또는 유대인을 염두에 두고 그들의 지구적인 활동을 모델로 한 것일 수도 있다. 화교는 조금 뒤에 논의하고 유대인부터 보면 그들은 우리가 잘 알다시피 기원전후 로마 제국 시기에 이미 팔레스타인 지역을 떠나서 이집트 등으로 이주하고 이후 서 유럽과 동 유럽 그리고 신 대륙으로 퍼져 가면서도 그들의 정체성을 유지한다. 20세기에는 시온주의자들이 팔레스타인 지역으로 돌아가서 국가 수립의 꿈을 이룬다. 그 이후의 상황은 외신이 전하는 바와 같다. 그들은 유대교 란 종교를 중심으로 해서 그 정체성을 유지한 것이 결정적인 면이고 인류 역사에서 유례없는 전 지구적인 네트워크를 가진 집단이 된다.

한편 화교는 한족(26)이나 한족에서 파생된 집단인 객가인(Hakka)이 대부분인데 본격적으로 해외로 나간 것은 19세기에 남부 지역(복건성과 광동성이 중심 지역이다)의 한족과 객가인이 동남 아시아 지역으로 가면서 시작되고 이후 그 지역에서 상권을 장악하면서 주목받는다. 그리고 19세기 후반(북국 제국 청의 말기에 해당한다)에는 노동력이 필요했던 미주 미국 서부로 중국인 노동자(쿨리)들이 들어가서 철도 부설과 금광 채굴에 노동력을 제공하다가 정착하면서 미주 화교가 된다.

그들도 현재 미국을 비롯한 미주의 여러 도시에서 커뮤니티를 이루고 있다. 한반도 지역은 임오군란 이후 청의 군사력이 들어오고 원세개가 세력을 장악할 때 상인들이 동반 진출해서(Larsen 2011)(제 4장)(제 7장) 화교 사회가 시작된다.

물론 민족 공동체(위)의 성원이 되는 조선족/ 고려인/ 재일 교포/ 미주 한인(023') 은 외형 상 지구촌의 각 지역에 산재하고 있는 것은 사실이다. 그렇지만 종교적인 정체성을 바탕으로 거의 2000년 간 유지되는 유대인 사회나 문화적인 정체성이 강력하고 지역적인 응집성을 가진 화교 사회에 비해서 불리한 것은 분명한 듯하다. 그들은 냉전 시대에 양 진영에 나뉘어 있었고 그들 집단을 묶어주는 것이 언어 하나라고 해도 과언이 아니다. 그런데 현재 2세를 지나서 3세, 4세로 넘어가는 상황이라 언어도 큰 역할을 하긴 힘들다. 특히 조선족/ 고려인 은 북방 정책이 나온 뒤인 1990년대에 가서야 비로소 그 존재가 부각된다.

21세기 이전에 이미 지구촌 적인 네트워크를 마련한 유대인(위)과 화교 사회(위)와는 달리 이제서야 그 비슷한 네트워크를 만들어야 한다는 과제가 있고 또한 그 네트워크가 단순히 민족주의(14)의 연장선 상의 그 무엇 또는 해당 연구자들의 연구 과제를 넘어서는 실질적인 것이 될 수 있는가 란 문제도 있다. 이스라엘과 중국이 이미 만들어진 네트워크를 활용한다는 것과 남한이 이제 네트워크를 만들어서 활용한다는 것은 다르기 때문이다. 다만 조선족/ 고려인 가운데 일부가 남한으로 들어가는 것은 조금 긍정적이라 할 수 있지만 조선족/ 고려인 이 남한으로 귀환해서 일정한 역할을 한다(위)는 것은 한민족 공동체론자(위)들이 기대하는 지구촌에서의 네크워크 란 면과는 별로 상응하지는 않는다.

이상의 한민족 공동체론자의 '민족과 초국'이란 방식은 그 현실적인 가능성 여부를 떠나서도 일종의 제국주의적 버전이란 한계가 있다. 어떻게 보면 그 자체가 복고적이라 할 수 있고 시대에 뒤떨어진 것이라 볼 여지도 없지 않다. 한민족 공동체론자들이 즐겨 사용하는 진출 이란 용어도 그것을 잘 보여준다. 더구나 남한은 현재 다 문화/ 다 민족 상황을 맞고 있고 인구 문제가 심각한 상황에서 국가적 차원에서 그 문제를 해결하는 것이 더 우선적일 듯하다(1). 말하자면 외부에 네트워크를 만들어서 활용하는 것보다는 내부에 현재 발등에 떨어진 출산율 감소에 따른 민족 소멸(결코 과장된 표현이 아니다) 문제에 기여하는 것이 더 민족주의 적일 수도 있을 것이다.

또한 한민족 공동체론자(위)들의 '민족과 초국' 방식 다시 말해서 민족주의(위)에 입각해서 초국적인 네트워크를 만든다는 입장은 모순적일 수 있다는 한계도 있다. 초국 이란 것은 민족 보다는 탈 민족(transnational 2)과 더 어울리는 것일 수 밖에 없기 때문이다. 홍범도의 예가 그것을 잘 보여준다. 남한에서 민족주의자로 규정해서 육군사관학교에 동상을 세웠다가 철거 위기를 맞은 바 있는 그 인물은 '민족과 초국'보다는 '탈 민족과 초국'의 방식에 들어맞는 삶을 산 바 있다. 19세기 후반 간도로 넘어가서 연해주 쪽에서 살다 다시 중앙 아시아로 이주한 고려인(위)의 범주에 드는 그는 사회주의를 받아들이고 구 소련을 조국으로 인정하는 '탈 민족' 적

삶을 산다(임지현, 각종 언론).

결국 '민족과 초국' 방식보다는 '탈 민족과 초국' 방식이 훨씬 더 모순이 적고 현실적이라고 할 수밖에 없다. 탈 민족적이고 초국적인 삶을 산 사람들이 반드시 반 민족 적인 것은 아니다. 한말의 위정척사파, 근대 이래의 기독교, 그 이후의 사회주의자들은 대표적인 탈 민족적 성향을 가진 집단인데(정영훈 외 2014, 2017 제 2부) 그렇다고 해서 그들이 민족을 배신한 반 민족주의자라고 매도할 수 있는 것은 아니다. 남한의 식민지 근대화론자(이영훈 외 2004)도 탈 민족 의 성향을 띤다는 것이 공공연한 사실인데 그들을 반 민족 적이라고 할 수만은 없다. 위의 홍범도 사건은 그러한 생애의 인물을 민족이란 방식으로 해석해서 일어난 것이다.

다시 첫번째 의미의 민족 공동체(한국 사람과 조선 사람 두 집단과 관련된 의미다)로 돌아가면 탈북민 집단도 중요하다. 그들은 북한(조선민주주의인민공화국)의 조선 사람(위) 가운데 일부가 제 3국을 경유해서 다른 한반도 안(남한)으로 이주한 경우다.

그들은 디아스포라 동포(10) 가운데 일부(특히 조선족 또는 고려인)가 한반도 안(남한)으로 귀환한 것과는 다르다. 그들 탈북민은 1953년 이래 한국 사람(위) 과는 다른 현대화를 겪은 집단이고 여러 가지 측면에서 다르다. 다만 디아스포라 동포(위)가 남한의 몇몇 분야에서 인적 자원 역할을 하는 것(10)과 비슷하게 탈북민 들도 비슷한 분야에서 비슷한 역할을 하고 있다. 현재 남한 사회에서 탈북민의 사회 통합 문제도 시급하고도 중요하다.

탈북민(그들 자체가 이미 디아스포라 다) 가운데 일부가 미국, 유럽, 호주 등으로 이주한 경우도 있다. 그들은 디아스포라 동포(위)와는 다르다. 왜냐하면 그들은 디아스포라 동포 처럼 한반도 3조(위)의 역사를 공유하는 집단이긴 하지만 1953년 이래 '조선 사람'(북한인)과 역사를 공유하기 때문이다. 그들은 더 정확히 말해서 디아스포라 조선 사람 이라 할 만하다. 디아스포라 조선 사람 과 대비되는 개념은 디아스포라 한국 사람 인데 1953년 이래 한국 사람(남한인)과 역사를 공유한 집단이다. 그들은 20세기 후반 주로 1962년 이후 남한

(대한민국)에서 기타 국가로 이주하는데 북미, 남미(농업 이민), 독일(광부 간호사), 호주가 대표적이다.

여하튼 디아스포라 동포(위)는 '디아스포라 한국 사람'/ '디아스포라 조선 사람' 보다 이주 역사가 더 길다. 동포 란 말은 현재 해외 동포, 재외 동포 란 용어 등으로도 사용이 된다. 북한 동포 란 용어가 사용될 때도 있다. 이미 20세기 초반에 (3000리 강산) 2000만 동포처럼 당시 한반도 안의 민족 집단을 지칭하는 용어로 사용된 그 용어는 이후 한반도 밖으로 이산한 집단에게도 사용이 된다. 원래 구 중국(24, 25, 26, 27)에서 오래전부터 사용된 그 용어는 한반도 국가에서는 1890년대 후반에 그 의미가 확대(박찬승 2010)(part 1의 3) 되어 사용되기 시작한다(이어서 민족 이란 용어도 사용되기 시작한다, 1905). 그 용어는 그 시기에 한반도(조선 반도) 밖으로 나간 집단에게 사용되고 현재도 사용되고 있다(위).

현재 남한에서 민족 공동체(위)와 한민족 공동체(위) 란 용어가 혼용되는데 서도 알 수 있듯이 한반도(조선 반도)의 민족 집단(15)이 한국(조선) 민족이 아니라 한민족(023') 이란 용어로 많이 불린다. 다만 한민족 이란 용어는 한국 민족 또는 조선 민족 이란 용어에 비해서 역사 공동체 한국(조선) 이란 것(3)이 용어 상 바로 부각되지 않는다는 단점이 있다. 또한 그 집단을 한인 이라 부르는 것도 그다지 바람직하지 않다. 한인 은 20세기 초반 미주에서 대한인국민회(1910)가 결성된 이래 사용되는 명칭인데 이후 이른바 디아스포라 동포 가운데 주로 미주 지역의 집단을 부르는 용어로 사용되기 때문이다. 남한에서 광범하게 사용되는 한민족 이란 용어는 본서에서는 한국(조선) 민족 이란 말로 대치한다.

12 근대주의

 한반도(조선 반도)의 이른바 근대(위)에 대해서는 여러가지 정의와 접근이 있겠지만 한반도 3조(16)의 마지막 부분인 조선조 말기 한말에 근대가 시작이 된다는 것에는 큰 이의가 없을 듯하다. 대륙 중심의 동 아시아 천하 체제(023')가 종언을 고하고 이른바 '해양 대 대륙'(위)의 구도로 전환(6) 하는 그 시기는 역사학뿐만이 아니라 정치학에서도 많은 주목을 받아왔다. 본서에서 비중 있게 인용이 되는 "동 아시아의 전쟁과 평화" 란 저작은 두 권으로 나온 바 있는데(이삼성 2009 a, b 로 구분한다) 두번째 책은 후반부에서 조선조 말기를 상당한 비중을 두고 다루고 있을 정도다. 거기서는 고종이 등장하는 시기부터 여러 단계(8단계)로 구분해서 설명하고 있다.

대체로 한반도(조선 반도)의 근대(위)는 5단계(이하)를 거쳐서 현대로 이어진다. 전환기(1885~1910)/ 식민지기(1910~45)/ 해방 공간(1945~48)/ 48체제(1948~1950)/ 한국 전쟁(1950~1953)이 그것이다. 각 시기는 그 시기의 길고 짧음을 떠나서 상당히 중요한 함의를 지닌다. 그 동안 우리에게는 그 앞 부분인 전환기(위)와 식민지기(위)가 강조된 바 있지만 그 이후의 과정도 그 못지 않게 중요한데 그 동안 남한 학계의 진전된 연구로 상당 부분 채워져 왔다(박명림 1996, 2002, 2006, 2011). 위의 과정을 좀더 간략히 하면 전환기/ 식민지기/ 해방 분단 한국 전쟁기(아래)로 나눌 수 있을 듯하다. 시대 구분은 어떤 한 사회를 들여다보는 중요한 척도일 수밖에 없다.

우선 전환기(1885~1910)는 기본적으로 해양(4) 세력 가운데 일본이 점차 우위를 확보해서 한반도를 보호국 화하고 이어서 합병하는 과정이다. 그 이면에는 7세기 이래 동 아시아 지역의 '한반도 국가/ 북방 북국/ 구 중국'의 구도가 '해양 대 대륙'의 구도로 넘어가는 정치 군사적 측면의 전환(위)이 깔려 있다. 조선조 말기인 고종기 가운데서도 1885년은 그 지역의 정치적 질서를 대변하던 책봉 조공 제도의 원칙이 완전히 무너지는 것을 상징하는 해라고 할 만하다(6). 그러한 동 아시아 지역의 정치적 전환은 서구 열강의 구 중국 잠식이 가져온 결과인데 그 빈 틈을 해양 세력 가운데 하나로 자리 잡는 일본이 파고 들어 결국 한반도 국가(024 b)를 합병한다.

다음으로 식민지기(1910~45)는 우리에게 익숙한 시기이고 그 시기에 대해서는 여러 가지 인식이 있다는 것도 우리가 잘 알고 있는 바와 같다. 그 시기는 이미 그 이전에 싹을 보이던 민족주의(14)가 본격적으로 힘을 받는 때이기도 하다. 이후 민족주의는 한반도 국가의 대표적인 사상으로 자리 잡는다. 민족주의는 한반도 3조(16)와 단절이 되는 이른바 무국(stateless)의 시기를 대상으로 큰 영향력을 행사한다. 물론 그 사상은 당시 외래적인 사조 특히 민족 자결주의 와도 관련이 있는데 1919년의 3. 1 운동과 임시 정부 대칭 국가(윤해동 2022)의 성립도 그 결과의 하나라 볼 수도 있다. 민족주의 가운데 특히 저항적 민족주의 는 그 시대의 산물이라 해도 과언이 아니다.

그 시기는 특히 식민지 근대화론(안병직 1993; 이영훈 외 2004)이 논란이 된다. 그 이론은 그 이전의 민족주의적 접근 즉 내재적 발전론 및 수탈론을 비판하는 일종의 탈 민족적인 접근이라 할 수 있다. 근대화 지상주의 라 할 수도 있는 그 접근은 자력 근대화론(대략 근왕주의적/ 시민적/ 민중주의적 방식 세 가지로 본다)을 부정하고 급진 개화파와 동학농민운동의 실패라는 좌절을 깔고 있다는 분석(이삼성 2009 b)(제 12장)도 있는데 일종의 문명 전환 을 깔고 있다는 해석이다. 탈 민족의 경향이 두드러지는 그 이론은 친일 이란 프레임으로 매도 당하기도 하지만 남한에서 친일 이란 용어는 매우 정치 타산적인 방식으로 사용되는 예가 많다.

그 다음의 해방 분단 한국 전쟁기(박명림 외 2006)(서론)는 식민지기가 끝이 나고 해방(위)이 되면서 시작된다. 이른바 해방 3년사 는 여러 국면의 정치 갈등이 지속되는 기간이다.

1945년 해방부터 같은 해 말 모스크바 3상 회의까지와 1946년 초에서 1947년 9월 조선 문제 유엔 이관까지 그리고 그 이후 1948년 8월 분단 국가 수립까지 세 국면이다. 분단(위)은 1948년 분단 국가 수립과 함께 시작되는데 두 분단 국가인 남한과 북한의 정치사가 1950년 한국 전쟁 발발 전까지 숨가쁘게 이어진다. 그 가운데 주한 미군 철수와 김일성의 국토 완정론과 이승만 정권의 38선 선제 공격 및 북진 통일 주장도 포함되어 있다. 한국 전쟁(1950~53)은 개전 이후 1년간에 걸친 각 인민군/ 유엔군/ 중공군 공세기에 이어 1951년 6월에서 1953년 7월까지 기나긴 전선의 교착과 휴전 협상이 이어진다.

해방, 분단, 한국 전쟁 의 각 단계는 모두 중요하지만 그 가운데 현재 한반도의 2국가 2국민의 구도를 만든 결정적인 사건은 한국 전쟁 이다. 그 전쟁이 정치학에서 본격적으로 연구가 된 것은 "한국 전쟁의 발발과 기원" 1, 2(박명림 1996)가 나온 이후라고 할 수 있다(이후 인류학에서도 일부 다루어진다, Kwon 2020). "한국 1950"(전쟁과 평화)(박명림 2002) 등을 거쳐서

'한국 전쟁사의 쟁점'(박명림 외 2006) 이란 글에서 그 논의가 잘 정리되어 있다. 1948년 이래의 분단(위)이 고착화되고 동서 냉전이 완전히 자리 잡는 한국 전쟁의 영향은 막대하다. 그 결과인 정전 협정과 한미 동맹이 이후 남한의 한국 사람(2)을 만들어 내는 결정적인 요인이 된다.

남한 학계에서 한반도(조선 반도)의 한국(조선) 민족 이란 집단에 관한 여러 가지 접근 가운데 가장 눈에 띄는 것은 아마 그 민족(아래)이 근대(위)에 와서 야 성립된다는 이른바 근대주의(023')일 것이다. 그 이론에 따른다면 근대 이전에는 한반도(조선 반도) 지역에 민족 이란 것 자체가 존재하지 않는 셈이다. 그 근거로 자주 거론되는 것이 바로 신분과 계급(노태돈, 각종 언론)이다. 근대에서 가장 가까운 조선조만 하더라도 양반과 상민의 구분이 있고 더구나 노비 인구가 상당수 차지하는 상황에서 조선조의 엘리트 계층인 양반층은 상민은 물론이고 노비를 하나의 민족 이라 생각하지 않았으리라 하는 추론이다. 물론 한반도 밖의 지역에서는 그 모든 계층을 포함해서 조선조 사람(조선인) 이라 인식한다.

그러한 학계의 인식에는 민족(위) 이란 것이 근대(위)의 산물이고 그 구성원이 상당히 균질화된다는 것을 전제하고 있기 때문일 것이다. 그런데 균질화된 근대의 산물인 민족 이란 것은 사실 상 서구의 정치 사회 이론에서 중요한 한 부분을 이루고 있는 네이션(nation) 이란 개념의 번역어다. 그렇다고 해서 구미의 네이션이 엄밀하게 정의되는 균질화된 존재도 아니다. 유럽의 국가도 지역에 따라 다양한 방식으로 전개되고 제국(제국도 여러 가지 다양한 의미로 사용된다) 또는 도시 국가 등의 형태와 구분되는 내셔널 스테이트(national state)도 반드시 네이션 스테이트(nation-state)인 것도 아니다(Tilly 1975). 더구나 내셔널리즘에 관한 논의(Anderson 1983)가 개입되면 논의는 더 복잡해진다.

네이션(위)의 종족 민족적 기원을 탐구한 한 저작(*The Ethnic Origins of Nations*, Smith 1991)이 잘 말해 주듯이 네이션은 민족 보다는 국민 이란 용어가 더 잘 어울린다. 현재 남한 학계에서 사용되는 민족 이란 용어는 대부분이 네이션을 의미하고 네이션의 번역어로 민족(민족 이란 용어는 적어도 세 가지 의미로 사용된다, 민족 1, 민족 2, 민족 3, 023') 이 사용되었을 따름이다. 네이션 스테이트(nation-state)도 주로 민족 국가로 번역이 된다(그 용어는 국민 국가 가 훨씬 더 잘 어울리는 번역일 것인데 그 때의 국민은 문예 사조 상의 국민주의 의 국민에 가까운 의미다). 여하튼 네이션의 번역어는 민족 보다는 국민 이 더 적합하다고 보아야 한다.

근대주의(위)는 한반도(조선 반도) 지역에서 근대 이전에는 민족 집단(민족 1)도 존재하지 않았다는 잘못된 인식을 심어 준다. 원초주의(한국민족문화대백과사전, 한민족) 를 언급하지 않더라도 적어도 676년 이후에는 한반도 지역에 바다 건너의 구 중국(24, 25, 26, 27)과 구분되고 또 다른 바다 건너의 일본과도 구분되며 다시 양계(31) 너머의 북방 북국(20)과도 구분되는 민족 집단(민족 1)이 있었다는 것은 분명한 사실이다. 대신라(통일 신라)/ 고려조/ 조선조 라는 연속되는 국가 또는 왕조의 구성원이 그 내부의 신분과 계급(위)과는 상관없이 하나의 민족 집단(민족 1)의 형식으로 존속해 왔다. 그 집단이 네이션(위) 인가 여부와 상관없이 동 아시아의 다른 민족 집단처럼 하나의 민족 집단(민족 1)을 이룬 것은 분명하다.

물론 남한 학계의 논의를 근대 이전 한반도(조선 반도) 지역에는 민족 집단(민족 1) 이 없었다는 것이 아니라 근대의 네이션(nation)(민족 2)이 없었다(위) 는 것을 말한다 고 옹호할 수도 있다. 그렇지만 근대 이전에는 한반도 지역에 네이션(위) 이란 존재가 없었다는 것은 그다지 중요한 발견은 아닐 듯하다. 여하튼 네이션은 일본에서 민족 으로 번역되고 그것이 한국으로 수입되어 현재 민족(민족 2) 이라 부르지만 위에서 말한 바와 같이 민족 보다는 국민 이란 용어가 훨씬 더 그 본의에 가깝다. 물론 민족 이란 용어가 그 동안 일본에서 그리고 그것을 수입한 남한에서 사용되어 온 것도 하나의 역사라고 할 수는 있지만 그 용어가 야기하는 의미 상의 혼동까지 그대로 가지고 가야 하는 것은 결코 아닐 듯하다.

13 근대주의 딜레마

 북한(조선민주주의인민공화국)은 양계(31) 지역을 중심으로 한 국가인만큼 양계 지역을 중심화해서 역사를 구성하는 것은 불가피하다고 볼 여지는 있다. 고구려와 발해(32)를 중심으로 하는 중세는 말할 것도 없고 북방 사회주의(023') 권을 중심으로 보는 근대와 현대도 그렇다. 특히 근/ 현대는 근대 자본주의/ 현대 사회주의 란 역사를 제시하는 시대 구분(아래)이 자리잡고 있다. 물론 그 도식은 문제가 있지만 적어도 근대(아래)에 대해서 남한 같은 혼란과 논란(아래)에서는 벗어나 있다. 그런 면에서는 양계 지역을 중심화 하는 북한의 기획에서 근대/ 현대의 위상 정립은 어느 정도 성공한 듯 보인다. 어떻게 말하면 상대적인 의미에서 남한 학계에 대한 '이론적 승리' 라고 비칠 수도 있다.

현대의 북한은 동 아시아 현대를 특징 짓는 '해양 대 대륙'(023')의 구도 하에서 대륙 쪽을 대표하는 북방 사회주의(위) 권(구 소련과 신 중국이 중심이다)에 편입되어 그 세력의 최첨단을 이루고 있다(5). 북한은 근대의 역사에서 현대 사회주의(공산주의) 사회 앞에 근대 자본주의 사회를 설정한다. 물론 1860년에서 1920년 까지의 한반도(조선 반도)의 자본주의 사회("조선전사") 란 것은 당연히 문제가 있다. 그렇지만 그러한 시대 구분이 복잡한 논의를 수반하는 그 시대를 명쾌하게 정리하는 면이 있다는 것은 사실이다. 일본의 경우도 노농파(이른바 "일본자본주의발달사강좌"의 강좌파 와 대비된다)는 메이지 유신기(1868~)를 근대 부르주아 기로 보고 있다.

식민지기(1910~45)도 북한에서는 근대 자본주의/ 현대 사회주의 란 시각에서 나누어 처리된다. 그 적절성의 여부를 떠나서도 적어도 그 구성원이 식민 국가(윤해동 2022)(제 8장)의 국민 이라 치부될 수도 있는 한반도(조선 반도) 지역 그 시기의 해석에서 예봉을 피해가는 것이라 할 만하다. 식민 국가(위)와 대비되는 대칭 국가(임시 정부)는 그러한 면에서는 '국민 없는 국가' 란 불리한 입론일 수밖에 없을 듯하다. 북한은 그 시기를 역사 발전 5단계의 틀을 적용해서 근대 자본주의의 한 형태인 식민지란 방식으로 어느 정도 빠져나간다 할 수 있다. 그 시기에 '바다 건너' 가 아니라 '국경 바로 넘어' 백두산의 빨치산 사회주의 세력 이란 서사(권헌익 정병호 2013)(제 4장)는 북한의 묘수일 수도 있다.

이상에서 본 바처럼 북한은 상대적으로 명쾌한 시대 구분(023')을 적용하고 있기 때문에 근대에 대한 정의와 해석은 그다지 복잡하지 않다. 반면 남한은 그 동안 북한에 비해서 그 시대에 대한 해석이 분명치 않은 상태라서 답답한 상황이 지속되고 있다. 그 결과 한반도의 19, 20세기는 일종의 단절의 시대로 여겨지고 그것은 많은 혼란과 논란을 야기할 수밖에 없다. 그 여파로 남한 학계는 개항기에서 1945년까지의 기간이 북한보다 더 불리한 함정으로 작용할 수밖에 없을 듯하다. 한반도 3조(16)와 이른바 근대(위)의 불 연속 이란 것은 많은 문제를 내포하고 있다. 근대사의 해석과는 무관하게 한반도 3조(위)와 1953년 이래의 2국가의 2국민은 연결되어 있다.

또한 한반도(조선 반도) 지역의 민족(엄밀히 말해서 민족 2 인 국민 이다)이 근대의 산물이란 주장(12)은 한말 이래 어느 시점에서 그것이 나온다는 것인지 분명하지 않다. 만일 대한제국기(1897~1910) 라면 그 국민은 이어지는 식민지기(위)에 어떻게 되는지 등의 문제가 적지 않다. 그것이 식민지기(1910~1945) 라면 '국가 없는 국민'이 나온다는 것이고 거기서 식민 국가(위)를 인정할 경우에는 식민지의 국민이 된다. 만일 그것이 식민지기 이후라면 2국가의 2국민(위)이 나온다는 것인데 그것은 또 다른 논의를 유발할 수밖에 없다. 근대주의는 특히 한반도 지역에서 시점론(023')(아래)과 관련해서도 많은 문제를 일으킬 수밖에 없다.

결국 남한 학계에서 한반도(조선 반도)의 이른바 민족(위)에 대해서 근대주의(12) 적 입장을 취하면 취할수록 근대에 대한 해석이 더 힘들어질 것이 분명하다. 어떻게 말하면 근대주의 적 입장을 벗어나야 근대에 대한 더 설득력 있는 논의가 이루어질 듯하다. 북한은 말할 것도 없고(위) 일본도 어떻게 보면 단순하다고 할 만한 근대 해석을 하지만(특히 노농파 계열, 위) 그것은 실보다 득이 더 많다고 할 수도 있다. 왜냐하면 근대를 둘러싸고 혼돈에 빠지는 것보다는 그것이 더 나을 수도 있기 때문이다. 물론 근대를 더 잘 해석해서 문제를 돌파할 수도 있겠지만 아직까지는 좀더 시간이 더 필요하다고 할 수밖에 없는 상황이다.

한반도 3조(676~1910)의 민족 집단(023')과 현대의 2국민(위)을 구태여 단절시키는 근대주의(위)의 방식에 대해서는 심각한 반성이 더해져야 한다. 어떠한 역사에 관한 이론도 한반도 3조(16)의 민족 집단과 현대의 남/ 북한의 2국민(위) 간의 불 연속성을 부추긴다면 과연 그것이 바람직한 것인지 진지하게 성찰해야 한다는 말이다. 여하튼 근대주의를 강조하고 그 이전의 한반도 3조(위)와의 연속성을 약화시켜서 스스로 혼란에 빠지는 남한 학계의 '근대주의 딜레마'(아래) 는 시급히 교정되어야 할 사안임에 틀림이 없다. 한반도 지역에서 근대에 와서 야 민족(아래)이 등장한다는 주장은 의외의 부 작용에 노출되어 꼬리(근대)가 몸통(한반도 3조)을 뒤흔들고 있다.

이른바 민족 을 둘러싼 논란은 대부분 단순한 개념 상의 문제 라 기보다는 더 근본적인 문제가 있다고 보아야 할 듯하다. 말하자면 한반도(조선 반도)의 역사가 근대를 거치면서 연속적인 궤적을 그리는 것이 아니라 단절적이라고 해석하는 데서 오는 문제일 수 있다. 다시 말해서 근대를 거치면서 서구는 물론이고 일본처럼 민족 집단(민족 1) 〉 국민(민족 2) 〉 제국(여기서는 20세기의 식민지 제국주의 의 제국을 말한다) 의 과정을 밟는 것이 아니라 민족 집단(민족 1) 〉 무국(식민지기) 〉 2국가 로 가면서 발생하는 문제라 해야 한다. 민족주의(위)도 서구와 일본처럼 제국주의적 민족주의가 아니라 저항적 민족주의(아래)로 가고 그것이 한반도(조선 반도) 지역의 민족주의(14)의 특징이 되기도 한다.

한 때 남한 학계에서 민족(위) 이란 개념의 해체(이삼성 2009 a, 2018)까지 거론된 바 있다. 저항적 민족주의(위)가 대세를 이루는 근대 이래의 한반도(조선 반도)에서 민족 이란 개념을 해체하는 것은 일본 열도의 경우와는 다르다. 민족이 국민을 거쳐서 제국주의로 가버린 지난 역사를 성찰하고 반성하는 의미가 있는 일본 역사학계의 민족 개념 해체와는 달리 남한 역사학계의 민족 개념 해체는 맥락이 그다지 없는 부박(이삼성 2009 a)(제 2장) 한 현상이라는 평가다. 여하튼 남한에서 이루어진 민주화에 따른 저항적 민족주의 의 동력 저하와 북한의 정치적 경제적 실패와 남한 사회의 다 문화 현상이 민족 개념 자체를 해체하려는 시도의 핵심적인 원인으로 지목되고 있다.

한편 근대주의(위)는 일종의 시점론(023') 이라 할 수 있다. 시점론은 한반도(조선 반도) 역사의 어느 시점에 이른바 민족(위)이 등장한다는 입장인데 예를 들면 임진왜란(1592~8) 때 한반도(조선 반도)의 한국(조선) 민족이 성립한다는 입론(김자현 2019)이 대표적이다. 시점론은 상식적으로 봐서도 상당한 문제점을 지닌 이론이라 할 수밖에 없을 것이다. 또한 한국(조선) 민족이 근대에 와서 형성된다는 것도 문제가 없지 않은데(위) 심지어는 근대인 한말의 어떤 해에 민족이 성립한다는 방식의 주장도 수시로 출몰하는 상황이다. 얼마 전에 나온 '한국 사람 만들기' 논(함재봉 2017)도 남한 학계에서 강세를 띠는 근대주의 가운데 하나인데 일종의 시점론에 해당한다(아래).

'한국 사람 만들기' 논을 좀더 살펴보고 가면 그 '한국 사람'은 1953년 이래의 남한 사람인 현대 한국인 이 아니고 '근대 한국인'에 해당한다(2). 그 책은 조선조(1392~1910) 사람 이란 정체성이 무너지고 난 뒤에 나오는 근대 과도기의 사람을 다섯 종류로 구분하고 그들을 중심으로 다섯 가지 대안을 제시하는 것이라 할 수 있다. 그 다섯 종류의 사람은 친중 위정 척사파, 친일 개화파, 친미 기독교파, 친소 공산주의파, 인종적 민족주의파 의 정체성을 가진다는 것이다. 그런데 무엇보다 그 이론은 민족 집단 이란 것이 그 같음(공통점)(손동완 2022)을 전제로 한다는 것을 도외시한 이론 이란 난점이 있다. 다시 말해서 근대 과도기(위)의 다섯 종류의 다름(차이점)(위)을 강조하는 방식은 당연히 문제가 있다.

 물론 한반도(조선 반도) 역사의 어느 시점에 한국(조선) 민족이 나온다는 시점론(위)은 문제가 있지만 그렇다고 해서 한반도의 역사에서 역사 상의 중요한 시점이 전혀 없었다는 것도 역시 그다지 진실은 아니라 할 수 있다. 다만 위의 예처럼 임진왜란 같이 어느 한 시점이 결정적이라고 보고 단발성에 가까운 시점을 특정하는 것이 문제가 된다고 해야 한다. 시점론에 대한 비판(반 시점론) 이란 것은 어떤 의미 있는 시점이 있을 수 없다는 것이 아니라 하나의 시점만을 특정하는 것이 문제가 된다는 의미로 이해해야 할 듯하다. 하나의 시점보다는 여러 개의 시점이 다층적이고 중층적으로 작용한다고 보는 것이 더 바람직할 듯하다.

 고 인류학의 예를 들면 이전에는 계통수(023') 같은 단선적인 진화를 가정했지만 현재의 더 진전된 이론(이상희 2023)에서는 시베리아 레나 강 하류 삼각주(우리에게는 동남 아시아 메콩강 삼각주가 더 익숙하다)의 복잡한 물길이 교차하는 것처럼 다층적이고 중층적인 진화 과정이 제시된다. 그와 마찬가지로 한반도의 민족 집단(15)도 이른바 단일 민족의 단선적인 흐름이 아니라 다층적인 출발과 기원을 가정하는 것이 더 바람직할 듯하다. 적어도 현대의 2국가 2국민은 근대(위)를 거치면서 형성이 되는 집단이고 그 이전에는 한반도 3조(16)를 통해서 민족 집단(민족 1)이 형성이 되어 온 것도 분명한 사실이다. 그 이전에는 선 형성기(023')를 거쳐서 7세기의 모태(023' 024 a) 집단이 나온다.

14 민족주의

민족/ 민족주의(아래)가 한반도(조선 반도)의 20세기 전 기간에 거쳐서 상당한 영향력을 행사해 왔다는 것은 분명한 사실이다. 오랜 기간 동 아시아 지역의 정치 질서로 기능했던 책봉 조공 제도가 와해되는 전환기(1885~1910)에 등장해서 식민지기(1910~45)에 확산되고 이후 해방 분단 전쟁기(1945~1953)는 물론이고 그 이후에도 끊임없이 작용하고 현재까지도 논쟁의 대상이 되는 민족/ 민족주의 는 한반도(조선 반도)의 근현대를 대표하는 사상이었다고 해도 과언이 아니다. 그 동안 민족/ 민족주의 란 개념에 대한 연구(박찬승 2010) 외에도 근대 이래의 민족주의를 네 단계(아래)로 분석한 작업(윤인진

"한국민족문화대백과사전" 민족주의)도 있다.

먼저 저항적 민족주의(아래)는 정확히 말해서 1960년대 이후 개념화되긴 하지만(이용희, 각종 학회) 이미 동학농민봉기 이래 그 싹이 보이고 신채호 등의 역사학자(더 자세히 말해서 유사역사학자 범주에 든다)가 주도한다. 혈통과 문화적인 요소가 중시되는 저항적 민족주의는 동 아시아의 '한반도 국가/ 북방 북국/ 구 중국'의 구도가 와해되고 '해양 대 대륙'(023')의 구도로 가는 과정에서 거의 유일한 현실적인 발언이었다고 할 만하다. 저항적 민족주의는 이후 한반도(조선 반도)의 2국가 2국민이 자리 잡은 이후에도 영향력을 유지하는데 대략 민족과 통일 이란 모토를 중심으로 전개되고 자주 란 개념도 관련이 있다. 특히 민족 3(023')이란 개념(강만길, 백낙청 등이 대표적인 인물이다)이 더 그렇다.

다음으로 발전론적 민족주의 는 일종의 하향적인 방식인데 저항적 민족주의의 상향적인 방식과는 대조적이다. 근대와 발전과 민족주의가 섞인 근대화론이기도 한 발전론적 민족주의는 부흥, 중흥 등의 민족주의 요소를 담은 용어를 구사하기도 한다. 그 개념은 산업화 시대 당시의 개방과 개발이란 과제와 민족주의가 공존하고 이른바 개발 독재(아래)의 이데올로기적 뒷받침이 되기도 한다. 박정희 대통령 당시의 경제 개발과 개발 독재는 민족주의적 바탕이 깔려 있다. 당시의 국민교육헌장(1968)이 발전론적 민족주의 한 단면을 잘 보여준다고 할 수 있다. 남한(대한민국)의 산업화 성공으로 인해서 발전론적인 민족주의는 그 위상이 강화된다.

그 다음으로 열린 민족주의 는 1990년 전후로 등장하는 것인데 당시 상당 기간 동안 진행된 산업화(위)가 세계 체제로 진입한 것을 반영하기도 한다. 다만 그 동안의 저항적 민족주의(위) 또는 발전론적 민족주의(위)가 내포한 권위주의적 성향이 민주화(1987년이 한 분기점이 된다)와 문민 정부(김영삼)의 영향으로 많이 완화된 것을 알 수 있다. 열린 민족주의는 그 동안의 민족주의가 가진 부정적인 면을 부각시키기도 하지만 본격적인 성과가 나오기에는 시기 상조라서 당시의 민족주의가 과잉이 아니라 과소 라는 등의 비판이 그것을 잘 말해준다. 적어도 열린 민족주의 란 개념이 그 동안 지배적이었던 저항/ 발전 민족주의가 가진 권위주의적 폐단을 지적한 것은 상당한 의미가 있다.

마지막으로 보편적 세계주의는 2000년 전후해서 이론이 나오는데 더 정확히 말해서 민족주의 이론(위)이라기 보다는 민족주의 비판이라 할 만한 것이다. 영어공용론(복거일, 각종 언론)도 그 추세의 하나인데 주로 탈 민족(transnational 2) 적 입장에서 세계사와 민족사 관점의 조화를 언급한 연구(임지현 1999)가 대표적이다. 그 입장은 민족주의 가운데서 종족적인 것보다는 공공적인 또는 시민적인 방식을 추구하는데 말하자면 그 입장을 대표하는 저서의 제목이 말하듯이 반역적인 방식의 민족주의 를 추구할 것을 주장한다. 말하자면 민족주의가 더 이상 체제 옹호를 위한 이데올로기가 되어서는 안 된다는 반성적인 입장이 잘 나와 있다.

열린 민족주의(위)도 그렇지만 보편적 세계주의(위)도 당연히 많은 비판에 노출된다. 그렇지만 현실적으로 볼 때 현재의 남한(대한민국)의 상황은 결코 녹록치 않아서 어떻게 보면 민족주의를 넘어서는 일이 바로 민족과 국가의 생존과 직결되는 문제일 수도 있다. 물론 현대의 남한과 북한이 2국가 2국민을 통합하기 위해서는 민족주의가 필수적인 것이라 할 수도 있지만 순수를 가장한 민족주의의 민족 은 상당히 오염이 된 것이 사실이다. 민족(민족 3) 이란 개념은 그 동안 적대적 공존 관계의 남 북한이 정치적으로 이용한 측면이 너무나 적나라하기 때문이다(9). 그 또한 민족주의가 열린 민족주의 또는 보편적 세계주의 로 가야 하는 당위성을 말해주고 있다.

더구나 현재 남한의 상황은 더 이상 민족주의가 득이 되는 경우가 절대 아니다. 현재 남한에서 이민 사회로 나아가야 하는 길에는 종족적인 방식보다는 시민적인 방식의 인식이 요구된다는 것을 더 이상 말할 필요도 없다(1). 시민 교육이 교육의 핵심을 이루는 선진국 방식은 요원한 듯하다. 경쟁적인 입시 교육 체제와 사 교육은 앞으로도 이민 사회의 통합을 막는 결정적인 원인이 될 가능성이 매우 높다. 이미 남한 저 출산율의 결정적인 원인이 된 교육 문제는 더 이상의 희생을 요구할 지도 모른다. 교육과 관련해서 '고통을 덜어주는' 대안(이명현, 각종 언론)이란 개념이 나온 지도 이미 30년이 지났지만 입시는 더 이상 정의롭지도 공정하지도 않다.

15 한반도의 민족 집단

 이전의 저작에서 저자는 '한반도의 민족 집단'(024 a) 란 용어를 사용한 적이 있다. 그것은 한민족/ 한국 민족(이선복 외 1996)/ 조선 민족 등의 용어(그 셋은 영어로는 모두 'Koreans' 로 같다)가 각기 사용되어 혼란을 줄 수 있기 때문에 잠정적으로 사용한 것이었다. 그 집단은 남한에서는 한민족(위) 한인(주로 디아스포라 동포 특히 '미주 한인'을 부르는 용어다) 이라고 부르는 경우가 많지만(11) 한국 민족(위)에 비해서 '한국'(조선) 이란 역사 공동체 의 존재가 분명하게 드러나지 않는다는 단점이 있다. 말하자면 한국(조선) 민족 이란 용어가 역사 공동체 '한국'(조선) 이 더 잘 드러난다. 그래서 동 아시아의 민족 집단인 일본 민족, 몽골 민족(아래) 등과 대비해서 사용할 때도 훨씬 더 분명한 의미를 가진다.

한편 한반도(조선 반도)의 한국(조선) 민족의 기원(023')은 모호(023')하고 불 확실(023')한 점이 많다. 지구 상에서 이집트인, 그리스인, 이탈리아인(로마인), 한족(26) 같이 이른 시기 고도의 문명(023')을 기반으로 성립하는 민족 집단은 그 집단의 기원을 알기가 어렵지 않다. 그만큼은 아니지만 정복자 기원(023') 유형의 집단도 그 기원이 비교적 쉽게 드러난다. 근대 이래의 신 대륙 또는 호주 대륙(유럽인), 그 이전의 중앙 아시아(투르크계), 헝가리(마자르족), 태국(중국 대륙 서남부의 태족)이 대표적이다. 그런데 적어도 동아시아 일본 열도의 일본 민족과 한반도(조선 반도)의 한국(조선) 민족은 위의 그 두 가지 유형에 속하지 않는다. 당연히 그 두 경우는 상대적으로 그 기원을 알기가 힘든다.

일본 열도의 경우 조몬/ 야요이/ 고훈시대 를 거치면서 혼합이 된 모태(023') 집단이 있고 7세기의 그 집단을 전 일본 민족(아래) 이라 할 수 있다면 한반도의 경우는 그에 준하는 집단이 있는지 가 문제가 된다. 한반도(조선 반도)의 경우 이른바 4중 혼합설(023')이 나와 있긴 하지만 즐문인/ 무문인/ 요녕계/ 부여계(노혁진 1994) 를 상정하는 그 이론이 잘 들어맞지 않는 듯하다. 즐문인/ 무문인 을 일본 열도의 조몬인/ 야요이인 에 해당하는 집단이라 할 수 있다 하더라도 요녕계(023')/ 부여계(023')를 일종의 정복자 집단이라 가정하는 그 이론은 문제가 적지 않기 때문이다(50). 말하자면 일본처럼 신석기/ 청동기/ 철기시대 를 대표하는 집단이 누구인지 는 다시 정립할 필요가 있다.

또 하나 일본 민족/ 한국 민족(한민족)은 은연 중에 고대의 일본 민족/ 고대의 한국 민족(한민족) 이란 것이 전제되지만 고대의 일본 민족/ 고대의 한국 민족 이란 용어는 상당히 비역사적인 용법이다. 고대의 한국 민족 즉 고대 한국인 이란 용어에 대해서는 앞에서 논의한 바 있다(2). 중국 한족(위)의 경우는 이미 기원전에 그 집단이 형성되기 때문에 '고대의 중국 민족'인 한족(위)을 상정할 수 있지만 일본/ 한국 의 경우는 고대에 그 민족 집단이 형성되어 있다고 보기는 상당히 힘든다. 그래서 고대의 일본 민족/ 고대의 한국 민족 보다는 전 일본 민족(Pre-Japanese)/ 전 한국 민족(Pre-Koreans)이란 개념이 좀더 현실적이다(맥락이 조금 다르긴 하나 북한에서는 조선 준 민족 이란 용어도 사용한다).

한반도(조선 반도)의 역사(빅 히스토리에 해당한다)는 신생대 제 4기 마지막 빙하기가 끝나고 현 간빙기인 홀로세가 시작되면서 한반도 지형이 드러난다. 그리고 7000년전에는 해수면이 안정된다. 그렇지만 그 지역은 바로 신석기의 농업 사회로 들어가진 않는다. 한반도에는 5500년전(6500년전 이란 설도 있다)에 초기 농경이 도입된 정황은 있지만 그 후 2500여년이 지나고 나서야(대략 3000 BP) 비로소 농경이 받아들여지고(과정주의, 최정필 2006) 초기 농경 사회가 진행된다. 바로 그 당시 즉 대략 기원전 1000년대(고인돌이 대표적인 지표다)를 지나고 기원전후 소 정치체인 국(023')이 발생해서 그것이 여러 단계를 거치면서 통합되는데 다시 700여년이 소요된다. 7세기의 3국 통일 전쟁(17)이 그 마지막 단계다.

지구 상에는 오랜 기간 동안 수렵 채집 또는 초기 농경 (023') 사회 단계를 유지하다 근대에 와서 유럽 등의 식민지가 된 집단도 있다. 그러한 경우에는 그 앞의 역사가 상대적으로 단순하고 그 민족 집단(민족 1)의 기원(023')도 분명한 편이다. 중국 대륙에서도 현재 비 한족의 소수 민족(023')은 상대적으로 그 기원이 분명한 편에 속한다. 그들은 다수 민족인 한족(위)에게 밀려서 외곽 지역으로 들어가서 부족 사회 단계로 유지된 집단이 대부분이기 때문이다. 특히 그 규모가 그다지 크지 않은 집단은 더 그런데 대략 촌락이 정치 단위를 이룬다. 적어도 한반도(조선 반도) 지역은 그러한 유형은 아니다. 말하자면 그 지역은 비교적 이른 시기에 그러한 단계를 벗어난다.

한반도 지역의 소수 민족(위) 집단은 오래 유지되지 않고 바로 더 큰 집단으로 통합이 된다. 기원전후 당시 한반도 외곽의 옥저, 동예, 예맥 등도 마찬가지다. 반면 중국 대륙은 말할 것도 없고(위) 만주(Manchuria) 지역의 소수 민족 집단들은 비교적 오래 유지된다. 그것은 한반도와는 달리 중국 대륙과 만주 지역에는 넓은 외곽 지역이 확보되어 있기 때문이다. 동부 만주 지역도 연해주와 아무르강 유역 등 넓은 외곽 지역이 있어 그 지역 기원의 읍루계(숙신계) 집단(주로 퉁구스어 남부 방언 사용 집단이다)은 비교적 오랜 기간 유지된다. 읍루 〉물길 〉말갈 〉여진 으로 이어지던 그 집단은 여진(023')이 북국 제국(23) 청을 세우고 난 후 문화적으로 역 정복되면서 집단의 정체성을 급속히 상실한다.

일본 열도나 베트남(홍강 유역)에 비해서도 한반도(조선 반도) 지역은 그 역사가 비교적 복잡하게 진행된다. 특히 7세기 이전의 역사는 위의 두 지역에 비해서 훨씬 더 파악하기 어렵다. 그것은 바다 건너의 일본이나 남 중국 아래의 베트남이 비교적 단순한 국제 관계 속에 있었던 것에 비해서 한반도는 바로 위로 연결되는 대륙의 여러 집단과의 관련이 복잡함을 더하기 때문이다. 그래서 일본 열도나 베트남에 비해서 한반도(Peninsula)와 그 바깥 즉 비 한반도(non-Peninsula)의 구분도 분명하지 않는데 양계(31) 지역의 역사가 그것을 잘 보여준다. 한반도의 역사에 대해서 여러 가지 역사 기획(023')이

횡행하는 것도 그러한 요인이 작용한다고 할 수 있다.

다만 7세기 이후에는 한반도(조선 반도) 지역은 그 지역을 통합한 국가 또는 왕조가 뚜렷한 편이다. 대 신라(통일 신라)/ 고려조/ 조선조 의 이른바 한반도 3조(16)가 연속적으로 7세기 이후의 한반도(조선 반도) 지역을 지배하기 때문이다. 일본 열도도 고훈 시대(300~600)를 지나면서 그 이후에는 아스카/ 나라/ 헤이안의 국가 또는 왕조가 나오고 이후 가마쿠라/ 무로마치 등으로 이어진다. 다만 베트남은 그보다는 조금 늦은 10세기에 구 중국의 지배를 벗어나서 독립 왕조(023')가 나온다(그 지역은 한반도 지역보다 훨씬 더 빈번하게 왕조가 교체된다). 한반도/ 일본 열도/ 베트남 은 그 지역의 모태(023') 집단이 나오고 나서 그 지역의 국가 또는 왕조를 통해서 민족 집단(위)이 이루어지는 유형을 보인다.

한반도(조선 반도)의 한국(조선) 민족은 7세기의 모태(위) 집단이 한반도 3조(위)를 거치면서 형성이 된다고 보아야 한다. 동 아시아 문명권(조동일 2010)의 주변 지역인 한반도(조선 반도)/ 일본 열도/ 베트남 은 모두 그 지역에서 모태 집단이 나오고 다시 그 지역의 국가 또는 왕조를 거치면서 형성이 되는 유형이다. 그런데 한반도 지역의 모태 집단은 만주 지역의 요녕계, 부여계(아래) 보다는 한반도 중남부인 3한(43, 44, 45) 지역의 집단을 중심으로 해서 나온다고 보는 것이 훨씬 더 타당할 듯하다. 기원전후 3한(위) 지역에서 국(위) 이란 소정치체가 나오고 그들이 연맹(023')과 병합의 과정을 통해서 합해져서 고대 국가로 발돋움하고 다시 고대 국가가 통합되어 7세기의 모태 집단이 나오기 때문이다.

한반도(조선 반도)(the Korean Peninsula)는 문자 그대로 한국(조선) 민족(Koreans)의 반도(Peninsula)란 의미다. 그것은 동 아시아 특히 동북 아시아에서 널리 통용되는 중국 대륙/ 한반도(조선 반도)/ 일본 열도/ 몽골 고원 과 동일한 용법이다. 그것은 각각 중국 민족의 대륙/ 한국(조선) 민족의 반도/ 일본 민족의 열도/ 몽골 민족의 고원 이란 의미다. 그 앞 부분은 민족 집단(023')의 이름이고 뒤 부분은 해당 지역을 특징짓는 지리적 명칭이다. 다만 중국 민족은 한족(26)이 중심이지만 55개의 다양한 소수 민족을 포괄한다. 물론 한반도/ 일본 열도/ 몽골 고원 등의 지역에도 소수 민족(023') 집단이 없는 것은 아니지만 중국 대륙만큼 복잡하지는 않다.

한반도(조선 반도)의 한국(조선) 민족과 관련해서 기원(아래) 보다는 형성(023')이 더 핵심적인 어휘라고 할 수 있다. 그 집단이 '어디에서 기원하는가'보다는 '어떻게 형성되는가'가 훨씬 더 중요한 문제이기 때문이다. 그 집단이 한반도(조선 반도) 밖의 어떤 특정한 지역에서 기원한다는 외래설(46, 47, 48, 49)보다는 내재론(023' 024 a)의 입장에서 그 집단이 '언제 출발하느냐' 에 초점을 맞추는 발상의 전환이 필요할 듯하다. 물론 한국 이란 용어도 엄밀히 정의해서 사용할 필요가 있다. 한국 사람 은 기본적으로 1953년 이래 형성되는 집단인 남한의 남한인 을 말하지만 역사 공동체 '한국'(조선)의 한국(조선) 민족 을 말할 경우도 있기 때문이다(한국 사람 2 또는 조선 사람 2)(3).

현재 한국(조선) 민족(위) 이란 용어는 한반도(조선 반도) 안의 2국민(한국 사람과 조선 사람)과 한반도 밖의 디아스포라 동포(10)를 포괄하는 의미로 사용된다. 당연히 한국(조선) 민족(Koreans)과 비 한국(조선) 민족(non-Koreans)을 구분하지 않는 것도 많은 문제를 일으킨다. 예를 들어 북방 북국(20)인 발해/ 요/ 금/ 원/ 청 의 발해인/ 거란인/ 여진인/ 몽골인/ 여진인(만주족) 을 한국(조선) 민족 이라 주장하는 아마추어 연구자들은 민족 집단(위)에 관한 기본적인 상식조차 결여되어 있다. 이른바 유사역사학자(023')들도 그러한 경향을 보이는 경우가 많다. '상상 상의 영토 확장'(023')을 추구하는 신채호의 아류(023')들이 대표적이다. 이 순간에도 그들은 상상의 나래를 펼치느라 분주할 것이다.

16 한반도 3조

 현재의 한국 사람(2) 은 당연히 이전의 한반도(조선 반도)의 민족 집단(15)의 연장선 상에 서 있다. 한반도의 민족 집단(위)은 기본적으로 3국 통일 전쟁(17) 이후에 그 북쪽의 북방 북국(20)과 대치하면서 정체성을 확보해 간다. 그 과정에서 바다 건너 구 중국(24, 25, 26, 27)과는 대체로 정치 군사적 동맹 관계를 유지하는데(27) 구 중국의 한반도 국가에 대한 문화적 영향도 무시할 수 없다. 현재의 한국 사람(위)은 특히 한반도 3조(676~1910)와 떼려야 뗄 수 없는 관계에 있다. 그동안 한반도 3조(위)는 상대적으로 그 존재가 제대로 평가되지 않았다는 것이 더 정확한 표현일지 모른다. 우리는 한반도 3조에 대해서 더 언급해야 할 듯하다.

현재의 한반도(조선 반도) 지역에서 역사적으로 가장 중요한 존재는 아마 한반도 3조(위)일 것이다. 만일 대 신라(통일 신라)/ 고려조/ 조선조 의 한반도 3조가 없었다면 현재의 한반도(조선 반도)의 한국(조선) 민족이 존재하지 않았을 가능성이 매우 크다. 바꾸어 말하면 한반도 3조 를 빼고 서는 현재의 한반도와 그 지역의 민족 집단을 논의하는 것이 불가능하다고 보아야 한다. 그런데 7~19세기에 걸쳐서 현재의 한반도에 존재한 대 신라/ 고려조/ 조선조 의 한반도 3조 는 그 동안 함께 언급되는 것도 흔치 않은 정도였다고 할 수 있다. 그것은 한반도의 역사 기술에서 3국(만들어진 3국)(18)이 강조되면서 대 신라(676~935)는 상대적으로 제대로 평가받지 못한 때문일 것이다.

무엇보다 대 신라(위)를 제외하고 구성된 한반도(조선 반도)의 민족 집단(한국 또는 조선 민족)의 역사는 제대로 된 것일 수가 없다. 대 신라는 한반도 3조(위)의 초반을 이루는 비중 있는 국가 또는 왕조일 뿐 아니라 그 자체가 오랜 기간에 걸쳐서 이루어진 지역 역사 복합체(023')이기 때문이다. 그 복합체(3한 복합체, 44)는 바로 한반도의 민족 집단(위)의 모태(024 a)가 되는 존재이다. 예를 들면 일본 열도의 7세기의 집단 또는 베트남 지역의 10세기의 집단에 해당한다. 7세기의 한반도의 모태 집단(3한 복합체, 위)이 없었다면 현재의 한반도(조선반도)의 민족 집단(한국 또는 조선 민족)은 그 존재 가능성이 거의 없다고 보아야 한다. 그러한 면에서 볼 때 대 신라 는 결코 빼먹을 수가 없다.

고려조(918 또는 935~1392)는 이른바 3국(그 3국은 기본적으로 '후 3국의 기원'으로 나온 것이다)을 설정해서 대 신라(통일 신라)를 뛰어 넘지만(18) 그러한 역사 기획(023')과 상관없이 고려조는 대 신라의 많은 부분을 계승하고 있다. 후 고구려(고려조의 전신이다) 자체가 대 신라 말기의 반란 세력(023')에서 나온 것이고 후 3국의 통합은 대부분 이전의 대 신라 영토의 회복이라 할 수 있다. 태조 왕건은 대 신라의 마지막 왕인 경순왕에 대해서 예우하고("삼국유사" '기이제이' 김부대왕) 대 신라의 영역인 3한 지역의 유력 가문인 호족들과 정략 결혼을 한다. 태조가 공신들에게 수여한 최 고위직도 3한 공신(023') 또는 3한 벽상(壁上) 공신이다.

고려조(위)가 뛰어 넘고 지우려고 시도한 대 신라(통일 신라)의 역사는 그 비중 상 그냥 묻힐 수 있는 것은 분명 아니었다. 고려조를 이은 조선조(1392~1910)에서 초기에 편찬한 역사서인 "동국통감"(1485)이 '외기/ 삼국기/ 신라기/ 고려기'로 구성되어 있다는 것도 그것을 잘 말해 준다. 조선조는 고려조의 3국설(위)을 계승해서 '삼국기'를 설정하긴 하지만 고려조가 뛰어 넘고 지우려고 한 대 신라(통일 신라)를 '신라기'(위)란 명칭으로 복권시켜 놓았다. "삼국사기"(1145)에서는 대 신라를 3국(위)의 하나인 신라(신라/ 고구려/ 백제 의 신라 다)의 역사에 덧붙여 놓아 따로 구분되어 있지 않지만 조선조로 들어와서 대 신라는 바로 제 자리를 찾는다.

사실 상 고려조는 명목 상의 3국(위)과 실질 상의 3한(위) 사이에서 줄타기를 한다고 볼 수도 있다. 3한 이란 용어와

3국 이란 용어를 섞어서 사용하는 이른바 3한 3국론(023')도 그러한 분위기를 어느 정도 말해 준다. 고려조 후기 "제왕운기"(권하)에서도 나/ 여/ 제(3국)와 마/ 진/ 변(3한) 이란 용어를 단순히 병렬해서 사용하고 있는데(한 4군 부분) 그것도 같은 맥락이다. 고려조는 자신의 정통성 문제 때문에 바로 앞의 왕조인 대 신라(위)를 명목 상으로는 부정하기는 하지만 앞서 살펴본 여러 예에서 볼 수 있듯이 그 국가가 실제적으로는 3한과 대 신라를 계승한다는 것은 너무나 분명한 사실이다. 고려조는 북한이 주장하는 방식의 그러한 국가가 아니다(22).

3한 중시의 경향은 고려조 후기의 "삼국유사"('기이제일' 마한조)에서도 잘 나타난다. 일연과 그 제자들은 3한 정통론(마한 정통론, 023')을 적극 옹호한다. 심지어는 견훤(860~934)이 은연 중에 주장하는 '마한 > 백제 > 후 백제'의 정통론에 대해서도 '오람'(誤濫, 그릇되고 진실을 잃다, 023')이란 용어까지 사용하면서 비판하고 있다(마한의 계승자를 자처하는 견훤의 시도는 고려조에서 그냥 넘길 수 없는 부분이기도 하다). 여하튼 유교(아래)적인 서사인

3한 정통론(마한 정통론)은 고려조에 없어서는 안 되는 또 하나의 이데올로기 라고 해야 한다(45). 한 때 고려조의 관계(官階)에서 최 상위였던 개부의동삼사(開府儀同三司)는 3한을 통합한 신라의 문무왕이 당에서 받은 책봉 명이기도 하다.

실제로 동 아시아 문화권(이성시 2001)(제 3부) 또는 동 아시아 문명권(조동일 2010)의 핵심 요소 가운데 하나라 할 수 있는 유교(공동 종교에 해당한다)는 한반도 국가에도 상당한 역할을 한다. 유교적 관료제(아래)는 말할 것도 없고 기자 기원(023') 론도 큰 부분을 이룬다. 그 입론은 고려조 후기 "삼국유사"(1281) "제왕운기"(1287)를 통해서 체계를 갖추는데 이미 그 중기인 숙종 때에 평양에 기자 사당을 세우고 제사를 지낸다(1102)는 기록이 나와 있다. 동국(한반도 3조)이 기자(37)에서 기원한다는 인식은 고려조를 거쳐서 조선조에서 정치적 엘리트인 유학자 계층에게는 그들 집단의 정체성을 대변하는 것이기도 하다. 조선조의 "동국통감"에도 기자 조선 이 한 부분으로 올라간다.

한편 고려조와 조선조도 상당한 연속성(위)을 보여 주고 있다. 최근 서구 학계에서도 고려 조선 양조의 단절성보다는 연속성을 강조하는 이론이 나온 바 있다(Deuchler 1992; Duncan 2000). 이전에는 사상사 등에서 고려조는 불교 국가이고 조선조는 유교 국가 란 이분법이 지배하고 역성 혁명을 통해서 '불교의 고려조'를 '유교의 조선조'가 대체한다는 방식의 이론이 대세였다. 그것은 조선조를 세우는 데 공헌한 정도전 같은 정치가들이 그들 집단의 정체성을 강조하기 위해서 고려조를 불교가 지배한 국가로 규정하고 조선조는 그것을 혁파한 국가란 주장을 펴기 때문이다. 그렇지만 그것은 고려조가 유교적 관료제(아래)에 기반해서 통치를 한 국가라는 것을 놓친 이론이다.

고려조는 초반인 광종 때 이미 과거 제도가 시행된다(958). 그리고 정치 제도 란 측면에서도 고려조는 당의 3성 6부 제도와 송의 추밀원 제도를 받아들여서 중서문하성의 재신/중추원의 추신 이 상호 견제하는 제도를 만든다. 그리고 중서문하성/ 중추원도 각각 상위직(재신과 추신)과 하위직(성랑

과 승선)이 서로 견제하는 체제로 운영해 왔다. 중서문하성의 성랑(省郞)/ 중추원의 승선(承宣)은 이후 조선조에서 각각 사간원/ 승정원 으로 독립해서 상당한 권한을 행사하게 된다. 현재 우리는 조선조의 정치 제도가 거의 다 고려조에서 이월된 것이라는 사실을 간과하고 있는데 그것은 우리가 조선조의 용어에 더 익숙하기 때문일 것이다. 상당 부분 재상권이 보장된 조선조의 제도도 고려조와 선이 닿아 있다.

조선조 후기의 사실 상의 최고 기관인 비변사(1555~1865)도 고려조의 도평의사사와 많이 닮아 있다. 고려조는 초기부터 양계(31)의 방어가 중요한 문제로 떠오른 만큼 일찍부터 중앙에서 양계의 장관인 병마사(아래)를 지휘하는 기구가 가동된다. 그것이 바로 병마판사인데 이후 도병마사로 바뀌고 그 도병마사가 다시 도평의사사로 이어진다. 그것은 재/ 추양부의 재신/ 추신(위)의 합좌 기구(도당)인데 군사뿐 만이 아니라 민사까지 다룬다. 조선조의 비변사(위)도 재상 위주의 합의체에 가까운 기구인데 임진왜란 전후해서 군사를 장악하고 이후 국정 전반으로 확대된다. 조선조의 당상관(1, 2품에 3품 상계 일부가 포함된다)은 고려조의 재상급의 권한을 행사한다.

그 뿐만이 아니다. 조선조에서 함경도의 북병영 관할 지역은 고려조 양계(위)의 통치 제도를 이어받은 면이 적지 않다. 그 지역은 대부분 거진(巨鎭)으로 구성되어 있는데 기타 지역이 계수관(부윤, 목사, 대도호부사)이 파견되는 중심 지역에만 거진이 설치되는 것과 대비된다(보론 10). 그것은 고려조 양계의 방어진/ 진 의 체제가 그대로 이어진 것이라 할 수 있다. 고려조는 그 존속 기간 내내 북방 북국(20)인 요, 금, 원과 대치하는데 북쪽의 양계 방어는 집단의 생사가 달린 문제였다. 그래서 양계의 수장은 다른 5도와는 달리 안렴사가 아니라 병마사 란 명칭으로 불리고 5도와는 다른 제도가 시행되고 그 아래 방어진/ 진 의 체제를 구성한다.

한반도(조선 반도)의 민족 집단(한국 또는 조선 민족)은 한반도(조선 반도) 란 지역에서 지속된 국가 또는 왕조의 연속성 위에서 형성이 되는 존재라고 해야 한다. 더구나 한반도(조선 반도) 지역은 동 아시아의 다른 지역에 비해서 왕조가 매우 드물게 바뀐다는 것이 특징이다. 그만큼 다른 지역에 비해서 상대적으로 안정적인 상태였다고 볼 수도 있다. 물론 7세기 이래 대 신라/ 고려 1기/ 고려 2기/ 조선 1기/ 조선 2기 (023') 의 각 시기가 별 다른 내 외적인 사건이 없는 무난한 시대라고 할 수만은 없다. 고려조와 조선조도 1/ 2기 사이에는 상당한 정치 군사적 파란이 있었기 때문이다. 그런데도 두 국가 또는 왕조는 4~500년을 유지한다. 한반도의 민족 집단과 한반도 3조(위)는 도저히 떼려야 뗄 수 없는 관계에 있다는 것은 너무나 분명하다.

17 통일 전쟁

현재 한반도(조선 반도)(the Korean Peninsula)는 상대적인 평화기를 구가하고 있지만 그 지역은 적지 않은 수의 전쟁을 겪어 왔다. 최근의 한국 전쟁(박명림, 1996, 2002, 2006, 2011)도 있고 그 이전의 몽골 원/ 여진 청 과의 전쟁도 있었다(청과의 전쟁 전에는 일본과의 임진왜란이 발발한다). 더 이전에는 거란 요/ 여진 금 과의 전쟁도 빈번했다. 또 더 이전에는 7세기의 국제 전쟁인 이른바 3국 통일 전쟁(위)이 일어난다. 물론 더 이전에도 그 지역의 여러 국가 사이에 전쟁이 반복되는데 신라와 가야, 신라와 백제, 신라 백제와 그 북쪽의 고구려 사이의 전쟁도 상당 기간 지속이 된 바 있다. 전쟁은 해당 지역의 많은 사람들을 고통에 빠뜨리기는 하지만 인류 역사에서 빼놓을 수 없는 한 부분이기도 하다.

한반도(조선 반도)의 역사에서 가장 중요한 사건을 하나 꼽으라면 단연 3국 통일 전쟁(노태돈 2009 a)일 것이다. 그 전쟁으로 인해서 3한 지역(3국이 아니다)이 통합되어 한반도 국가(024 b)가 시작되고 그 지역의 국가들은 줄곧 그 북쪽의 북방 북국(20)과 대치하면서 역사를 이루어 가기 때문이다. 동 아시아의 '한반도 국가/ 북방 북국/ 구 중국'이란 구도는 7세기의 그 전쟁을 통해서 이루어진다고 할 수 있다. 그러한 구도는 19세기 말을 지나서 야 비로소 전환(6)이 된다. 그러한 전환에 이은 또 다른 전쟁인 한국 전쟁(위)을 치르고 나서 한반도에 2국가가 자리 잡고 현재에 이른다. 한반도 역사의 중요한 고비도 모두 전쟁을 통해서 이루어지는 셈이다.

이른바 3국 통일 전쟁(위)은 실제로는 3국(아래)을 통일한 전쟁이 아니다. 정확히 말해서 3한(43, 44, 45)을 통일한 전쟁인데 통상 그러한 이름으로 불릴 뿐이다. 그 전쟁은 3한에서 시작하고 3한을 기반으로 한 국가가 한반도 중남부인 3한 지역을 통일한 것이라고 해야 한다. 3국 통일 전쟁은 문자 그대로는 7세기의 그 사건을 정확하게 설명하지는 못한다. 그렇다고 하더라도 당분 간은 우리에게 이미 익숙한 표현인 3국 통일 전쟁 이란 용어를 사용할 수밖에 없는 상황이고 3국(024 a) 즉 '만들어진 3국'(18)보다는 통일 에 더 중점을 둔다면 그 용어는 그렇게 심각한 문제를 일으키지는 않는다고 할 수도 있다. 여기서는 그러한 전제 하에 그 용어를 계속해서 사용한다.

참고로 "삼국사기"(1145)의 3국은 한반도(조선 반도)의 민족 집단(15)으로 하여금 역사와 영토에 대한 2중적 의식(023')을 가지게 한 장본인이기도 하다. 역사에 대해서는 그 집단이 이미 기원전후 3국 건국계(024 a)에 의해서 시작된다는 인식을 가지게 한다. 3국 건국계 란 것은 문제가 적지 않은 개념이다(18). 한반도의 민족 집단(위)은 3한 지역의 지역 역사 복합체(023')가 모태(024 a)가 되어 한반도 3조(16)를 통해서 이뤄지는 존재이기 때문이다. 그 집단이 이미 기원전후의 이른바 3국에서 시작된다는 것은 그다지 진실이 아니다. 또한 3국 또는 3국의 민족 집단이 결합해서 현재의 한반도의 민족 집단이 이루어진다는 3국 결합설(보론 8)도 역사 기획(023')에 기댄 단순하기 그지없는 결합설에 불과하다.

영토에 대해서도 마찬가지다. 7세기 이래 동 아시아는 엄연히 '한반도 국가/ 북방 북국/ 구 중국'의 구도(위) 하에 있었고 한반도(조선 반도)의 한국(조선) 민족도 그러한 구도 하에서 형성된다. 이른바 3국의 고구려와 이후의 발해를 끌어들여 만주 란 지역에 대한 역사적 주권(023')을 주장하는 접근은 문제가 많다. 특히 근대로 접어들면서 7~19세기의 한반도(조선 반도)와 그 역사에 대해서 과도한 민족주의적 해석이 나오면서 그러한 경향은 심화된다. 이른바 고대사에서 신채호(023') 유의 '상상 상의 영토 확장'(023')은 지금 이 순간에도 계속되고 있다.

그 뿐 아니라 "삼국사기"의 3국은 한반도(조선 반도) 지역 역사의 시대 구분(023')에서도 상당한 영향력을 행사한다. 이전의 고고학의 시대 구분을 대표하는 '구석기 〉 신석기 〉 청동기 〉 초기 철기 〉 원 3국 〉 3국 〉 통일 신라'(김원용 1986) 도 3국을 기준으로 해서 나온 시대 구분이다. 그 체계는 기원전후 이래의 '초기 철기 〉 원 3국 〉 3국 〉 통일 신라' 란 구간이 핵심을 이룬다. 그런데 거기서는 시대 구분의 주요 단위가 '(과도기) 〉 (과도기) 〉 3국 〉 (불 완전한 시대)' 란 유례없는 기 현상을 보인다. 원 3국은 말할 것도 없고 그 앞의 초기 철기도 3국으로 가는 과도기에 해당하는 데다(최성락 2002) 그나마 3국 이후인 통일 신라(대 신라)는 3국을 통일하지 못한 불 완전한 시대로 치부가 된다.

여하튼 7세기의 그 전쟁에서 신라(기원전후~676)는 바다 건너 한족 왕조(엄밀히 말해서 호/ 한 왕조에 가깝다) 당과 연합해서 먼저 백제를 무너뜨린다(660). 이어지는 백제 부흥 전쟁 과정에서 일본이 다른 바다를 건너서 많은 수의 군사를 끌고 와서 지원하지만 패퇴한다. 신라는 다시 당과 함께 고구려를 무너뜨린다(668). 신라는 대동강 이남인 황해도 지역을 차지하고 당은 평양에 안동도호부("신오대사" '사이부록' 발해)를 설치해서 동맹 관계의 두 국가는 저 강도의 전쟁을 하는 상황이 된다. 676년 당은 한반도(조선 반도)에서 물러가고(안동도호부를 요동 지역으로 옮긴다) 신라는 대 신라(통일 신라)로 접어든다. 고구려 지역에 발해가 성립한 뒤에는 당과 신라 두 국가는 다시 원래의 관계를 회복한다.

 통일 전쟁(위) 이후 성립된 동 아시아의 '한반도 국가/ 북방 북국/ 구 중국'의 구도(위)는 7~19세기까지 지속된다. 그러한 구도는 20, 21세기 '해양 대 대륙'의 구도로 전환(6) 되기 전까지 한반도 지역의 정치 군사적 조건(19)을 결정한 것이라고 할 수 있다. 한반도(조선 반도)의 민족 집단(한국 또는 조선 민족)과 관련해서도 그 전쟁은 그 지역에서 모태(024 a) 집단이 나오는 결정적인 계기가 된다. 그 모태 집단을 기반으로 해서 이후 한반도 3조(16)를 통해서 현재의 한반도(조선 반도)의 민족 집단이 형성되기 때문이다. 바꾸어 말하면 7세기의 3국 통일 전쟁 이란 사건이 없었다고 한다면 현재의 한반도(조선 반도)의 민족 집단은 존재하지 않았을 가능성이 매우 크다.

한반도(조선 반도)의 민족 집단인 한국(조선) 민족 이란 것은 대체로 3한(위) 더 정확히 말해서 3한 복합체(023') 라 할만한 모태(위)를 기반으로 해서 한반도 3조(위) 란 시기를 공유한 집단이라 할 수도 있다. 적어도 현재의 한반도 안의 2국가 2국민인 한국 사람(남한인)(2)과 조선 사람(북한인)(3), 그리고 한반도 밖의 디아스포라 동포(조선족/ 고려인/ 재일 교포/ 미주 한인)(10)도 모두 그러한 역사적 배경을 공유하는 집단이다. 물론 그 이전에도 한반도(조선 반도)에서 바깥으로 나간 집단도 있지만 (신라방의 신라 사람, 원 제국 대도의 고려조 사람, 청 제국 심양의 조선조 사람) 그들 집단보다는 위의 디아스포라 집단이 현재의 한반도(조선 반도)의 민족 집단과 더 밀접한 관계가 있다(10).

7세기 통일 전쟁(위) 이후 한반도 3조(위)는 그 위의 북방 북국(위)과 대치하면서 현재의 한반도(조선 반도)의 민족 집단(위)의 정체성을 세워 나간다. 양계(31) 지역은 원래 북방 북국(위)의 영역이었지만 오랜 기간에 걸쳐서 한반도 국가(024 b)로 편입(023')이 된다. 내륙 아시아권과 중화권(이삼성 2009 a) (제 2장의 4) 또는 양계 지역과 3한 지역 이란 용어가 말해주듯이 3한 지역 북쪽의 그 지역은 기본적으로 또 다른 세계였다고 보아야 한다. 동계(보론 10) 지역은 옥저, 읍루(강인욱 2021), 동예 의 영역을 이루다 고구려의 영토가 되었다가 발해, 요, 금과 원(쌍성총관부)의 영토로 편입된 바 있다. 북계(보론 9) 지역은 위만 조선(38) 낙랑군의 지배를 받다가 고구려를 거쳐 발해, 요 등의 지배를 받는다.

고구려와 발해(32)는 거의 비슷한 영역 안에서 세워진 국가이지만 동 아시아 지역의 역학 관계 란 면에서는 상당한 차이가 있다. 통일 전쟁 이전의 고구려(기원전후~668)는 아직 '한반도 국가/ 북방 북국/ 구 중국'이란 구도(위)가 성립되기 이전의 국가인 반면 통일 전쟁 이후의 발해(698~926)는 그 구도가 성립되는 시점의 국가이기 때문이다. 고구려는 엄밀히 말해서 북방 북국(위)의 범위에 들어가지 않는다. 왜냐하면 북방 북국(위) 이란 용어 자체가 한반도 국가(위)인 한반도 3조(16)를 기준으로 한 것이기 때문이다. 한반도 국가인 한반도 3조(676~1910)가 성립하기 이전의 북국인 고구려는 중화권 또는 3한 지역(위) 밖의 통합 국가(김한규 2004)인 것은 맞지만 발해, 요, 금, 원, 청 과는 위상이 다르다.

　한반도(조선 반도)와 주변 지역과의 전쟁 가운데서 역사적으로 가장 중요한 전쟁이 3국 통일 전쟁(위)이란 것은 아마 부인하기 쉽지 않을 것이다. 특히 현재의 한반도(조선 반도)의 민족 집단 인 한국(조선) 민족 이란 존재의 측면에서 볼 때는 7~19세기까지 지속된 한반도 3조(위)를 연 통일 전쟁은 아무리 강조해도 지나칠 일이 없을 듯하다. 임진왜란(위)도 동 아시아의 중요한 국제 전쟁이긴 하지만 한반도(조선 반도)와 그 지역의 민족 집단 이란 면에서는 7세기의 국제 전쟁이 더 결정적인 역할을 한다는 것은 분명하다. 3국 통일 전쟁(위)과 이어지는 한반도 3조(위)는 한반도(조선 반도)의 민족 집단에게 핵심적인 부분임에 틀림없다.

18 만들어진 3국

대 신라(통일 신라) 말기 반란 세력에서 출발하는 후 고구려(901~935)는 최종적으로 3한 지역의 패자가 된다. 고려(901) 〉 마진(904) 〉 태봉(911) 〉 고려(918) 로 여러 번 이름을 바꾼 후 고구려는 이후 고려조(918 또는 935~1392)가 되지만 그 자신의 정통성(023') 문제에는 고민이 있을 수밖에 없었다. 고려조는 바로 앞인 후 3국(900~935)의 역사를 기록하는 것도 아니고 그렇다고 해서 그 앞의 정통 왕조("동국통감" '신라기'; "동사강목", 동국역대 전수지도) 대 신라(676~935)의 역사를 기록하지도 않는다. 고려조는 의도적으로 그 대 신라를 뛰어넘어 버린다. 그래서 10세기 후 3국에서 기원전후 3국으로 바로 소급(023')

하는 방식을 취한다(39).

　고려조의 3국설(023')은 바로 위의 '후 3국 3국 소급설'인데 줄여서 '3국 소급설' 더 줄여서 3국설이다. 그런데 3국설의 3국(024 a) 이란 것은 기본적으로 후 고구려(위)의 뒤를 잇는 고려조(위)의 '기원 이론'(42)이라고 해야 한다. 이상의 고려조의 3국설은 "삼국사기"(1145) 란 저작으로 완성된다. 여하튼 후 3국(위)이 먼저 있고 거기에서 출발해서 3국(위)을 설정하는 고려조의 기발한 '기원 이론'인 3국설(위)은 한반도(조선 반도)의 민족 집단(15)의 기원(023')에 관한 이론에서 이른바 전통설(Traditional Theories of Korean Origins)로 분류가 된다. 전통설(023' 024 a) 즉 고려설(손동완 2018)과 대비되는 것이 당대설(Contemporary Theories of Korean Origins)(024 a)이다.

　그런데 3국설(위)에서 또 다시 '3국 각자'(손동완 2018)의 기원을 추구하는 것은 별 의미가 없다고 할 수밖에 없다. 왜냐하면 3국설이 나온 고려조에서 중요한 것은 바로 '통합의 이데올로기'(023')이고 다시 '3국 각자'의 기원을 추구하는 것은 결과적으로 그러한 통합을 저해하는 것일 수 있기 때문이다. 고려조는 그들이 계승했다고 주장하는 후 고구려(901~935)의 전신이라는 고구려(기원전후~668)의 기원만을 추구하지 않는다. "삼국사기"에는 신라본기/ 고구려본기/ 백제본기 에서 신라/ 고구려/ 백제 의 기원에 대해서 언급하고 있지만(각각 권1/ 권13/ 권23) 그것이 '3국 각자'의 기원을 추구하기 위한 것은 아니라고 해야 한다. 물론 그 가운데 어느 것이 절대적인 것이라고 주장하지도 않는다.

 3국의 본기가 끝나는 부분(더 정확히 말해서 세번째의 '백제본기'가 끝나는 부분이다)에 붙어 있는 '논'(권 26)에서 김부식("삼국사기"를 편수한 인물이다)은 다양한 방식의 기원에 대해서 언급하고 있지만 어느 것이 결정적인 것이라고 말하지는 않는다(더 정확히 말하면 다른 맥락에서 다른 이야기를 하고 있다). 거기에서 김부식은 '하늘에서 금궤가 내려와서 성을 김씨라고 했다'(신라), '스스로 소호 금천씨의 후예라 여겨서 성을 김씨라고 했다'(신라), '고신씨의 후예라 여겨서 성을 고씨라 했다'(고구려), '고구려와 함께 부여에서 나왔다'(백제), '진/ 한의 난리를 겪을 때 많은 중국인들이 해동으로 도망왔다'(신라) 등의 여러 설을 소개하고 있다.

3국설(위)에 따르면 이른바 3국 건국계(024 a)가 고려조(위)의 기원이 된다고 할 수도 있지만 그것은 3국 가운데 어느 집단이 중핵인가 라는 문제를 비켜갈 수 없다. 어떻게 말하면 7세기의 이른바 3국 통일 전쟁(17)이 바로 그에 대한 답변이라 할 수도 있다. 여하튼 신라/ 고구려/ 백제 의 혁거세거서간/ 동명성왕/ 온조왕("삼국사기" 권1/ 권13/ 권23)이 이른바 3국을 건국한 3국 건국계(위)에 해당한다. 그들의 기원(위)에 관해서도 어느 정도 언급이 된다. 혁거세거서간은 사로 6촌(경주 평야)의 촌장들이 추대한 인물인데 알에서 나온다(49) 하고 동명성왕은 북 부여 왕의 아들인데 역시 알에서 나오고 온조왕은 북 부여 계통의 부여계(023')인 주몽 즉 동명성왕(위)의 아들로 설정되어 있다.

기원전후(023')의 이른바 3국의 건국 세력, 다시 말해서, 3국 건국계(위) 란 설정은 무엇보다 3한 사회의 역사 발전 단계와는 잘 맞지 않는다. 왜냐하면 적어도 220년이 되어야만 3한 지역의 집단이 어느 정도의 의미 있는 단계에 이르기 때문이다("삼국지" '오환선비동이열전' 동이전 한 조, 여섯번째 기사). 2000년 전후에 걸쳐서 이루어진 남한 학계의 3한 사회에 대한 연구에 따른다 해도 그 지역에서 국(023') 이란 소 정치체가 발생해서 국의 연맹(마한, 진한, 변한)을 거쳐서 국의 병합이 이루어지는 것은 거의 300년이 가까운 시기가 되어서 야 가능하다. 한반도 중남부인 3한 사회 보다 발전 단계가 조금 앞서는 서북부도 기원전후는 아직 소 정치체의 발생 또는 연맹 정도의 수준이라고 해야 한다.

후기 건국계설(023')은 그러한 발전 단계 상의 난점을 피해가기 위한 대안으로 나온 것인데 백제의 경우는 고이왕(234~286) 또는 근초고왕(346~375)이/ 신라의 경우는 마립간 집단(356~500)이 실제적인 건국계 라는 설정이다. 그렇지만 백제 역사 초반에 두각을 나타내는 고이왕 또는 근초고왕이 정복자 집단 이란 가설은 그다지 증명될 가능성이 없고 경주의 대릉원을 세운 마립간 집단도 정복자 집단이라 보기에는 신라의 역사가 그렇게 단절적이지 않다고 해야 한다. 더구나 그들이 정복자 집단의 후기 건국계 라고 해도 그것은 원래의 고려조의 '기원 이론'(위)이란 면에서는 방해가 되는 존재일 수밖에 없다.

  민족 기원 이란 것은 일반 대중들이 생각하는 만큼 분명한 것이 아니다. 특히 외곽 지역에서 존속한 소수 민족 집단이 아니라 상대적으로 복잡한 역사를 가진 지역 집단은 더 그렇다(15). 고려조가 만든 그들의 기원 이론인 3국설, 다시 말해서 후 3국 3국 소급설(줄여서 3국 소급설)도 한반도(조선 반도) 지역의 복잡한 역사를 명쾌하게 정리하려고 한 면은 평가를 받아야 하겠지만 "삼국사기"(1145) 란 책으로 완성이 된 그 체계도 결코 완벽할 수는 없다. 물론 김부식이 편찬한 그 저작은 한반도(조선 반도)의 역사에 큰 영향력을 가진다(17)는 것은 사실이긴 하지만 한반도(조선 반도)의 기원전후(위)는 3국 건국계(024 a)의 시대가 아니라 역사의 여명(Yi 2022)(제 6장) 단계 라고 보는 것이 더 타당할 듯하다.

19 조건

 그 동안 학계에서 한반도(조선 반도)의 한국(조선) 민족이 한반도 바로 위로 인접한 북방 북국(20)과의 대립 속에서 형성된다는 사실이 간과되어 왔다. 7세기 이래 한반도 국가인 한반도 3조(16)는 바로 위로 접한 북방 북국(위)과 대치하면서 그 정체성을 확보해 왔다고 해야 한다. 구 중국(24, 25, 26, 27) 또한 그 북쪽 또는 동북쪽의 강력한 군사력을 자랑하는 북방 북국(위)의 위협 아래 있었고 그들이 여러 번에 걸쳐 구 중국을 정복해서 그들의 천하 체제(023')를 대신하기도 한다(23). 북한 역사학계에서 만들고 남한에서 수입한 남 북국설(22)은 한반도 국가(024 b)와 북방 북국(위)과의 현실적인 관계를 설명하는 적절한 틀은 아니라고 보아야 한다.

한편 바다 건너의 구 중국(위)의 경우에는 7~19세기(아래)와 그 이전 또는 그 이후 시기는 한반도 국가(위)에 대한 관계가 다르다고 해야 한다. 그 이전 다시 말해서 북방 북국(위)이 자리 잡기 전에는 그들이 한반도 지역으로 들어가서 한 4군(28) 같은 정치체를 유지한다든가 또는 한반도 국가를 정복하기 위해서 한반도 지역에 상륙한다든가 하는 경우가 있었다. 그렇지만 7세기 발해가 성립한 이후에는 한반도 국가와 바다 건너 구 중국은 대체로 정치 군사적 동맹 관계에 있었다고 할 만하다(27). 7~19세기에는 구 중국 국가와 한반도가 직접 국경을 맞대는 것이 드문 경우에 속한다. 한족 왕조 명이 유일한 예외지만 본질적인 변화는 없다(명은 조선조와 공동으로 북국 지역 여진 부족을 견제한다, 김한규 2004, 제 9장).

또한 구 중국은 줄곧 동 아시아 지역 문화의 중심지 역할을 해 왔는데 19, 20세기의 전환(6)을 맞기 이전에는 구 중국의 유교와 그 정치 체제가 그 지역에 보편적인 것이었다.

특히 7세기 이후에는 한반도와 일본 열도도 '동 아시아 세계'(Nishizima 1983) 또는 '동 아시아 문명권'(조동일 2010)의 일원이었다고 할 수 있고 특히 문화적인 면에서의 구 중국의 영향은 절대적인 것이었다. 심지어는 북방 북국(위) 가운데 구 중국을 정복해서 이른바 북국 제국(23)의 반열에 오른 원/청도 한족 왕조의 천하 체제를 그대로 계승해서 주변의 여러 국가와 책봉(023') 조공 관계를 맺는다. 또한 원(위)은 송과 요, 금의 역사를 기록하고 청(위)은 명의 역사를 기록한다.

한반도(조선 반도) 지역은 7세기를 기점으로 그 이후에는 한반도 국가(위) 라 할 수 있는 대 신라/ 고려조/ 조선조 의 한반도 3조(16)가 오랜 기간 그 지역에서 지속된다. 특히 고려 조선 양조는 각각 500년 전후한 기간을 유지해서 지구 상에서 보기 드문 경우에 속한다. 두 왕조를 합한 기간도 거의 1000년에 달한다. 20세기 후반 기준으로 포르투갈(일찍부터 네이션 스테이트, 국민 국가 를 이룬다)과 한국(조선)이 지구 상에서 가장 균질적인 구성을 보이는 지역으로 꼽힌 바 있는데 한국(조선)의 경우는 지속적으로 유지된 두 국가 또는 왕조가 결정적인 요인이 된 듯하다. 일본도 상대적으로 균질적 구성을 보이는데 그 지역에서 7세기에 성립하는 천왕가가 오랜 기간 지속되고 있다는 것도 주목할 만하다.

676년 당이 한반도에서 물러난 이후 한반도 국가(위)와 구 중국(위)은 거의 정치 군사 상의 동맹 관계를 유지한다(27). 북국 제국(23) 원/ 청이 구 중국의 천하 체제를 대신한 기간에도 한반도 국가는 그들 제국들과 책봉 조공 관계 하의 정치 군사 상의 동맹 관계를 이룬다. 한족 왕조와 북국 제국(위)은 다르지만 그들 모두 한반도 국가와는 책봉 조공 관계를 맺고 동맹 관계를 유지한다는 것이 사실이다. 그렇지만 현재 남한과 신 중국(7)은 서로 진영이 다른 대립하는 관계다. 따라서 신 중국은 한족 왕조 또는 북국 제국(위)과 같은 위상이 절대 아니다. 그런 의미에서 이전의 구 중국(위)과 현재의 신 중국(위)은 완전히 다르다고 해야 한다. 유교가 하나가 아니듯이 중국도 결코 하나가 아니다.

1885년을 기점으로 해서 동 아시아 지역의 역학 관계는 문자 그대로 전환(위)이 된다. 앞서 말한 '동 아시아 세계' 또는 '동 아시아 문명권' 안에서 행해진 책봉 조공 체계에서는 구 중국의 한족 왕조 또는 구 중국을 정복한 북국 제국(위)이 책봉(위)을 한 국가에 군사를 주둔시킨다 거나 통감을 보내는 일은 거의 일어나지 않는다(쌍성총관부 등은 예외 지역이다, 보론 10). 그런데 19세기 말 청(1616~1911)은 아편 전쟁(1840~42, 1856~60) 이후 서구 열강의 간섭을 받기 시작한다. 당시 청은 그들에게 책봉을 받아온 베트남이 프랑스의 영향 하에 들어가고 역시 그들의 책봉을 받아온 한반도(조선 반도)가 일본의 영향 하에 들어가면서 상당한 위기 의식을 느끼고 기존의 책봉 조공 체계를 뒤흔드는 정책을 택한다(6).

청은 1882년 임오군란 진압을 명분으로 조선으로 군사를 파병한다. 그것은 북국 제국 원이 일본을 정복하기 위해서 한반도(조선 반도)에 군사를 파병한 경우 또는 한족 왕조 명이 임진왜란 때 조선을 구원하기 위해서 군사를 파병한 경우와는 완전히 다른 것이다. 왜냐하면 그것은 당시 동 아시아 지역이 기존의 대륙의 한족 왕조 또는 북국 제국을 중심으로 한 국제 질서에서 벗어나서 '해양 대 대륙'(023')의 체제로 전환(위)이 되면서 청이 이전의 위상 상실에 따른 다급한 조치를 취한 것이기 때문이다. 청은 1882년 임오군란을 진압하고 이어서 1884년 일본이 지원한 갑신정변을 좌절시키고 급기야는 1885년 주찰조선총리교섭통상사의를 파견해서 조선조의 정치에 개입한다.

한반도 3조(위)는 당이 한반도에서 물러나는 676년에 시작되어 조선조가 일본으로 합병되는 1910년까지 지속된다. 그렇지만 위에서 언급한 7세기 이래의 동 아시아를 지배한 정치 체제 란 면에서 볼 때는 1885년이 기존의 체제에서 그것과는 완전히 다른 체계로 넘어가는 해라 할 만하다. 그 해 청이 원세개(袁世凱 Yuan Shikai)를 파견해서 이후 거의 통감에 가까운 권력을 행사한 것은 동 아시아 지역의 오랜 정치 질서가 종언을 고한 것을 보여주고 1885년은 그것을 상징하는 숫자 라 할 수 있다(6). 거의 10년에 걸친 그 시기가 지나면서 이전의 '한반도 국가/ 북방 북국/ 구 중국' 구도의 동 아시아의 국제 관계는 '해양 대 대륙'(위)의 관계로 급속히 전환

(위)하게 된다.

  한반도(조선 반도)의 민족 집단(15)은 한반도 국가(위) 내에서 그 위의 북방 북국(위)과 대립 대치하고 바다 건너 구 중국(위)과 교류 교섭하면서 그 집단의 정체성을 확보해간다. 말하자면 그 집단은 대 북국 대 중국(20~27) 의 조건 하에서 민족 집단이 형성되고 유지된다 고 해야 한다. 특히 그 집단의 생존 이란 면에서는 문화(023')보다는 정치 군사(023')적인 조건이 더 핵심적인 것이었다고 할 수도 있다. 그 동안 북방 북국 과의 대립과 대치는 상대적으로 제대로 조명이 되지 않았다. 또한 구 중국 과의 교류 교섭도 민족주의(14) 적인 입장에서 제한적인 이해가 이루어졌는데 이제는 그것을 벗어나서 다른 틀로 보아야 할 시점이 온 듯하다.

part 3 대 북국 대 중국 논

괄호 안의 1, 2, 3, 4……50 은 각각 본문 1, 2, 3, 4……50, 그리고 괄호 안의 023´, 024 a, 024 b 는 각각 손동완 2023(부록), 손동완 2024 a, 손동완 2024 b 의 약호임(456쪽 참조).

20 북방 북국

 북방 북국(위)은 발해/ 요/ 금/ 원/ 청(023')을 말하는데 만주 지역에서 기원하는 국가(김한규 2004)로 그 지역에서 또는 그 지역을 포함해서 통합 국가를 이룬다. 그들 국가는 바다 건너 구 중국(24, 25, 26, 27) 못지 않게 한반도(조선 반도) 지역에 큰 영향을 미친 존재인데 특히 정치 군사적인 측면의 영향은 결정적인 것이라고 해야 한다. 7세기 이래 한반도 국가(024 b)는 오랜 기간 북방 북국(위)과 대치(023') 하고 그들 북국과의 관련 다시 말해서 대 북국(손동완 2022)(제 2장)의 관계 속에서 그 정체성을 확보한다. 바꾸어 말하면 한반도(조선 반도)의 한국(조선) 민족은 기본적으로 북방 북국(위)과 구분되는 존재로 형성이 된 것이고 그러한 의미에서 대 북국(위) 이란 용어는 핵심적인 것이라고 해야 한다.

 한반도(조선 반도)의 한국(조선) 민족이 발해/ 요/ 금/ 원/ 청 이란 북방 북국(위)과의 관련 속에서 이루어진 것이라면 그 지역의 국가들에 대해서 더 자세히 논의할 필요가 있을 것이다. 다만 그 국가들 하나하나의 개별적인 측면보다는 전체적인 면에 더 집중해서 보아야 할 듯하다. 오랜 기간 한반도 3조(16)와 대치한 국가인 발해/ 요/ 금/ 원/ 청 가운데 특히 원/ 청 은 한반도 국가를 굴복시키고 구 중국(중원)으로 들어가서 천하 체제를 떠맡기도 한다(23). 그들 국가는 이중적인 의미가 있다. 하나는 북방 북국(위) 이란 면이고 또 하나는 북국 제국(23) 이란 면이다(그들은 구 중국을 정복해서 천하 체제 를 대신하고 그 일원이 된다).

 북방 북국(위)은 꽤 다양한 민족(민족 1)(023') 적 배경을 가지고 있는데 일단 구 중국의 전형적인 분류인 동이, 북적, 서융, 남만 이란 기준에서는 일단 북적(아래)에 속한다. 만주

(Manchuria)는 크게 봐서 서부 만주/ 동부 만주 로 나뉘는데 동호계/ 읍루계 는 각각 서부 만주/ 동부 만주 에서 기원한 집단이다. 서부 만주는 대략 몽골 고원과 이어지는 초원 지역인데 내 몽고 자치구의 동부와 요녕성을 포함한다(그 남단이 요동 지역이다). 동부 만주는 길림, 흑룡강 두 성과 (러시아)연해주를 포함하는 지역이다. 다만 만주 지역은 한반도 기준으로는 북방이 분명하지만 구 중국 기준으로는 동북방에 해당해서 북적과 동이 사이에서 약간의 분류 상의 혼란을 보이는 경우가 없지 않다(아래).

참고로 동호계/ 읍루계(위)와 함께 이른바 3북(023')의 하나를 이루는 예맥계(023')는 상대적으로 이른 시기에 그 명맥이 끊긴다. 예맥계는 요녕계(조선계)와 부여계(023')가 주요 하위 집단이고 기타 잔여 집단은 '예 맥 또는 예맥'(김한규 2004; 손동완 2018) 이란 이름으로 불린다. 그 가운데 부여계 집단인 고구려(기원전후~668)가 만주 지역 최초의 통합 국가를 이루지만 당과 신라의 연합군에 의해서 멸망당하고 주축 집단은 중원으로 사민(徙民)("신오대사" '사이부록' 발해)되어 한족(26)으로 흡수되고 이후 그 정체성을 상실한다. 고구려는 그 영역 내에서 피 지배 집단으로 있던 말갈 계통의 집단이 세운 발해(발해 말갈)로 대체된다(35).

이른바 북방 북국 가운데 동호계인 거란 요(907~1125)는 읍루계인 발해(698~926)를 무너뜨리고 들어서는 국가인데 또 다른 읍루계인 금(1115~1234)에게 멸망당한다. 거란 요(위)는 이후 주변의 여러 민족 집단에 흡수되어 정체성을 상실한다. 거란 요 이후의 동호계 집단 가운데 가장 두드러진 존재가 바로 몽골 원(1206~1368)이다. 원래 서부 만주(위) 초원 지대의 실위("구당서" 동이북적전, 하) 특히 몽올 실위(023')에서 시작되는 그 집단은 돌궐("구당서" 돌궐전) 등의 투트크계 집단(아래)이 서쪽으로 이동한 틈을 타서 서부 만주(위) 초원 지대와 연결되어 있는 고원 지대로 들어가서 그 지역의 여러 집단을 통합한다. 그 결과 그 지역은 투르크(돌궐) 고원이 아니라 몽골(몽올 실위) 고원으로 거듭난다.

한편 읍루계(위)는 읍루/ 물길 을 거쳐서 말갈로 이어진다.

말하자면 말갈은 기본적으로 읍루계(숙신계) 집단인데 읍루("삼국지" '오환선비동이열전' 동이전 읍루 조)가 물길을 거쳐서 말갈로 이어진 것이다. 말갈은 여러가지 용법으로 사용되어 주의를 요한다. 말갈 이란 명칭은 12세기에 나온 "삼국사기"의 초기 기록에서도 등장하는데 그때는 주로 한반도와 주변 지역의 예맥계 집단(위)을 낮추어서 부르는 경우가 많다. 더 정확히 말해서 예계 말갈/ 맥계 말갈(023') 이란 의미인데 그 집단을 당시("삼국사기"가 나온 고려조 초기를 말한다) 이민족의 대표격인 말갈 이란 명칭으로 부른 것이다. 고려조 후기의 "삼국유사"에는 '발해 말갈'이 나오고 갈해(말갈 발해) 란 표현도 나온다(35).

여하튼 읍루/ 물길 을 거쳐서 말갈 집단은 7세기 이전에는 대체로 고구려(위)의 지배를 받는다. 고구려 멸망 이후 고구려 중심부에 살던 집단(발해 말갈)은 발해(위)로 이어지고 그 외곽의 집단(흑수 말갈)은 이후 여진으로 분화한다. '발해 말갈'은 이후 말갈 이란 명칭을 떼고 발해 라고 부른다("신당서" 북적전 발해; "삼국유사" '기이제일' 말갈 발해). 발해 국가가 거란 요(907~1125)로 넘어간 후에는 '발해 말갈'은 한법(漢法, 북 중국의 한인/ 한어 의 한 이다, 26)에 따라 통치가 된다. 발해인(노태돈 1985) 이란 용어는 주로 요의 직접 지배를 받던 '발해 말갈' 집단을 말한다. 외곽의 흑수 말갈(여진)은 다른 방식으로 통치가 되고 그 집단에서 여진 금(1115~1234)이 나오는데 후금(청)도 그 계열이다.

7세기 이전/ 이후의 고구려/ 발해 는 영역이 거의 겹치는데 두 국가는 동 서 남 북의 방위 칭이 들어가는 분류에서 같은 범주로 묶이는 것이 당연할 것이다. 그런데 "신당서"에서는 고구려/ 발해 를 동이전(열전 145)/ 북적전(열전 144)에서 따로 싣고 있다. "구당서"는 그 두 국가를 동이북적전(열전 149)에 싣긴 하지만 그 안에서 동이(상)/ 북적(하) 두 부분으로 나뉘어 싣는다. 대체로 고(구)려, 백제, 신라, 왜국, 일본 은 동이(동이 2)로 들어가고 철륵, 거란, 해, 실위, 습, 오라혼과 함께 말갈(위)은 북적으로 들어간다. 참고로 "구당서"에서는 돌궐(열전 144)/ 회흘(열전 145)/ 토번(열전 146)은 따로 싣고 나머지 민족 집단을 남만(열전 147) 서융(열전 148) 동이북적(열전 149)

에 나누어 싣는다("신당서"도 비슷하다).

또 하나 바로 위에서 나온 동이 는 이른바 동이 2 를 말한다. 원래 동이(동이 1)는 이른 시기 중국 대륙 중원 동쪽인 황하 하류(산동성)와 회하 유역(강소성)의 집단을 의미했는데 그들 집단은 이른 시기에 한족(위)에 흡수된다. 동이, 북적, 남만, 서융 이란 용어는 원래 이른 시기 구 중국 중원을 중심으로 중국 대륙 안 사방의 오랑캐를 분류한 용어였다. 그렇지만 3세기 "삼국지"('오환선비동이열전')에서는 동이 가 동이 2(고구려, 백제, 신라, 왜국, 일본) 란 의미로 바뀐다. 동부 만주 읍루계(숙신계) 집단(위)은 그 기원이 되는 읍루(아래)가 "삼국지"(위)에서 동이 2 로 규정이 되지만 읍루에서 계기적으로 이어지는 물길/ 말갈 의 말갈은 "구당서" "신당서"에서는 동이 가 아니라 북적 으로 분류가 된다는 것은 바로 위에서 말한 바와 같다.

이상의 민족 집단은 알타이언어인 이른바 TMT(투르크어- 몽골어- 퉁구스어) 사용 집단인데 동호계는 몽골어(M) 사용 집단으로 분류되고 읍루계는 퉁구스어(T) 사용 집단으로 분류된다. 투르크어(T) 사용 집단은 돌궐("구당서" "신당서" 모두 '돌궐전'이 있다)이 대표적인데 그들은 몽골 고원 지역을 떠나서 서쪽(중앙 아시아)으로 이동한다(그 결과 그 지역은 몽골 고원이 된다, 위). 한편 예맥계(위)는 이른 시기에 명맥이 끊기는 바람에 그 집단이 어느 계통의 언어를 사용하는 집단인지 분명하지 않다. 현재 그 집단은 유전자 분석도 가능하지 않은 상태다. 언어학에서 가정하는 예맥어(3한어와 대비된다)는 연역적 방법(023')으로 설정이 된 것이란 문제가 있다.

여하튼 만주 지역의 통합 국가(김한규 2004)는 한반도 국가(위) 기준으로 북방(위)으로 구분되고 이른바 북방 북국(위)을 이룬다. 그 가운데서 7세기 이전의 고구려(위)를 제외한 발해/ 요/ 금/ 원/ 청 이 본격적인 의미의 북방 북국 이라 할 수 있다. 그들은 다양한 민족적 배경을 가지지만(위) 그 지역을 영토로 하는 통합 국가(위)를 이루고 한반도 국가(위)는 물론 구 중국(위) 국가들과도 대립한다는 면에서 하나의 역사 공동체로 보는 입장도 있다(김한규 2004)(총론)(결론). 물론 역사 공동체 란 용어가 문제가 없진 않지만 만주 기원의 만주 지역의 국가 또는 만주 지역을 포함한 확대된 국가를 이룬다는 면에서는 느슨한 의미에서 적용이 가능하다 할 수 있다.

다만 북방 북국(위) 이란 용어 자체가 한반도(조선 반도)에서 통합 국가가 나오는 7세기 이후를 대상으로 한 것이라서 그 이전의 만주 지역 최초의 통합 국가인 고구려(기원전후~668)는 제외된다. 다시 말해서 고구려는 한반도 3조(676~1910) 이전의 국가이고 한반도 3조(16)와 맞물리는 국가는 아니다. 한반도(조선 반도)의 민족 집단의 형성(023') 이란 면에 초점을 맞추어서 말한다면 고구려는 한반도(조선 반도)의 민족 집단의 형성기(023')라 할 수 있는 7~19세기의 한반도 3조(위)와는 상관이 없는 국가인 셈이다. 그 이전인 선 형성기(023')는 기원전 1000년에서 676년 까지의 긴 시간인데 무문기(023')와 3한 통합기(023') 두 시기로 나누어 볼 수 있다. 기원전후가 그 분기점이다.

한반도(조선 반도) 지역과 관련해서 북방(023 a)은 뚜렷한 역사적인 맥락이 있다. 그 용어는 주로 북방 시베리아(023'), 북방 북국(위), 북방 사회주의(024 b) 란 세 가지 의미로 사용된다. 북방 시베리아(위)는 한반도 선사 시대와 관련해서 사용된다(46). 북방 북국(위)은 7~19세기의 동 아시아와 관련이 있는데 '한반도 국가/ 북방 북국/ 구 중국'의 구도(김한규 2004; 이삼성 2009 a; 손동완 2022)의 북방 북국 이다. 오랜 기간 지속되던 위의 구도는 19세기 말에 와서 '해양 대 대륙'의 구도로 전환(6)이 되면서 북방의 대륙 쪽은 사회주의권이 되는데 북방 사회주의(위)는 그것을 말한다. 대 북국(위) 논은 물론 북방 북국(위)과 관련이 있다.

21 남국 문제

한반도(조선 반도) 지역에서는 7세기에 비로소 통합 국가 (023')가 나온다. 그 이후로는 구 중국(아래)보다도 만주 지역의 북방 북국(20)이 더 현실적인 세력이라 할 수도 있다. 왜냐하면 바로 그 위로 인접한 북방 북국이 한반도 국가(024 b)와 정치 군사적으로 직접 대치(023')하기 때문이다. 그런 의미에서 만주 지역의 '북국'과 대비되는 의미의 '남국'을 한반도 국가를 지칭하는 용어로 사용할 수도 있겠지만 그것은 매우 제한적인 의미에서 일 것이다. 말하자면 베트남(아래)의 예처럼 남국 이란 용어가 적극적인 의미로 사용될 수 있는 것은 아니라고 해야 한다. 한반도 국가(위)는 전통적으로 동국(023') 이란 이름을 선호하는데(36) 그것은 바다 건너 구 중국(25, 26, 27, 28)을 기준으로 한 용어다.

베트남(월남)은 오랜 기간 중국의 지배를 받고(복속) 10세기 이후에 야 독립 왕조(023')가 나온다(유인선 2012)(제 1부)(제 2부). 그런데 베트남은 15세기에 나온 "대월사기전서"에서 구 중국(위)에 대한 2중적인 태도가 부각이 된다(조동일 2010; 유인선 2012). 말하자면 대외적으로 구 중국의 책봉(023')을 받으면서도 대내적으로 황제를 칭하는 모습을 보인다. 남제/ 북제 란 용어가 그러한 상황을 대변한다. 말하자면 베트남의 수장은 남제이고 그 북쪽 중국의 수장은 북제인 셈이다. 물론 한반도(조선 반도) 지역도 때에 따라서 황제를 칭한 시기가 없진 않았지만 전체적으로 볼 때는 오래 지속되진 못했다. 한반도의 경우는 베트남 같이 분명한 남(베트남)/ 북(중국)의 개념은 존재하지 않는다고 보아야 한다.

한반도(조선 반도)와는 달리 베트남은 주변에 구 중국(위) 외에 딱히 다른 위협적인 세력이 없는 편이다. 베트남의 서편을 남북 방향으로 길게 가로지르는 안남 산맥이 인도 문명권 영향 하의 지역과 중국 문명권 영향 하의 베트남 지역을 구분하고 있기 때문이다. 게다가 중부 지역의 참파 왕국도 베트남으로 흡수가 되고 그 아래 남부 지역 메콩강 삼각주까지 정복이 된다(남진, 유인선 2018, 제 9장). 더구나 베트남은 구 중국의 중심부라 할만한 북 중국과도 어느 정도 거리가 확보되는 편이다(그래서 원/ 청 때도 그 지역은 한반도만큼 타격을 입지는 않는다). 베트남은 한반도 국가(위)와는 달리 '대 중국' 이란 단순한 국제 관계가 주를 이룬다.

베트남은 한반도(조선 반도) 지역과 비교해서 독립 왕조(위) 성립 이후에는 상대적으로 더 유리한 정치 군사적 조건(19) 하에 있었다고 할 만하다. 반면 한반도 국가는 '대 중국' 더하기 '대 북국'의 더 복잡한 구도 하에 있었던 것은 물론이고 남쪽의 일본(023')도 수시로 한반도 지역을 위협하는 세력이 되곤 한다. 말하자면 만주의 통합 국가(위)인 북방 북국 외에도 구 중국(중원)과도 상당한 관련이 있는 한반도는 그 역학 구도가 복잡할 수밖에 없다. 역학 관계가 단순한 편인 베트남(월남)의 경우와는 다른 만큼 한반도 지역은 더 다면적인 분석을 요한다. 앞서 여러 번 언급한 바처럼 7세기 이래 한반도 국가는 '한반도 국가/ 북방 북국/ 구 중국'의 구도 속에서 역사가 진행이 된다.

물론 한반도(조선 반도) 역사와 관련해서 남 북국설(22) 이란 것이 나와 있는 것은 사실이지만 그것이 한반도 국가의 정치 군사적 조건(위)을 전체적으로 말해주는 것은 결코 아닐 것이다. 조선조 후기 유득공((1748~1807)이 남 북국설 을 내놓고 이후 현대 북한에 와서 그러한 접근이 주목을 받는다. 그렇지만 '남국 대 북국' 또는 '남국 과 북국' 이란 용어가 한반도 지역의 국제 관계를 전체적으로 설명하는 것이 될 수는 없다. 그 자체가 7~10세기의 신라(대 신라)와 발해 정도를 대상으로 한 이론이고 그 이후까지 포괄적으로 설명할 수도 없기 때문이다. 한반도 지역에 대한 북방 북국(위)의 정치 군사적인 영향이 크긴 하지만 남국 북국 의 남국 만을 가지고 한반도 지역을 규정하기는 쉽지 않다.

한편 한반도 국가(024 b) 기준으로는 일본 열도의 일본(위)이 남국 일 수도 있다. 그렇지만 일본 열도와 한반도(조선 반도)가 각각 남국과 북국 이란 정의 또한 한반도 지역을 제대로 규정할 수는 없다. 왜냐하면 한반도 지역은 일본 보다는 북방 북국(위)과 구 중국(위)과의 관련이 더 핵심적이기 때문이다. 앞서 논의한 바처럼 베트남은 '남국 과 북국'이란 개념으로 그 지역을 포괄적으로 설명할 수 있지만 한반도는 그것이 북방 북국과 한반도 국가(남국)든 아니면 한반도 국가와 일본(남국)이든 그 용어로 그 지역 전체를 제대로 규정할 수가 없다. 적어도 한반도 지역은 베트남 같은 단순한 '남국 정체성'을 가진다고 할 수는 없다. 바꾸어 말해서 한반도 국가의 '남국 정체성'은 여전히 의문인 사항이다.

참고로 한반도 국가(위)는 '동국 남국 한국'(023') 이란 범주로 정의되기도 한다. 그 가운데 동국은 '대 중국'의 용어이고 한반도 국가에서 광범위하게 사용된 바 있다(36). 위에서 논의한 바처럼 남국은 '대 북국'의 용어인데 다만 베트남의 경우처럼 분명한 의미로 사용되는 용어는 아니다. 또한 남 북국 이란 용어도 시대적인 제한(7~10세기)이 있는 것일 뿐 아니라 대 신라/ 발해 를 '남국/ 북국'으로 묶는 것이 가능한가 란 문제도 있다(22). 그것은 구 중국의 남 북조(420~589)와는 달리 그 남 북국은 그것을 통합한 국가가 존재하지 않기 때문이다. 수 당이 남 북조를 통합한 것처럼 고려조가 남 북국을 통합한다는 전제가 충족되어야만 엄밀한 의미에서 남 북국이 성립할 수 있다.

3세기에 나온 구 중국의 역사서에는 한국("삼국지" 동이열전 한조, 열한번째 기사, 진한전) 이란 말이 나온다. 그 한국은 이른바 3한국("양서" '동이열전' 백제)의 한국인데 기원전후에서 3세기까지 한반도 중남부 지역의 마한, 진한, 변한 을 일컫는다. 그 한국(3한국)은 3한 지역의 집단을 지칭할 때 사용된 용어인데 그들 집단은 7세기 통일 전쟁(17)을 거쳐서 통합이 된다. 일종의 지역 역사 복합체(023')인 3한 복합체(44)는 대략 기원전후~676년의 기간 동안 그 3한(3한국)이 통합된 것이다(3한 통합기, 023'). 3한 복합체(위)는 더 정확히 말해서 기원전 1000년대의 초기 농경 사회(무문기, 023')도 포함하는 개념이다. 무문기(위)와 3한 통합기(위)를 포함하는 기원전 1000년에서 기원후 676년까지의 긴 기간은 한반도(조선 반도)의 민족 집단의 이른바 선 형성기(023')를 이룬다.

현재 한국 은 '한국' 한국인(023')의 용법으로 많이 사용되는데 특히 한국 사람(2)은 1953년 이래의 남한인을 일컫는 용어다. 그런데 1953년 이래의 한국 사람(한국인)은 한반도 3조(16)를 거치면서 이루어지는 민족 집단을 기초로 하고 있다(조선 사람 즉 북한인도 마찬가지다). 그 민족 집단은 더 구체적으로 말하면 7세기의 모태(023' 024 a) 집단을 기반으로 한반도 3조(위)를 거치면서 이루어진 것이다(형성기, 023'). 그런데 그 모태 집단은 기본적으로 그 이전의 3한, 3한국이 통합되면서 이루어진다(위). 결국 현재의 한국 사람(위)은 이전의 3한, 3한국과도 뗄 수 없는 연관이 있는 셈이다. 물론 '한국' 한국인(위)의 '한국'은 역사 공동체 '한국'(023')과 무관할 수가 없다.

결국 7~19세기까지 '한반도 국가/ 북방 북국/ 구 중국'의 구도(위) 하에 있었던 한반도 국가를 단지 남국(위) 이란 용어로는 정의할 수는 없다. 한반도 지역은 베트남(월남)(위) 지역과는 달리 다변적인 국제 관계 속에 있었기 때문에 남국 이란 용어만으로 규정이 되긴 힘들고 그런 의미에서 남국 이란 용어는 아주 제한된 의미에서 사용되어야 한다. 한반도 국가들은 '대 북국'의 남국(위)과 '대 중국'의 동국(위)이 모두 고려되어야 하는데 그 가운데서 한반도 국가에 강력한 문화적인 영향력을 행사한 구 중국 중심의 '대 중국'의 용어인 동국도 널리 사용이 되어 왔다(24)(36). 어떤 면에서는 남국 이란 용어보다는 동국 이란 용어가 더 보편적인 의미를 가진다고 할 수도 있다.

한반도(조선 반도) 지역과 관련해서 북방 북국(위) 이란 용어는 매우 분명하지만 상대적으로 남국 이란 용어는 매우 제한적으로 사용될 수밖에 없다. 위에서 논의한 바처럼 남국 이란 용어는 한반도 국가 자신에 국한되는 것도 아니고 일본을 의미할 수도 있다. 더구나 한반도 3조(위) 시기에 동국 이란 용어가 많이 사용된 것도 '대 북국'과 더불어 '대 중국'의 상황이 존재하는 한반도 국가(위)의 존재 양상을 잘 보여

준다. 20, 21세기에 와서도 대륙의 북방 사회주의(024 a)와 대비되는 남방 이란 개념은 역시 불 확실한 편이다. 결국 상대적으로 복잡한 국제 관계를 보이는 한반도 지역은 '남국 대 북국'의 대비 만으로는 제대로 설명될 수가 없다.

22 남 북국설

 북한의 조선사(34)와 남한의 한국사(41)는 한반도(조선 반도)의 민족 집단(15)의 역사를 제대로 반영하지 못한다는 것이 현실이다. 그것은 그 두 국가의 역사인 조선사(북한) 또는 한국사(남한)가 모두 한반도(조선 반도)의 한국(조선) 민족의 역사와 일치하지 않기 때문이다(023', 024 a 에서도 그 부분이 논의가 된 적이 있다). 더 구체적으로 말하자면 그 두 국가는 어떤 역사 기획(023')을 바탕으로 해서 역사를 기술한다. 대체로 북한의 조선사(위)는 남 북국설(023')을 기초로 하고 있고 남한의 한국사(위)는 3국설(023')을 근간으로 하고 있다. 말하자면 남 북국설과 3국설은 그 집단에 대한 대표적인 역사 기획(위)에 해당하는데 3국설에 대해서는 이미 설명한 바 있다(18).

 조선사는 남 북국설(위)을 주축으로 하고 있는데(위) 그것은 조선조 후기 유득공(1748~1807) 이란 인물이 "발해고"(1784) 란 책을 지으면서 그 맨 앞의 '서'에서 역사에 대한 단상을 피력한 데서 유래한다. 당시에는 그다지 큰 반향이 없던 그의 역사 서사는 현대에 와서 북한이 그들 국가 역사(조선사)의 핵심으로 구축한다. 남한에서도 북한의 남 북국설을 수입해서(김영하 1990, 2006) 교과서까지 올리지만(아래) 그것은 기본적으로 양립 불가(손동완 2018)한 3국설과 남 북국설을 대충 얽어 놓은 방식에 지나지 않는다. 말하자면 남한의 한국사는 일정한 체계가 부재한 역사 란 평을 들을 수밖에 없는데 그 설의 수입과 적용도 큰 역할을 한다.

 20세기로 접어들면서 동 아시아 지역이 '해양 대 대륙'(023')의 구도로 전환(6)하고 대륙 쪽의 러시아, 신 중국, 북한 대(對) 해양 쪽의 미국, 일본, 남한의 이른바 대 분단(이삼성 2018, 2023)의 구도를 형성하면서 북한은 대륙 쪽의 전초를 이룬다. 남한(대한민국)과의 체제 대결에 모든 것을 걸어온 북한(조선민주주의인민공화국)은 양계(31) 지역을 주 영토로 하고 있는데 양계와 북국 중심의 역사를 구성한다. 북한은 조선조 후기 유득공(위)의 남 북국/ 남 북국사(023') 란 개념을 받아 들여 '발해와 신라(대 신라)', 북한의 용어로는 '발해와 후기 신라'란 역사를 제시하고 발해에서 고려조로 이어지는 역사를 구성한다(아래).

"조선전사"(1979~83)의 '발해 및 고려사 1'(7장)/ '발해 및 고려사 2'(8장) 두 장이 그러한 시도를 잘 보여 준다. 그렇지만 말갈계가 주축이 되는 국가인 발해(698~926)와 고려조(918 또는 935~1392)의 연결을 기도한 것은 역사적 주권(023')을 주장하는 방식 그 이상도 그 이하도 아니다(아래). 발해 말갈(흑수 말갈과 대비되는 용어다)이 주축이 되는 발해 더 자세히 말해서 발해인(노태돈 1985)은 이후 거란 요(907~1125)의 지배를 받으면서 그 정체성이 사라지고 뒤에 여진 금/ 몽골 원을 거치면서 다른 집단에 흡수된다. 심지어는 고려조 전기의 "삼국사기"(1145)에는 말갈 이란 용어가 북방의 이민족을 통칭하는 용어로 사용되고 있기도 하다(20).

더구나 오랜 기간 말갈 발해(갈해, "삼국유사" '기이제일')는 한반도(조선 반도) 지역의 역사에서 배제되어 있었다는 것이 진실이다. 고려조의 공식 역사 기록인 "삼국사기"(위)에도 당연히 발해는 그 존재가 없다. 결국 발해와 고려조를 연결시키려는 북한의 기도는 애초부터 성립하기 힘든 것이라 할 수밖에 없을 것이다. "삼국사기"는 기원전후 3국에서 10세기 후 3국으로 바로 연결되는 방식이라(7, 8 9세기 역사는 3국의 신라에 슬쩍 덧붙여 놓는 형식이다) 그러한 체계에서 발해는 설 자리가 없다. 이후 고려조 후기에 와서 "삼국유사"(1281) "제왕운기"(1287)에서 발해가 언급되긴 하지만 그것도 고려조가 발해에 대해서 역사적 주권(위)을 가진다는 정도의 인식에 그친다.

조선사(위)의 남 북국설(위)은 북한의 정치적 의도가 분명한 기획인 데도 불구하고 남한의 연구자(위)가 그것을 아무 생각 없이 그대로 도입한 것은 상당히 문제가 있다. 그 이론을 수입해서 실은 것이 남한 학계에 대한 공헌일 수 있는 지도 의문스럽다. 더구나 그것이 국사(한국사)에까지 올라 간 것은 남한 학계의 자존심과도 관련되는 문제일 수도 있다. 적어도 3국설과는 모순되는 입론(위)이 분명한 남 북국설을 도입할 때는 역사 체계 란 면에서 적절한 설명이 있어야 한 다. 3국설과 남 북국설을 안이하게 엮어 놓은 것은 기본적으 로 비 논리적인 방식이라 할 수밖에 없고 학계의 수준을 저 하시킨 하나의 대표적인 예라 할 수도 있다.

역사 란 것은 있는 그대로의 역사가 아니라 해석된 역사 다. 모든 역사 체계가 그러한 해석을 바탕으로 해서 구성된 역사 라 해야 한다. 남한/ 북한 의 한국사/ 조선사(위) 가 그 것을 웅변으로 말해 주고 있다. 어떤 면에서는 역사는 모두 역사 기획(위)이라고 할 수도 있지만 그것도 강도가 있기 마 련이다. 강한 기획과 약한 기획 이란 구분도 그것과 관련이 있다(43). 한반도 지역의 역사 기술에서 3국설(023')과 남 북국 설(023')은 매우 강한 기획에 해당한다. 하나는 고려조의 기 원 이론(023')으로 3국을 만든 것이고(18) 다른 하나는 한반도

(조선 반도) 국가인 고려조의 기원을 북방 북국(20)인 발해에서 찾는 것이다(그 기획은 고려조가 발해의 역사를 기록하지 않은 사실에 대한 탄식에서 출발한다).

특히 발해는 한반도 국가(024 b)와 대립한 북방 북국(20)임이 분명하고 말갈계가 중심인 발해 국가가 고려조의 정통이 된다는 방식(위)의 북한의 역사 기술은 문제가 많다. 그것은 북한이 양계(위) 중심의 역사를 구성하는 과정에서 고육지책으로 나온 것이라는 것이 정확한 평가일 것이다. 물론 "삼국유사" "제왕운기"에도 발해 기사가 있는 것은 맞지만 그것은 3국 특히 구 고구려의 영역에서 나온 그 국가를 부가적으로 넣은 것에 지나지 않는다. 거기서도 대조영이 '고려 잔얼' 또는 '고려 구장'("삼국유사" '기이제일' 말갈 발해, 두번째 기사) 이라는 것을 강조하긴 하지만 그것은 역사적 주권(위)을 주장하는 것에 지나지 않는다.

유득공의 발해 연구는 그 자체로 평가해야 하겠지만 그것을 넘어서 남 북국/ 남 북국사(위) 를 시도한 것은 상당히 무리한 발상임에 틀림없다. 참고로 북한은 그들의 역사 체계에서 '고조선 〉 고구려 〉 발해 〉 고려 〉 리조 〉 북한'("조선전사") 이란 계보론을 구성한다. 고려조의 기원을 발해 로 놓는 북한의 해석은 어떻게 보면 어이없는 것이라고 할 수 있다. 아무리 양계(위) 중심의 역사를 구성하는 것이 지상 과제라 하더라도 그것은 지나친 역사 기획일 뿐이다. 북한은 겉으로는 민족(민족 3)을 내세우지만 속으로는 그들 국가의 정체성을 세우고 강화하는데 혈안이 되어 왔다. 말하자면 북한은 또 다른 정체성을 위해서 역사 기획을 감행하는 한편 민족적 동질성은 그다지 관심이 없었다고 할 만하다.

23 북국 제국

중국은 결코 하나가 아니다. 구 중국(24, 25, 26, 27)과 신 중국(7)은 다르고 구 중국도 하나의 버전이 아니다. 적어도 구 중국의 여러 왕조 가운데 한족 왕조와 북국 제국(023')은 상당히 다르다. 7~19세기까지 동 아시아 지역은 기본적으로 '한반도 국가/ 북방 북국/ 구 중국' 이란 구도가 유지되지만 시기 별로 그 양상은 다르다. 북방 북국(발해, 요, 금, 원, 청) 가운데는 구 중국으로 들어가서 천하 체제(023')를 떠맡고 한족 왕조를 대신하는 경우가 있다. 북방 북국 가운데 요, 금, 원, 청은 정복 국가 방식으로 구 중국으로 들어가는데 그 가운데 원(아래)과 청(아래)은 천하 체제를 대신하고 한반도 국가

(024 b)와 책봉(023') 조공의 관계를 맺는다. 그 두 국가(왕조)는 가히 북국 제국이라 할 만하다.

 '한반도 국가/ 북방 북국/ 구 중국'의 구도(위) 하에서 한반도 국가는 구 중국과는 가치와 체제를 같이 하고 동맹에 가까운 관계를 유지하는 반면(27) 북방 북국(20)과는 바로 국경을 접하면서 대치(023')하고 수시로 전쟁(023')을 수행한다. 다만 대 신라 당시에는 북국인 발해(위)와 상대적으로 평화로운 관계가 지속되지만 그 두 국가 또는 왕조가 북한이 주장하듯이 남 북국의 관계는 결코 아니다(22). 고려조는 그 전기에는 요, 금과 대치하고 전쟁을 하지만 '고려/ 요/ 송' 또는 '고려/ 금/ 남송'이 어느 정도 세력 균형을 이룬다. 그렇지만 그 후기에는 압도적인 세력을 자랑하는 원에 30년 전쟁(1232~59) 끝에 굴복한다. 조선조로 와서도 그 후기에는 급격히 세력을 확장한 후금(청)에 무릎을 꿇는다(1636~7).

 원과 청 두 국가 또는 왕조는 구 중국을 정복하고 나서 구 중국의 천하 체제(위)를 이어받는다. 그래서 한반도 국가(위)

를 정복한 뒤에도 그 지역을 직접 지배하지 않고 책봉(위) 조공의 관계를 맺는 방식을 채택한다. 천자(구 중국의 중원을 중심으로 발생한 천하 개념에서 파생한 것이다)가 그 주변 국가의 국왕을 책봉하고 대신 그들 국가는 조공하는 방식의 국제 질서는 동 아시아 세계(Nishizima 1983)(니시지마·이성시 2008) 또는 동 아시아 문명권(조동일 2012)의 가장 특징적인 모습 가운데 하나다. 19세기 서양 열강이 구 중국을 잠식하기 이전에는 그러한 방식의 국제 관계가 적어도 동 아시아 지역에서는 보편적인 것이었다고 할 수 있다. 몽골 원(아래)과 여진 청(아래)도 구 중국 정복 후에 큰 고민 없이 그 제도를 활용한다.

그러한 일종의 책봉과 조공을 중심으로 하는 평화적인 안보 레짐(이삼성 2009 a)(제 3장) 이라 할 만한 동 아시아의 정치 체제는 19세기 후반에 와서 도전을 받는다. 한반도 국가도 그 과정에서 상당한 혼란을 겪는 것은 당연한 일이라 할 것이다. 1885년은 그것을 상징하는 해라 할 만하다(6). 서울 서대문(구)의 독립문도 그 과정을 말해주는 하나의 표지라 할 수 있다. 구 중국의 사신을 맞이하던 (모화관 앞의)영은문 자리에 세운 그 건축(경관)은 동 아시아에서 오랜 기간 지속되어 온 국제 관계를 부정하는 기념비가 된다. 그렇지만 그 과정에서 민족주의(14)적인 시각이 작용하면서 이른바 사대 문제(30)에 대해서 극단적인 해석을 하는 시발점이 되기도 한다. 그것은 그다지 바람직하지 않은 측면이 많다.

(원) 한반도 국가(위)는 이미 몽골 원 때 북국 제국(위)의 지배를 경험한 바 있다. 고려조 후기(2기)에는 원의 등장으로 그 이전의 '고려/ 요/ 송' 또는 '고려/ 금/ 남송'(위)의 균형이 깨지고 전혀 다른 국면으로 치닫게 된다. 몇 가지 측면에서 논쟁의 여지가 없지 않지만(아래) 기본적으로 원이 기존의 구 중국(24, 25, 26, 27)의 천하 체제(위)를 이어받고 고려조를 책봉(위)한다. 오랜 기간의 전쟁 끝에 고려조를 정복한 원은 처음에는 직접 통치를 고려하지만 결국은 구 중국의 천하 체제를 도입해서 책봉 형식으로 고려조를 독립 국가로 유지하기로 한다(쌍성총관부 등 일부 외곽 지역은 직할 통치한다). 물론 통혼(023')을 통해서 왕실의 일체화를 추구한 면에서 회색 국가란 분석도 있지만(이삼성 2009 a)(제 5장, 16) 큰 틀에서 한반도 국

가는 유지가 된다.

구 중국에 정복자 방식으로 들어가서 천하 체제(위)를 이어받은 원은 기본적으로 북방의 이민족 출신이다. 그러한 유의 유목 국가는 구 중국의 국가들과 이질적인 집단 이란 것은 분명하다 할 수 있다. 그런데도 중국사에서 그들 국가는 당당하게 그 일부가 되어 있다. 그것은 원이 그 앞 시대인 송의 역사를 기록하고 다른 북방 북국(위)인 요(907~1126)와 금(1115~1234)의 역사도 구 중국 역사로 편입한 것이 큰 역할을 한 듯하다. 원이 초원으로 물러난 후 들어서는 한족 왕조인 명(1368~1644)도 원의 후속 국가임을 인정하지 않을 수 없는 상황이고 그 앞의 국가인 원의 역사를 편찬한다. 그것이 '원사'인데 뒤에 중화민국(1912~49)에 가서 그것을 보완한 신원사가 나온다.

결국 요, 금, 원, 청은 각각 요사, 금사, 원사(24사) 그리고 청사고(淸史稿)(25사) 란 이름으로 구 중국의 역사에 들어간다. 요와 금은 북 중국의 일부 또는 전부를 지배한 바 있고 원과 청은 전 중국을 지배한 이른바 북국 제국(위)이라 할 수 있는 존재다. 위에서 말한 바처럼 요사와 금사는 이민족 출신인 원(1206~1368)이 그 역사를 기록하고(위) 원사와 청사고는 각각 한족 왕조 명(위)과 중화민국에서 기록한다. 구 중국은 통상 후대의 왕조가 그 전 왕조의 역사를 기록하는 것이 관례다. 일부 예외도 있는데 예를 들면 후한(25~220)의 역사는 그 다음의 3국(220~265)은 물론 서진(265~317)에서 기록되지 못하고 남조의 송(420~479)에 가서 야 기록된다.

물론 위에서는 요, 금, 원, 청이 '열전'에 4이(동이, 북적, 남만, 서융)의 하나로 실리는 것을 말하는 것은 아니라 24사(25사) 란 정사에 실리는 것을 말한다. 4이에 속하는 여러 집단 가운데서 주로 북적에서 나온 집단들이 구 중국의 정사인 24사에 오른다. 서부 만주/ 동부 만주 의 동호계/ 읍루계 가 그들인데[20] 요와 원은 서부 만주의 동호계/ 금과 청(후금)은 동부 만주의 읍루계 에 해당한다. 돌궐, 회흘, 토번 등의 집단도 있지만 대부분 만주 지역에서 기원하는 집단들이 구 중국 중심의 동 아시아 지역에 더 큰 역할을 한다고 할 수 있다. 다만 동부 만주의 읍루계 가운데 발해는 아직 만주 지역 국가에 머물러서 그 반열에 오르지는 못한다.

(청) 원(위)이 초원으로 돌아간 뒤에(북원이 된다) 여진(위)은 상당 기간 명의 요동도지휘사사(줄여서 요동도사 遼東都司 라 부르는데 이전의 요양부에 설치된 행정 구역이다)의 간접 지배 하에 있었다. 그 이전에는 여진(흑수 말갈 과 관련이 있다)이 요의 지배를 받다가 금을 세우지만 다시 몽골 원(위)에 정복되어 원의 지배를 받은 바 있다. 그 집단은 임진왜란 이후 점차 세력을 키워서 후금을 세우고(1616) 후방의 조선을 굴복시키고(1636~7) 나서 산해관을 넘어서(1644) 전 중국을 지배한다. 한족 왕조 명 내부의 내분을 틈타서 어렵지 않게 전 중국을 확보한 청은 강희제/ 옹정제/ 건륭제의 치세 동안 몽골은 물론이고(청의 황제는 공식적으로 몽골의 대칸을 겸한다) 신강과 티베트를 점령한다.

청은 원(위)에 이은 두번째의 북국 제국(위)이 된다. 여진청 또는 만청(김한규 2004)(제 10장)(청은 여진 이란 민족 집단 이름을 만주족으로 바꾼다. 만청은 만주족의 청을 말한다)은 북방 북국(20)에서 시작하긴 하지만 북국 제국(위)의 반열에 오르면서 그 이전의 원과 마찬가지로 한족 왕조의 천하 체제(위)를 이어받고 일종의 팍스 시니카(Pax Sinica)를 이룬다. 한반도 국가(024 b)는 아이러니하게 또 다른 북국 제국의 체제 하에서 오랜 기간 평화기를 누린다. 그것은 원 이란 북국 제국 하에서 상당 기간 평화기가 지속된 것과 마찬가지다. 다만 청이 훨씬 더 안정적인 상태를 유지해서 그 기간이 200년이 넘는다는 것이 다를 뿐이다.

청은 조선조 후기 유학자들의 인식과는 상관없이 동 아시아 세계의 중심 역할을 한다. 북국 제국 청은 이전의 한족 왕조의 예를 따라 주변의 국가들과 책봉(위) 조공 관계를 맺는다. 물론 조선도 청의 책봉을 받고 사절을 보내고 조공한다. 역사적으로 구 중국(24, 25, 26, 27)과 문화적 유대를 가져온 한반도 국가 특히 성리학을 지배층의 사상 기조로 하는 조선조는 새로 등장한 북국 제국인 청과의 관계에서 내적인 갈등이 없진 않았다. 물론 조선조 후기의 지배층은 한족이 아닌 만주의 여진이 천하 체제(위)를 이어받는 것에 대해 반감이 있었다. 그 과정 속에서 나온 것이 소 중화 문제(29) 인데 뒤에서 따로 논의한다.

고려조 후기에 당시 북국 제국 원(위)을 책봉의 주체로 받아들이는 것과 조선조 후기에 청을 받아들이는 것은 분명히 상황이 다르다. 바로 위에서 잠깐 언급한 바와 같이 조선조는 상당 기간에 걸쳐서 유교화 성리학 화(계승범 2014)가 진행이 되기 때문이다. 물론 소 중화 문제(위)가 보여주듯 그에 대한 저항도 만만치 않지만 조선조 후기의 북학파(박제가의 "북학의"에서 유래한 이름이다)가 잘 말해주듯이 청에 대한 조선조 지배층의 인식은 점차 달라진다. 그리고 무엇보다 조선조 후기는 청의 팍스 시니카 아래서 오랜 기간 동안 평화기를 누린 것도 분명하다. 그렇지만 오랜 기간의 평화기는 19세기로 접어들어 서양 세력이 들어오면서 위기를 맞는다.

청이 두 차례에 걸친 아편 전쟁(1840~42; 1856~60)에서 패하면서 상황은 달라지기 시작한다. 그 이후 동 아시아 지역은 점차 새로운 국제 관계로 재편된다. 한반도(조선 반도)에도 서양과 일본 세력이 들어오면서 이전과는 다른 사태를 맞게 된다. 한반도 3조(16)의 마지막 국가인 조선조는 대략 고종기(1863~97)에 와서 그 격랑에 휘말리는데 특히 1885년을 계기로 해서 그 전과는 완전히 다른 상황이 된다. 왜냐하면 임오군란(1882)을 진압한다는 명분으로 청의 군사가 들어오고 이어서 조선 내정을 간섭하고 그에 대한 반발로 일어난 갑신정변(1884)을 제압하고 거의 통감에 해당하는 관리를 파견하기 때문이다(6). 조선조는 대한제국(1897~1907) 기로 들어가지만 추세를 되돌리지 못한다.

24 화하

　한반도 국가(024 b)는 대체로 바로 위로 인접한 북방 북국(20)과는 서로 대립하고 바다 건너 구 중국(24, 25,26, 27)과는 상대적으로 좋은 관계를 유지해 왔다. 구 중국(위) 기준으로는 한반도 국가(위)가 동국(024') 이란 용어로 불린다. 동국은 일종의 방위칭이 포함된 용어인데 구 중국이 그 기준이다. 한반도 국가에서 그 자신을 지칭하는 용어로는 동국이 널리 사용되는데 고려조의 "동국이상국집"(1241)과 조선조의 "동국통감"(1485) "동국여지승람" 등이 그 예다. 동국과 거의 비슷한 해동(海東)이란 용어도 있는데 "해동고승전"(1215) 또는 해동 공자(최충) 등이 그 예다. 말하자면 동국은 '대 중국'의 용어이다. 한반도 국가는 대 북국(20, 21, 22, 23) 못지 않게 대 중국 의 정치적 조건(19)도 중요하다.

 구 중국(위)을 지칭하는 어휘 가운데 화하(華夏) 란 용어도 있다. 일반 독자들에게는 그 용어가 좀 낯설지도 모른다. 다만 화(華)는 우리에게 비교적 익숙한 편이고 하(夏)가 상대적으로 덜 익숙할 듯하다. 화는 화교 또는 중화(아래)의 화다. 하는 하나라의 하로 어느 정도 알려져 있는 편이다. 중국 대륙에서 진(-221~-206) 한(-206~220) 이전은 하, 은(상), 주의 이른바 3대(三代)다. 우리가 한두 번은 들어본 요, 순은 5제 의 전설시대(황제, 전욱, 제곡, 요, 순)에 해당하고 우(禹)가 하(위)를 건국한 인물이라고 알려져 있다. 여하튼 화하(위) 란 용어는 중국(China) 또는 중화(中華) 란 말이 담지 못하는 구 중국의 이른 시기의 모습을 어느 정도 연상시켜주는 것이라 할 수 있다.

 적어도 중화(위)보다는 화하(위) 란 용어가 중국의 중심부를 의미하는 중원(아래)과 더 어울리는 것일 듯하다. 중국 대륙에서 섬서(Shaanxi)/ 산서(Shanxi)/ 하남(Henan) 성은 상당 기간 중심적인 지역이었다 할 만한데 대략 중원(中原)이란 범위에 든다. 현재 섬서는 서북 지역으로/ 산서는 화북 지역으로/ 하남은 중남으로 구분되기는 하지만(7) 그것은 현대의 중화민국(1912~48) 중화인민공화국(1949~)을 거치면서 이루어진 지역 구분이다. 중국은 역사가 오랜 만큼 그 정치적 중심지도 중원에서 다른 지역으로 이동해서 10세기 이래 부각되는 북경(Beijing) 지역이 현재의 정치적 중심지이고 섬서/ 산서/ 하남(위)의 과거의 영광은 빛이 바랜 지 오래다.

여하튼 구 중국의 이른 시기의 모습은 중화(위)보다는 화하(위) 란 용어가 더 많은 것을 말해준다는 것은 분명하다. 중국 문명을 상징하는 황하(Huanghe)는 청해성에서 발원해서 내 몽골의 오르도스 지역을 지나서 북에서 남으로 내려가고 다시 동으로 방향을 튼다. 대체로 북에서 남으로 내려가는 구간의 왼쪽이 섬서성/ 오른쪽이 산서성(하동)이고 다시 동으로 가는 구간이 하남성이다. 그 다음은 산동성이고 다시 발해(Bohai) 바다로 들어간다. 현재 섬서(陝西 Shaanxi)성 특히 성도인 서안(Xian)은 중국 대륙의 서부, 더 자세히 말해서, 서북 지역의 중심지에 불과하지만 오랜 기간 화하의 중심 지역 역할을 해 왔다. 서안(장안)은 한(전한)과 당의 수도였고 서주의 수도(함양)도 그 근처다.

산서(山西 Shanxi) 성은 전설 시대(위)의 요, 순(위)과 하나라의 우(위)와도 관련설이 있지만 춘추 시대의 패자인 진 문공으로 더 잘 알려져 있다(심재훈 2021). 진(晉)은 이른바 3진(三晉)으로 갈라지는데 한/ 위/ 조 가 그것이다. 그 가운데 위와 조는 전국 시대의 강자로 여겨진다. 그 가운데 최 북단인 조(趙)나라는 바로 북방(여기서는 물론 중국 기준이다)과 바로 인접한 곳이다. 북방은 4이(四夷) 가운데 북적(北狄)이라는 이름으로 많이 알려져 있다(20). 이른바 중원(위)의 북방은 현재의 내 몽골(내 몽고 자치구)로 이어진다. 당시의 북방의 집단은 중원 지역과 상대적으로 가까운 곳에 있어서 상당한 혼합이 있었다고 보인다. 다만 우리에게 비교적 익숙한 흉노와 돌궐(아래)은 이른 시기가 아니라 후대의 집단이다.

적어도 만주의 북방 북국(20) 특히 요, 금, 원, 청 이 부상하기 이전에는 흉노("사기" "한서" 흉노 열전)와 돌궐("구당서", "신당서", 열전, 아래)이 중원 북방의 위협 세력이었다. 한족 왕조 한은 흉노와의 관계에서 상당한 진통을 겪었고 수 당 도 돌궐과의 관계가 순탄치 않았다. 알타이언어 사용 집단인 이른바 TMT(023') 가운데서 투르크(T) 계열의 언어를 사용하는 집단 또는 그와 가까운 집단이라 할 수 있는 그들은 유라시아 대륙의 서쪽으로 이동한다. 그들 집단은 중앙 아시아 지역으로 침투해서 결국은 그 지역을 장악하는데 그 지역의 이란(페르시아)계 집단과 혼합되고 이후 이슬람 화한다. 결국 투르크계는 후대에는 더 이상 중원과 그 지역의 한족(26)을 심각하게 위협하는 세력이 아닌 셈이다.

  현재 한족 중심의 중국 대륙은 중국(China)으로 통칭이 된다. 그런데 방위칭이 들어가는 중국 이란 용어는 '가운데 중'이 의미하는 바와 같이 화하 또는 중원(위) 지역을 의미했다. 중국 이란 그 용어는 이후 그 지역을 중심으로 해서 그 주변의 민족 집단을 분류하는 동이/ 북적/ 남만/ 서융 이란 분류의 기준이 되기도 한다. 물론 돌궐(위)과 회흘(현재의 신강)과 토번(현재의 티베트)의 영향이 강한 시기에는 돌궐/ 회흘(회골)/ 토번 열전("구당서" 열전 144/ 145/ 146; "신당서" 열전 140/ 142/ 141)이 따로 구분되어 실리지만 그들 민족 집단은 대체로 동이/ 북적/ 남만/ 서융 이란 범주로 분류된다. "신오대사"의 '사이부록'(권 72, 73, 74) 이란 열전의 4이 도 그 네 범주를 말한다("삼국유사" '기이제일' 마한 조의 4이 는 좀 다르다, 보론 4).

구 중국(위)의 중심부를 이루었던 중원(위) 지역을 주로 의미하는 화하(위)는 중화(中華)로 거듭난다(아래). 현대의 중국 대륙에서는 중국(위)을 대신해서 중화(위) 란 용어가 사용된다. 근 현대의 중화민국(1912~49) 중화인민공화국(1949~) 이란 국호에도 모두 중화 란 용어가 들어가 있다. 현재 다 민족 국가인 중화인민공화국은 중화 라는 용어를 다시 해석해서 한족(위)을 중심으로 기타 55개 소수 민족을 포괄하는 개념으로 정립하기 위해서 힘쓰고 있다('다원일체' 론이 그것을 대표한다, Fei 1988) 그렇다 하더라도 방위칭이 들어가는 (중국의)중을 포함한 중화 는 기본적으로 민족주의 적인 의미로 사용이 될 수밖에 없다.

현재의 중국은 과거의 중국과는 완전히 다르다. 왜냐하면 7~19세기까지의 구 중국(위)이 한반도 국가(024 b)와 서로 가치(023')를 공유하는 일종의 동맹의 관계에 가까웠다면 20, 21세기의 신 중국(7)은 적어도 남한(대한민국)과는 다른 가치를 추구하는 잠재적 위협 세력이라 할 수 있기 때문이다. 만일 북한(조선민주주의인민공화국)이란 완충(023') 지역이 없다고 한다면 현재의 남한은 이전의 핀란드 또는 현금의 우크라이나와 같은 상황에 처해 있다고 할 수 있다(9). 신 중국인 중화인민공화국(1949~)은 여러 모로 한반도(조선 반도)에 위협적인 존재일 수밖에 없다. 우리는 신 중국을 더 정확히 파악하기 위해서라도 구 중국에 대한 더 자세한 논의가 필요할 듯하다.

25 구 중국 문화

 구 중국(24, 25, 26, 27)은 동 아시아에서 비교적 이른 시기에 선사시대 단계를 밟은 지역이다. 통상 그 주변부 특히 한반도(조선 반도)와 일본 열도에 비해서 한 두 단계 앞선 전개를 보인다는 것은 인정할 수밖에 없는 사실이다. 일단 구석기시대는 제외하고 신석기시대를 보면 특히 황하 유역의 신석기시대는 청동기시대와 계기적으로 이어진다는 것이 중론이다(김정배 2006). 물론 현재의 중국 대륙에는 황하 유역(앙소 문화, 용산 문화 등이 잘 알려져 있다)뿐 아니라 요하 유역(흥륭와 문화, 홍산 문화)/ 장강 하류(하모도 문화)/ 장강 상류(삼성퇴 문화)의 여러 지역에서 각기 다른 신석기 문화가 나오지만 요하 유역은 구 중국(위) 과의 관련이 제한적이다.

 황하 유역 신석기 문화는 점차 그 지역의 청동기 문화로 이어지는데 상당히 독특한 모습을 보인다. 물론 기원전 2000년경에 시작되는 하나라는 아직 국가 단계로 인정받지 못하고 있지만 기원전 1600년경에 시작되는 은(상)나라는 그러한 청동기 문화에 기반한 국가로 분명한 흔적을 남기고 있다. 상당한 크기의 다양한 청동 제기, 악기와 거기에 새겨진 문자도 많은 것을 말해 주는데(심재훈 2018; 이승훈 2023) 일정 수준의 제도와 체제를 가진 국가임을 알 수 있다. 은나라는 그 후반부(기원전 1300년을 그 시작으로 본다)를 거쳐서 기원전 1046년 주나라(서주)로 넘어간다. 서주(-1046~-771)는 "시경" "서경" "역경"의 시초가 되는 문헌이 나오는 등 인문적인 면에서 상당한 축적이 나온 듯한 양상을 보인다.

 주나라는 변방의 유목 집단에서 비롯된 국가일 수도 있지만 중원(더 구체적으로는 현재의 섬서성 지역이다)(24)으로 들어가서 그 이전에 선사시대의 여러 단계를 지나면서 축적해 온 여러가지 문화를 계승해서 발전시킨 것은 분명하다. 서주는 중국 대륙에서 이른 시기에 봉건 제도를 시행한 국가로 잘 알려져 있다. 서주 초반의 여러 지도자 가운데 하나인 주공이 인문적인 수준을 상승시킨 인물이다(주공/ 소공 이 잘 알려져 있는데 무왕의 동생이다). 춘추시대의 공자(아래) 란 인물이 서주를 이상으로 보는 것이 우연한 일은 아닐 것이다. 주공이 활동한 서주를 하나의 이상적인 국가로 본 것은 단순히 복고적인 성향만은 아니었을 가능성이 높다.

서주가 정치적 혼란을 겪고 동쪽으로 수도를 옮긴 후에 이른바 동주(-771~-256)가 시작된다. 동주는 비록 정치적 안정 이란 면에서는 혼란기일 지도 모르지만 그 과정에서 문화적인 측면에서 많은 축적이 이루어진 시대라고 할 수 있다. 그 전반부인 춘추시대는 비록 형식적으로는 동주의 왕을 존중하는 입장이지만 각 제후들 간에 치열한 세력 다툼이 전개된다. 황하 유역 특히 그 하류의 제나라 환공이나 그 중류의 진나라 문공 같은 패자(覇者)들이 등장하고 이후 상대적으로 외곽 지역인 초나라/ 오나라/ 월나라 의 장왕/ 부차/

구천 같은 인물도 패자의 반열에 오른다(김기협 2022)(제 2장). 그들 나라는 일제히 부국강병을 추구하고 지식인들의 자문을 구한다.

제후 〉 대부 〉 사(士) 로 내려가는 서주 이래의 신분 사회에서 마지막의 사 계급은 시간이 지날수록 신분 체계에서 탈락하지만 그들은 기본적으로 교육을 받은 집단이다. 그들 집단은 지식인 층을 이루고 당시 세력 확장을 추구하던 제후 또는 야망 있는 대부들에게 여러 가지 방안을 제시하고 쓰임을 기대한다. 물론 공자 같은 이상적인 방안을 제시하는 개혁가도 있지만 그것과는 달리 매우 현실적인 방안을 유세하는 집단도 적지 않다. 법가/ 병가/ 묵가 가 그러한 집단이다. 그들은 상당히 도덕적인 입장의 유가와는 달리 현실에서 바로 적용되는 법 체계/ 병법/ 수성술 등을 제시해서 바로 채택이 되어 실행으로 들어가는 경우도 적지 않다.

노장 사상도 물론 이상주의에 가까운 그 무엇을 제시하는 것이라 보이지만 "백서노자"가 발견된 이후에는 '황로'라는 개념의 훨씬 더 현실적인 그 무엇을 추구한 것이라 여겨지기도 한다. 이후 노장 특히 노자 계열의 사상이 한 왕조를 지나면서 오두미교를 거쳐서 도교로 발전한 것도 우연한 일이 아닐 것이다. 불로장생을 추구하는 흐름도 그들 집단과 관련이 있고 중국 사상 특유의 현실적인 면이 상당 부분 나타난다 할 만하다. 물론 현재 남한에서도 인기 있는 장자의 소요(逍遙) 제물(齊物) 등의 사상과 묵자의 겸애(兼愛) 사상은 상대적으로 현실적인 부류의 사상과는 구분되는 측면이 있다. 묵자는 현실과 이상 두 가지를 다 갖춘 사상가라 할 수도 있다.

서주(-1046~-771)를 이은 동주(-770~-256)는 춘추와 전국 두 시대로 구분한다. 춘추시대의 춘추(春秋) 란 용어 자체가 공자가 찬술한 역사서의 이름에서 나온 것이다. 공자의 유가는 서주 이래의 인문적인 교양을 보존하는 역할을 하면서 이후 현실적인 경향의 다른 제자 백가를 점차로 능가하게 된다. 그 기간 동안 유가는 이른바 현학(顯學)이 아니었을지 몰라도 서주 이래의 인문 교양을 대표하는 "시경" "서경"

"역경"과 "춘추" 같은 고전을 공자가 집대성하면서 우위를 확보해 간다는 것은 상당히 흥미로운 사실이다. 전국시대(아래)는 그 이름이 말하듯이 더 이상 동주의 왕을 의식하지 않는 강자들이 각자의 생존을 위해서 또는 당시 구 중국의 통일을 위해서 전쟁을 수행한 기간이었다.

제자 백가(위)는 전국시대에도 유가의 맹자, 순자/ 법가의 상앙, 한비자/ 노장의 장자 등 굵직한 인물들이 이론을 펼친다. 그 시대는 서쪽에서 세력을 키우면서 점차 동쪽으로 진출한 진(秦)(-255~-222)이 다른 강국들을 병합하면서 끝이 나고 우리가 잘 아는 진시황의 진 제국(-221~-206)이 시작된다. 그렇지만 진 제국은 단명하고 유방 이란 인물이 초 패왕을 누르고 한(-206~220)을 창립한다. 기원전의 200년과 기원후의 200년 도합 400여년을 지속한 한 왕조는 초반의 구 중국(위)의 기반을 다진 국가라고 해도 과언이 아닐 것이다. 역으로 말해서 한(위)이 없었다고 한다면 이후 구 중국이 지금처럼 동질성을 유지하는 집단으로 남지 못했을 가능성도 없지 않다.

진 제국(위)을 거치면서 구 중국은 문화적인 측면에서 일종의 암흑기를 맞이한다. 전국시대 최후의 승자가 되기 위해서 철저하게 현실적인 노선을 추구해 온 진(위)은 법가 사상을 채택해서 비정한 법치를 구현하고 국력을 최대한 결집시켜 마침내 화하(24) 또는 중원의 통일을 이끌어낸다. 진 제국은 법가를 제외한 다른 제가 백가의 사상을 탄압해서 말살하는 반 문화 정책을 시행한다. 우리에게 잘 알려져 있는 분서갱유(焚書坑儒)가 바로 그것이다. 법가와 농가에 속하는 일부 서적을 제외하고는 모두 불태워버리고 서주 이래 구 중국의 문화를 대표하는 유가의 유자를 아예 땅에 묻어버리는 극단적인 정책을 시행해서 암흑의 시대로 들어간다.

한 왕조로 접어들면서 이전의 문헌들이 복원이 되고 주석이 가해져서 이른바 13경이 성립한다. "시경" "서경" "역경"은 유교에서 가장 중요한 3경인데 주 이래로 내려오던 글들이 공자를 거쳐서 서한(전한)에 와서 완성된다. 이후 공자가 찬술한 역사서 "춘추"(위)의 세 가지 주석인 "춘추좌전" "춘추공양전" "춘추곡량전"(춘추 3전)과 유가 사상의 한 축을 이루는 예학에 관한 "의례" "예기"와 제도를 통해서 이상 국가를 말한 "주례"(그 세가지가 이른바 3례 다)가 나온다. 이상의 9경 외에 "논어" "맹자" "효경" "이아" 등을 합해서 13경이 성립해서 구 중국 문화의 핵심을 이룬다. 유가는 유교라고 불리는데 한 왕조 때 이미 국교의 위치에까지 올라선다. 유교가 이후 시대에 따라 변화해 가는 모습은 한 정치 사상사 저작(김영민 2021)에 잘 나와 있다.

구 중국을 대표하는 용어에는 화하(24) 외에도 한(漢)이 사용된다. 그것은 그만한 이유가 있다. 진 제국(위)이 중원을 통일한 것은 맞지만 그것을 문화적인 측면에서 확고히 세운 것은 한 왕조가 분명하고 유교가 결정적인 역할을 한다. 유교는 이후 중국 뿐 만이 아니라 동 아시아의 중국 문명권(조동일 2010)이라 할 수 있는 한반도/ 일본 열도/ 베트남(월남) 에도 큰 영향을 끼친다. 꼭 사상사적인 면의 유교 사상이 아니더라도 유교가 만든 정치 체제와 제도가 해당 지역에서 핵심적인 역할을 한다. 또한 북방의 이민족이 구 중국인 중원을 정복한 후에도 그러한 체제와 제도를 내세우는 통치를 구사한다(책봉도 그 일부다)(23). 다만 유교 란 용어는 가능한 한 엄밀하게 정의해서 사용할 필요가 있다(김영민, 각종 언론).

 황로사상을 위시한 노장 도교 계열의 사상도 중국을 대표하는 사상이긴 하지만 그것은 지배층의 정통 사상이라 기보다는 민중의 대체 사상이라고 보아야 할 듯하다. 이후 서역에서 불교가 도입될 때는 도교 계열의 사상을 가지고 이해하는 이른바 '격의'(格義) 불교를 거쳐서 점차 구 중국에 안착하고 이후 중국 특유의 선 불교도 나온다. 그렇지만 현세주의 성향이 강한 구 중국에서 유교는 큰 도전자 없이 지배층의 지배적인 사상으로 기능한 것은 사실이다. 다만 형이상학적인 체계가 상대적으로 취약한 유교에 불교 사상은 은연 중에 영향을 주고 그것이 남송의 신 유학인 성리학(주자학) 체계를 이룩하는데 상당한 역할을 한다. 주자학은 한반도 3조(16)의 마지막 구간인 조선조에 결정적인 영향력을 행사한다.

 적어도 한반도(조선 반도)의 민족 집단에게는 구 중국(위)은 상당히 친숙한 편이다. 그것은 정치 군사적 측면도 그렇지만(27) 그보다도 문화적인 측면이 훨씬 더 큰 역할을 한 것인 듯하다. 20세기로 접어들면서 서양의 문화가 들어오기 전까지는 구 중국의 문화가 동 아시아 지역에서 보편적인 문화로 기능해 온 것이 사실이다. 단적으로 언어만 하더라도 한문이 공식 언어로 사용되어 왔다. 그 영향은 현재도 이어지는데 한자어가 한국어 어휘의 70%를 차지할 정도다(베트남어도 한자어 어휘가 70%를 차지하고 일본어는 말할 것도 없다). 한문이 아닌 문자 언어가 공식 언어가 된 것은 그다지 오랜 일이 아니다. 이른바 민족어는 20세기에 와서 정착한다.

현대에도 장안, 강남, 장강, 북망산(낙양) 같은 지명을 물론이고 공자, 맹자, 노자, 장자, 이백, 두보, 주자 같은 인명도 좀 지적인 논의에는 수시로 오르내릴 정도다. 이전 조선조를 기준으로 한다면 유교 경전 그 가운데서 신 유학(성리학)에서 중시되는 4서("대학" "중용" "논어" "맹자")와 "고문진보"(이장우 외 2020)가 가장 많이 읽힌 서적에 들어간다. 물론 20세기에 와서 이른바 서양의 신 학문이 들어와서 특히 미국 유학을 한 연구자를 중심으로 대학과 지식 사회가 전개되지만 유림과 동양 철학 전공자를 중심으로 한 전통 또는 복고의 경향이 가끔씩 고개를 든 것도 사실이다. 서양의 사상은 고대/ 근대가 중심이지만 20세기 후반 탈 근대 사상(이정우 2024)이 휩쓸면서 동양과의 접점을 시도하기도 한다.

26 한족

 현재의 신 중국(7)은 다 민족 국가인데 다수 민족인 한족(아래)과 기타 55개의 소수 민족(023')으로 이루어져 있다. 이른바 중화 민족 이란 말은 원래는 한족을 의미하는 것이지만 현재는 중국 대륙의 56개 민족 집단 모두를 아우르는 용어로 사용되기도 한다(24). 다수 민족 한족은 지구 상의 최대의 인구 집단을 이룬다(10억을 훌쩍 넘는 지 오래다). 한족의 한(漢)은 화/ 하 등과 함께 구 중국을 대표하는 용어인데(24) 기원전후의 장장 400여년에 걸친 한 왕조(아래)가 그 국호로 삼은 바 있다. 한자/ 한문(고전어)/ 한어(현대어, 한어 2, 아래)의 한도 같은 글자를 사용한다. 중국 대륙의 다수 민족을 한족 이라 명명한 것은 한(漢)이란 글자가 그만한 대표성이 있기 때문이라 할 수 있다.

 원래 한족(Chinese Han)은 유형 상 고도의 문명(023')을 기반으로 성립하는 민족 집단이다. 말하자면 이집트인, 그리스인, 로마인과 비슷한 유형이라고 할 만하다. 지구 상의 수많은 민족 집단 가운데 이른 시기 고도의 문명(위)을 기반으로 성립하는 집단은 손에 꼽힐 정도인데 한족이 그 가운데 하나다. 다만 이른 시기 황하 유역에서 성립한 한족은 일종의 정복자 기원(023') 유형으로 확산이 되고 진/ 한 을 거치면서 그 과정이 어느 정도 완성이 된다고 할 수 있다. 구 중국(24, 25, 26, 27)은 서주/ 동주/ 진 제국을 이은 한 왕조(-206~220) 때 그 문화가 상당히 성숙한 단계까지 가는데 특히 이전의 문헌이 13경으로 정리된다는 것을 앞서 언급한 바와 같다(25).

 대략적으로 말해서 한족은 동주(-770~-256)를 거치면서 형성이 된다고 보아야 할 듯하다(동주는 춘추/ 전국 두 시대로 구분이 된다). 황하 유역의 문화를 배경으로 성립하는 원래의 한족 집단은 확산되어(위) 춘추 시대에 이미 초나라(호북성)/ 오나라(강소성)/ 월나라(절강성) 등이 패자로 올라갈 정도다(김기협 2022)(제 2장). 기본적으로 중국 대륙의 한 장어(Sino-Tibetan) 사용 집단 특히 한어(한어 1) 사용 집단은 점차 황하 유역의 중심 집단에 편입되고 동화가 진행이 된다. 한족의 한어(한어 1)는 한 장어(위)의 한어인데 다른 의미의 한어(한어 2)도 있다(아래). 참고로 한 장어의 장어 사용 집단은 티베트인이 대표적인데 중국 대륙의 일부 소수 민족 집단도 그 계통이다.

전국 시대로 접어들면 한족 집단은 남으로는 민월/ 백월 등의 집단이 거주하던 복건/ 광동 성을 거쳐서 홍강 유역(현재의 베트남이다)까지 진출한다. 그것은 유전자적 측면에서도 일부 증명이 되기도 한다(Wen 외 2004). 한족 남성이 위의 여러 지역의 여성들과 혼인하는 과정이 포함되기 때문이다. 대체로 인류 이동 과정에서 부계의 남성의 유전자가 더 중요한 요소로 간주되고 있는데 다만 총 이동 거리 란 측면에서는 여성이 훨씬 더 긴 것으로 나온다(그것은 물론 혼인 때문이다). 그 뿐 아니라 북으로는 연나라를 거쳐서 요서, 요동, 한반도 서북부(위만 조선 도 그 가운데 하나다, 38)까지 들어간다. 그 것은 한족의 이주를 통한 문화(023')적 전파의 과정 이라고 도 할 수 있다.

 현재 중국 대륙에서 한족(위) 이외의 한 장어(Sino-Tibetan) 사용 집단(아래)은 한족에 동화되지 않은 집단이라고 할 수 있다. 그들은 중국 대륙 기원의 소수 민족(023') 집단이라 할 만하다. 일단 장어 사용 집단(서장 자치구, 청해, 사천성)을 제외 하고 한어(한어 1) 사용 집단을 보면 춘추 전국 이래로 (좁은 의 미의) 중원에서 가까운 지역의 동 서 남 북의 민족 집단은 대 부분 한족으로 포섭이 된다. 위에서 말한 바처럼 초나라/ 오 나라/ 월나라 집단을 위시해서 그 너머의 민월/ 백월 계통의 집단까지 동화가 된다. 다만 장, 태, 동, 수, 묘, 요(023') 등의 집단은 외진 지역(현재의 광서, 귀주, 운남성 등이 대표적이다)으로 들어가서 소수 민족(위)으로 남아 있다.

 진/ 한 (위) 이후에도 중원의 한족(위)은 다른 집단을 흡수 한다. 정복자로 북 중국에 들어간 북조(386~581)의 지배층도 한화(漢化)되고 결국 한족으로 동화된다(수 당 왕조의 지배층은 그들 집단의 후예들이다). 그리고 북 중국을 정복한 요(907~1125), 금(1115~1234) 또는 원(1206~1368)의 지배층도 상당수가 한족으로 흡수가 된다고 보아야 한다. 요는 북 중국의 북단인 연운 16주를 지배하고 금도 북 중국의 대부분을 지배하고 금을 정복한 원은 북 중국과 남 중국 모두를 지배한다. 그것은 10~14세기까지 상당히 긴 시간이다. 그 외에도 돌궐, 회흘(회골), 토번(이상은 "구당서" "신당서" 모두 열전이 있다)(20), 사타("신당서"에 열전이 있다) 출신 집단이 중원으로 들어가 동화된 경우도 있다.

이민족 정복자로 들어간 집단뿐 만이 아니라 한족 왕조에 정복되어 중원으로 사민(徙民)이 된 집단도 한족으로 흡수가 된다. 주로 한족 왕조가 다른 국가를 정복한 다음 그 지역 민족 집단(민족 1)의 세력을 약화시키기 위해서 중원으로 대량 이주시키는 경우인데 고구려(기원전후~668) 유민도 그 범주에 든다. 고구려의 마지막 왕인 보장왕(개부의동삼사 조선군왕)과 그 아들 연(안동도호)과 손자 진(개부의동삼사 안동도호 담국공)

과 그 후손은 말할 것도 없고 고선지("구당서"의 열전에 나온다) 같은 인물도 잘 알려져 있다. 백제 멸망 후 사민된 의자왕의 후손(보론 5)도 마찬가지인데 증손녀 태비부여씨의 묘지명도 그것을 잘 보여준다.

중국 대륙은 10세기 이전에는 중원 지역(섬서, 산서, 하남성이 중심이다, 24)이 정치적 중심지이고 그 지역의 언어가 공용어로 사용이 된다(아언, 통어). 그런데 10세기 이후 점차 정치적 중심지가 북경(Beijing)으로 이동해서 명(초반에는 남경이 수도였지만 북경으로 옮겨간다), 청, 중화인민공화국을 거치면서 그 지역의 언어가 공용어가 된다. 만다린(Mandarin) 또는 푸퉁화(普通話 Putonghua)로 불리는 현재의 중국의 공용어는 북경 지역의 방언을 기초로 해서 현대 중국의 여러 문학 작품에 나오는 백화(白話 Baihua)를 가미해서 만든 것이다. 북경 지역의 언어는 일종의 혼성어(아래)인데 10~14세기까지 오랜 기간 북방 이민족의 지배를 받으면서 점차 당시 지배 집단의 공용어로 발전한 것이라 할 수 있다.

현재 중국의 표준어(만다린 또는 푸퉁화, 위)는 한어(한어 2)라고 부르기도 한다. 그 한어는 한족(위)의 한이 아니라 거란 요가 북 중국을 지배할 때 적용한 이른바 한법(漢法)(20, 35)의 한에서 유래한다고 보는 것이 훨씬 더 합리적일 것이다. 북방 북국(20)인 요, 금, 원이 북 중국을 지배할 때 그 지역의 민족 집단인 한족을 지배층 집단과는 다른 방식으로 지배한다. 한법(위), 한인(남 중국의 남인과 대비되는 용어다)은 바로 북 중국의 한족(위)과 관련이 있는 용어다. 북 중국의 한족인 한인(위)들이 사용한 언어는 낮추어서 한아언어(漢兒言語)라고 불리는데 그 언어(한어 2)는 한 장어 계통의 언어와 알타이언어 계통의 언어(요, 금, 원의 지배층의 언어는 그 계통이다)가 혼합된 일종이 크레올어 라고 한다(정광 2010). 그것이 발전해서 북경관화(아래)가 되고 다시 현대의 만다린 즉 푸퉁화가 나온다.

언어학에서 말하는 한 장어(Sino-Tibetan) 가운데 장어 계통이 아닌 한어(한어 1) 계통의 언어는 다수 민족인 한족(위)의 언어(오어, 민어, 월어, 감어, 상어 등 다양한 방언이 있다)와 소수 민족인 장, 태, 동, 수, 묘, 요(위) 등의 집단이 사용하는 언어가 있다. 위에서 언급한 바와 같이 중국 대륙은 한족(위)이 황하 유역에서 성립되어 기원전에 이미 장강 유역으로 진출해서 그 지역의 상당수의 민족 집단(위)이 한족으로 흡수된다. 그렇지만 그 남쪽 지역 특히 서남 지역은 외곽에서 오랜 기간 정체성을 유지한 집단이 많다. 여하튼 한어(한어 1) 계통의 언어 가운데 특히 북 중국 특히 북경 지역의 한족(한인)이 사용한 언어가 이후 북경 관화(위)를 거쳐서 현재의 신 중국과 대만의 표준어가 된다.

한반도(조선 반도)의 민족 집단이 사용하는 언어인 한국어 (023')는 중국 대륙의 한 장어 계통의 언어와는 구분된다(물론 서 유라시아의 인도 유럽어와도 구분된다). 한국어는 이른바 알타이 언어(트랜스유라시아 언어 라고 부르기도 한다)와의 관련이 문제가 되어 왔다. 처음에는 한국어가 알타이 언어에 속한다는 이론이 강세였지만 이후 알타이 언어와는 별개의 고립어(다른 의미의 고립어도 있다) 란 이론(김주원 1991; 김주원 외 2006, 제 1장)이 나왔다. 최근에는 다시 막스 플랑크 연구소에서 한국어가 알타이언어의 하나라는 것을 전제하는 이론(Robbeets 외 2021)

이 제시된 바 있다. 한반도 지역은 제주어를 제외하고는 거의 소통이 가능한 편인데 한반도 3조(16)를 거치면서 오랜 기간 균질화해 온 덕분인 듯하다.

27 정치 군사

　여기서 정치 군사(023') 란 용어는 문화(023')와 대비되는 방식으로 사용이 된다. 문화(위) 란 용어는 통상 '형질 및 유전자'(023')와 대비되는 의미로 쓰이지만 정치 군사 란 용어와 대비해서 사용되기도 한다. 이전의 동 아시아에서 구 중국 문화(25)가 핵심적인 역할을 한 것은 너무나 분명하고 특히 한반도 지역이 구 중국 문화(위)의 영향권이었다는 것은 말할 필요도 없다. 그런 만큼 구 중국(24, 25, 26, 27)과 한반도 국가(024 b)의 관계도 상당히 우호적이었던 것이 사실이다. 그런데 그것은 문화적인 면뿐 만이 아니다. 7세기 이래 구 중국과 한반도(조선 반도)의 국가는 정치 군사(아래) 적인 면에서도 좋은 관계를 유지해 왔다. 다만 19세기 말 이래의 민족주의(14) 적 접근이 그 사실을 왜곡한 것이라 해야 한다.

구 중국(위)은 신 중국(7)과는 여러가지 측면에서 다르다. 그것은 신 중국이 독특한 현대화의 과정을 겪어왔기 때문이다. 북국 제국 청(1616~1911)의 지배를 받던 구 중국은 서양 열강이 잠식해오자 먼저 탈 봉건의 근대화 과정을 밟고 이어서 사회주의적 현대화를 거치게 된다. 특히 중화민국(1912~49)을 지나서 중화인민공화국(1949~)으로 들어가면 구 중국은 완전히 새로운 존재로 거듭나게 된다. 신 중국은 만주와 기타 지역까지 포함되는데 그것은 청(위)한테서 만주뿐 아니라 그들이 정복한 여러 지역을 물려받기 때문이다. 동아시아 지역은 대륙(5)이 사회주의권으로 재편이 되면서 새로 대두한 해양(4)의 자유민주권과 대치하는데 신 중국(위)이 현재 그 대륙 쪽의 중심 역할을 한다.

그 동안 중국 연구 특히 대 중국 전략과 관련한 연구에서 신 중국(위)과 구 중국(위)을 구분하지 않고 섞어서 논의하는 경우가 많았다. 또한 구 중국(위)의 경우에도 한족 국가(아래)와 북국 제국(23)이 뒤섞여서 모두 중국이라는 하나의 용어로 지칭이 되면서 논점이 흐려지는 사례도 적지 않았다. 또한 사대 문제(30)도 '반 중국'이란 나이브한 민족주의(위) 입장에서 신 중국과 구 중국을 구분 없이 논한 경우가 대부분이다. 과거 한반도 국가(위)의 구 중국(위)을 향한 사대는 사실상 현재의 남한의 미국을 향한 사대와 비슷한 면이 없지 않다. 두 경우는 서로 가치와 체제를 공유하고 동맹의 관계이기 때문이다. 반면 현재 남한의 신 중국을 향한 사대는 북한의 사대와는 달리 이해할 수 없는 부분이 많다(8).

과거의 구 중국(위)과 현재의 신 중국(위)의 한반도(조선 반도) 지역에 대한 의미가 전혀 다르다면 적어도 그 두 중국을 포함한 논의를 할 때는 두 용어를 구분해서 지칭하는 것이 마땅하다. 이른바 중국은 하나의 단일한 존재가 결코 아니다. 무엇보다 신 중국을 향한 사대(위)는 그에 걸 맞는 이유를 분명히 해야 할 것이다(8). 구 중국/ 신 중국은 동맹/ 잠재적 위협 세력 이라 할 만한 간극이 있다. 그것을 무시하고 하나의 대상으로 논의하는 것은 결코 바람직하지 않다. 더구나 사회주의권인 신 중국(위)과의 관계는 북한과 남한의 입장이 완전히 다르다고 해야 한다. 북한은 신 중국과 같은 진영이고 같은 가치를 추구하고 협력하는 관계다(물론 그 사이에도 문제가 없을 수가 없다).

한반도 3조(16)와 구 중국(위)의 동맹 관계는 대 신라와 당(618~907)의 관계에서 시작된다. 한반도 3조의 첫번째 국가인 대 신라(통일 신라 또는 후기 신라)는 이른바 3국 통일 전쟁(17) 과정에서 구 중국의 당(아래)과는 동맹 관계를 유지하고 이후 그것이 한반도 국가(위) 외교의 기본 기조가 된다. 당은 7세기의 그 동 아시아 국제 전쟁에 참가해서 만주 지역 통합 국가인 고구려(기원전후~668)를 멸망시키지만 이전의 고구려 지역에서 발해(698~926)가 등장하면서 만주 지역을 지배하려는 기도가 무산된다. 그 이후 약간의 우여곡절이 없진 않았지만 당과 신라 두 국가는 원래의 관계로 되돌아간다. 당은 확실히 그 이전에 비해 개방적인 모습을 보이는데 수/ 당의 지배층은 한화(漢化)된 북조(386~581)의 선비족 출신이다.

당이 쇠퇴한 뒤 5대(907~960)를 거쳐서 한족 왕조 송이 들어선다. 송의 경우 전반부인 북송(960~1127) 때는 발해 대신 들어선 만주 지역의 통합 국가인 거란 요(907~1125)가 북 중국의 일부(연운 16주)를 지배하고 그 후반부인 남송(1127~1279) 때는 여진 금(1115~1234)이 북 중국 전체를 지배한다. 그래서 '한반도 국가/ 북방 북국/ 구 중국'의 구도(김한규 2004; 이삼성 2009 a; 손동완 2022)가 더 명확하게 구현이 된다. 그 기간 동안 한반도 국가(위)인 고려조(935~1392)는 때에 따라 약간의 변동은 있었지만 기본적으로는 송과 동맹 관계를 유지하면서 바로 인접한 북방 북국(위)인 요와 금을 견제하는 방식의 전략을 취해 왔다. 그러한 구도는 압도적인 북국 제국 원(1206~1368)이 등장하면서 무너진다.

구 중국 중심부인 장안(섬서성)/ 개봉(하남성)을 수도로 삼았던 당/ 송 이후에는 정치적 중심지가 더 북쪽인 북경 지역으로 옮겨간다. 이전의 변방 지역인 연경(연나라의 수도)인 북경(Beijing)은 이미 북 중국을 일부 지배한 요(위)가 남경을 설치하고 그 대부분을 지배한 금(위)이 중경을 설치하고 수도를 옮기기도 한다. 이후 북국 제국(23)이라 할 수 있는 원(위)과 청(1616~1911)이 그곳을 수도로 삼으면서 본격적인 정치적 중심지가 되고 현재 신 중국(위)의 수도로 이어지고 있다. 현재의 신 중국의 표준어인 푸퉁화(위)도 10세기 이래 북경 지역에서 사용되던 일종의 혼합어(한어 2)에서 나온 것이란 분석도 주목할 만하다(26). 북경 관화도 당연히 그 언어와 관련이 있다.

두 북국 제국(위)인 원과 청 사이의 한족 왕조인 명(1368~1644)은 반원의 기치로 성립한 국가 답게 남경(Nanjing)에 수도를 정하고 역시 반원을 기도한 고려조 후기 공민왕과 그 이후의 이성계 세력과 유대를 가진다. 원이 초원으로 물러가고(북원이 된다) 난 뒤 명은 수도를 북경(위)으로 옮기고 조선조의 성립에 간여하고 책봉 관계를 맺고 이후 당 송 이래의 동맹 관계를 유지한다. 조선조 전기(1기)와 후기(2기) 사이에 일본이 조선을 침공(임진왜란)한 때도 명은 원군을 보낸 바 있다. 이후 만주 지역에서 다시 후금이 등장하고 청(위)으로 발전하는데 명과 조선은 상당 기간 협력하는 모습을 보이지만 판세가 청으로 기울면서 그 관계도 끝이 난다.

 동 아시아는 기본적으로는 '한반도 국가/ 북방 북국/ 구 중국'(위)의 구도가 지속되지만 북방 북국(위)이 구 중국(위)을 정복해서 천하 체제를 대신하는 경우에는 이른바 북국 제국(위)이 구 중국(위)의 역할을 대행한다(23). 원과 청이 그것인데 그 두 제국은 한반도 국가(위)를 구 중국 대신 책봉하고 한반도 국가와는 정치 군사적으로 동맹의 관계를 유지한다. 그 기간 동안 한반도 국가는 장기간의 평화기를 구가하는데 참으로 아이러니가 아닐 수 없다. 앞서 논의한 바처럼 북국 제국(위)이 세력이 잃고 다시 구 중국(위)의 한족 왕조가 천하 체제를 대신하면 다시 원래의 그 구도로 넘어간다. 청이 멸망한 후에는 동 아시아의 7~19세기 까지의 구도(위)가 '해양 대 대륙'의 구도로 전환(023') 된다.

28 한 4군

 한반도(조선 반도) 중남부인 3한 지역은 기원전 1000년기의 초기 농경(023') 사회를 거치고 나서 기원전후에 국 (023')이란 소 정치체의 발생을 기점으로 그 지역 특유의 사회가 발전해 나간다(44). 그 과정에서 그 주변 지역과 교류 교섭(023')을 진행한다. 3한 지역은 그 남쪽인 바다 건너 일본과도 교류한 흔적이 없지 않은데 임라(보론 6) 관련 논의는 그것을 잘 말해 준다. 그보다는 북쪽 지역과의 교류 교섭이 더 중요한데 기원전 108년에서 313년까지 존속한 북쪽의 한 4군 과의 관련이 핵심적이라고 할 수 있다. 물론 3한 지역(위)은 300년 그 이후에도 그 지역의 국가들이 그 북쪽 국가와 교류 교섭 하는데 고구려(기원전후~668)가 대표적이다.

  북계(보론 9) 지역에는 기원전에 구 중국(24, 25, 26, 27)의 세력이 들어오고 위만 조선/ 낙랑군(한 4군)을 거치면서 상당 기간 그 지역에서 영향력을 행사한다. 3한 지역(43, 44, 45)과 당시 선진적인 문화를 가진 그들 집단의 교류 교섭은 결코 소홀히 할 수 없는 문제다. 한 4군(-108~313)은 한 무제가 한반도 서북부에 설치한 정치체인데 구 중국(위) 기준으로 3국/ 서진(265~317)까지 이어진다. 3국(220~280)은 위(220~265) 촉한(221~263) 오(222~280)의 3국인데 한반도(조선 반도) 지역과 관련해서 자주 인용되는 "삼국지"는 바로 그 시대의 역사다. 그 저작의 '오환선비동이열전'(권30)의 동이 부분(부여/ 고구려/ 동 옥저/ 읍루/ 예/ 한/ 왜인)이 유명하다.

  구 중국(위)은 전설시대를 지나고 나서 서주/ 동주(춘추 전국 시대)를 거쳐서 진/ 한으로 가는 과정에서 한족(26)이 성립하고 확산한다. 한족은 북쪽으로는 연나라를 넘어서 요서/ 요동을 지나서 한반도 서북부까지 들어간다. 고려조 후기를

대표하는 역사서 라 할 수 있는 "삼국유사" "제왕운기"에서
도 한 4군 은 상당한 비중을 가진다(아래). 그것은 기원전후
한반도(조선 반도)의 역사와 한 4군 은 도저히 떼려야 뗄 수 없
는 관계이기 때문일 것이다. 19, 20세기를 지나면서 민족주
의(14)가 득세하면서 한 4군 은 무언가 부정해야 할 대상으로
몰리지만 그것은 그렇게 간단한 문제는 아니다. 유사역사학
자들은 한 4군 이 북계(보론 9) 지역에 있었다는 것까지 부인
하는 모습을 보일 정도다.

적어도 한 4군(위)은 기원전후 한반도(조선 반도) 지역에서
구 중국 문화(25)를 전파하는 통로가 된 것은 확실하다. 동 아
시아 지역에서 구 중국 문화가 그 지역에 핵심적인 역할을
한다는 것은 부인하기 힘들다. 동 아시아 세계((Nishizima 1983)
또는 동 아시아 문명권(조동일 2010)이라 할 만한 권역을 이루
는 그 지역은 한문을 공동 언어로 사용하고 유교의 사상과
정치 체계를 도입하고 구 중국과는 책봉 조공의 관계를 맺
는 외교 관계를 수립하는 등 다른 지역과 구분되는 독특한
문화를 공유한다. 19세기까지 유지된 그러한 문화는 한반도

지역의 경우는 한 4군 특히 낙랑군을 통해서 한자, 한문, 유교, 제도 등이 들어오면서 시작이 된다고 보아야 한다.

이전의 '한 4군이 나뉘어서 3한이 된다'("삼국유사" '기이제일' 72국 조, 두번째 기사/ "제왕운기" 권하, 한 4군 부분)(아래)는 시각도 3한의 초기 국가(72국 또는 78국으로 표현된다) 형성과 관련해서 한 4군이 상당한 영향을 미친다는 것을 어느 정도 말해주고 있다. 물론 거기서는 3한과 3국의 구분이 분명하지 않아서 3한 지역을 그 북쪽과 섞어서 언급하긴 하지만(3한 3국론, 023') 한 4군과 3한의 정치체를 연결시켜 본 것은 주목할 만하다. 한 4군(위)이 한반도(조선 반도)와 주변 지역의 초기 국가 형성에도 영향을 준다는 것은 남한 학계의 3한 연구가 심화되면서 다시 제기된 바 있다(이종욱 2002)(제 7장). 외국에서도 그러한 시각이 나온 바 있는데 하나는 미국에서 또 다른 하나는 일본에서 나온다.

미국 학계에서는 한 4군 특히 낙랑군이 한반도(조선 반도)와 그 주변 지역의 초기 국가 형성에 상당한 영향을 끼친다는 것을 논증한 저작이 나온다(Pai 2000)(제 5, 6장). 거기서는 주로 문화적인 측면에서 문화 접촉(cultural contract) 또는 문화 변용(acculturation) 이란 개념을 사용해서 설명한다. 또한 한국(조선) 선사시대가 '낙랑 상호 영향권'(Lelang Interaction Sphere) 이라 할 만한 범위에 들어 있고 그 영향 하에서 그 지역의 초기 국가가 형성되고 그 국가들이 이후 한반도의 정치 세력으로 이어진 만큼 한 4군 의 문화적 영향력을 소홀히 할 수 없다는 견해를 밝힌다. 한 4군 에 대한 기존의 민족주의(위) 적 해석을 넘어서는 시도 가운데 하나라고 할 수 있다(아래).

다른 하나는 일본 학계에서 나온 것인데 낙랑군과의 교섭이 동 아시아 문화권 형성의 계기가 된다(Lee 1998)(서론)는 지적이다. 그것은 동 아시아 문화권(이성시 2001)(제 3부) 이란 거시적인 개념을 기초로 해서 나온 것인데 그 이전의 일본학계의 동 아시아 세계((Nishizima 1983) 또는 이후의 동 아시아 문명권(조동일 2010)과도 맥락을 같이 한다. 한 4군 특히 낙랑군과의 교섭이 초기 국가를 넘어서서 7세기의 한반도와 일본 열도뿐 아니라 북방 북국(20)인 발해의 문명화(일본 학계는 그 이전을 대체로 '미개 사회'로 규정한다)를 가져오고 율령 국가를 성립시켜서 고대 국가(일본은 그 성립 시기를 상대적으로 늦게 설정한다)와 각 지역 민족 형성에도 영향을 미친다는 입론이다.

그런데 미국과 일본에서 나온 한 4군 특히 낙랑군을 중시하는 입장은 의외로 근대와 민족주의(위) 란 논의와도 무관하지 않다. 배형일은 그 저작(Pai 2000)의 제목과 부제가 잘 말해주듯이 한국(조선) 민족의 기원을 '구성하는'(constructing) 근대의 서사 란 큰 틀 안에서 고대를 여러 가지 분야 즉 고고학, 역사학, 민족 신화를 중심으로 다루고 있다. 낙랑에 관한 논의(박사 논문)가 근대의 서사 란 기본 흐름과 정확히 들어맞지 않을지도 모르지만 고대사와 민족 신화가 근대의 해석이 가미된 것일 수밖에 없다는 점은 충분히 전달이 되고 있다. 그는 이후 근대와 민족주의 연구에 매진하는데 그 저작은 그 서막에 해당한다고 할 수도 있을 듯하다.

한편 이성시는 한국에서 시차를 두고 출간한 두 저서(아래)에서 동 아시아의 고대사가 현대에 해석된 역사 란 것을 지적하고 있다. 100년 남짓 된 것인 각국의 고대사는 현대의 각국의 민족(민족 2)(023') 또는 국가의 관점에서 '만들어진' 것이란 주장이다(이성시 2001). 특히 현대의 동 아시아에서 고대사가 투쟁의 장이 된다(이성시 2019)는 그의 시각은 한국과 일본은 물론이고 한국과 중국 사이에 그 동안 진행된 이른바 역사 전쟁이 그것을 잘 대변해 준다. 그 뿐만이 아니다. 한반도(조선 반도)의 두 국가인 남한과 북한 특히 북한도 남한에 대한 우위를 주장하기 위해서 양계(31) 지역을 중심으로 한 역사를 구성하고 있다. 이른바 북국 계보론(023')의 고구려와 발해(32)가 대표적인 예다.

앞서 나온 고려조 후기의 "삼국유사" "제왕운기"는 좀더 부연 설명할 필요가 있을 듯하다. 먼저 일연과 그 제자들은 '한 4군이 나뉘어서 3한이 된다'는 입장을 피력하고 법령점번(法令漸煩)이란 아주 유교적인 이유를 대고 있다. 이른바 72국 조("삼국유사" '기이제일')에서 "후한서" 인용(72국 조는 "통전" 인용과 "후한서" 인용 두 기사로 되어 있다)으로 그러한 견해를 밝힌다(45). 참고로 "삼국유사" '기이제일'은 기원전후 한반도(조선 반도)와 그 주변 지역의 여러 정치체를 나열하고 있는데 위만 조선(위) 다음에 마한/ 2부/ 72국(3한)의 순으로 나와 있다. 목차의 2부(위)는 바로 한 4군 을 말하는데 3한의 72국으로 나뉜다 주장이다. 한 4군 은 그 존속 기간 동안에 평주 도독부(평나/ 현도)와 동부 도위(임둔/ 낙랑)로 나뉘어지고 여러 차례 개편이 된다.

한편 이승휴는 일연의 법령점번(위) 대신 풍속점리(風俗漸漓)를 '한 4군이 3한으로 나뉘는' 원인으로 지목한다. 그 입론은 "제왕운기"(권하) 한 4군 부분에서 나오는데 '동국군왕개국연대'("제왕운기" 권하 의 별칭이다)는 먼저 3조선(위)을 나열하고 그 다음에 한 4군 을 배치한다. 그 뒤에 신라(신라시조 혁거세)를 놓고 다시 그 뒤에 고구려(고구려기)/ 후 고구려(후고려기) 그리고 백제(백제기)/ 후 백제를 놓는다. 그는 한 4군 부분에서 3한(023')에 대해서 논하는데 물론 3한과 3국을 뒤섞어서 언급하는 이른바 3한 3국론(023')의 입장이긴 하지만(위) 일연과 그 제자들과 마찬가지로 '한 4군이 나뉘어서 3한이 된다'는 입장은 동일하다.

이상의 일연/ 이승휴의 '법령이 점차 번거러워져서'/ '풍속이 점차 박해져서'는 모두 유교적인 이상적인 상태가 와해되는 것을 '법가적인 방식이 유행한다'/ '도덕이 붕괴된다' 등의 이유 때문이라 제시한 것이다. 말하자면 둘 다 기본적으로 그러한 과정 자체가 그다지 바람직하지 않다고 보고 있는 셈이다. 특히 이승휴("제왕운기" 권하)는 그것이 한 황제(漢皇)의 원대한 뜻(遠意)이 손상된 것으로 보아 상당히 사대(023') 적인 면을 보인다. 여하튼 '한 4군이 나뉘어서 3한이 된다'는 것은 그 자체가 정확한 사실은 아니지만 이른바 3조선(024 a)에서 3한(위)으로 가는 과정에서 그 중간에 한 4군 이라는 매개체를 설정한다는 것은 분명하다.

 이상에서 논의한 바처럼 이전의 고려조 후기의 "삼국유사" "제왕운기"는 물론이고 현대의 미국과 일본에서 나온 연구(위)도 기원전후의 한반도 지역에서 한 4군 의 영향력이 상당하다 는 것을 잘 말해주고 있다. 또한 2000년 이후 남한 학계에서 축적된 연구 성과도 3한 사회와 그 북쪽의 한 4군 과의 교류 교섭(023')이 중요한 부분이란 것을 거듭 밝히고 있다. 그렇다고 할 때 단지 북계 지역의 한 4군 이 구 중국(위) 영향 하의 정치체 란 이유 만으로 그것을 역사에서 삭제하려고 드는 유사역사학자들의 태도는 문제가 많다고 해야 한다. 북방 북국(위) 못지 않게 구 중국(위)도 한반도 국가(024 b)의 존재 양상에 중요한 부분을 점하고 있는데(20~27) 기원전후의 한 4군(위)도 그 한 부분이라고 해야 한다.

29 소 중화 문제

 한반도 3조(16) 시기 가운데 고려조 후기(고려 2기)와 조선조 후기(조선 2기)는 북국 제국(23)인 원과 청의 영향 하에서 한반도 국가(024 b)가 영위된 시기라 할 수 있다. 그 시기에는 북국 제국의 책봉(023') 하에서 한반도 국가는 상대적인 독립, 자율, 자치를 유지한다. 다만 그 두 제국은 비록 천하 체제(023')를 이어받은 국가인 것은 분명하지만 구 중국(24, 25, 26, 27)의 국가들과는 문화적으로 상당한 차이가 있다. 그 시기 동안 고려 조선 양조는 원과 청 두 제국에 대한 사대(023')를 기본으로 하고 있긴 하지만 자주(023')적인 움직임도 포착된다. 고려조 후기의 단군(40) 담론이 자주의 경향의 하나란 것은 더 이상 말할 것도 없다. 그런데 조선조 후기의 소 중화론(아래)도 그러한 맥락일 수 있다.

 소 중화 담론은 주로 조선조 후기(조선 2기)를 배경으로 하고 있긴 하지만 그 용어는 이미 고려조 후기에도 나온다. 바로 그 시기를 대표하는 저작 가운데 하나인 "제왕운기"(1287)가 그것이다. 그 저작의 권하(동국군왕 개국연대) 병서(並序) 바로 다음인 도입부에서 '소 중화' 란 용어를 언급하고 있다. 그 책은 기본적으로 원 제국 중심의 시대적 변화를 인정하고 있지만(권상, '정통상전송') 사대(위) 적인 흐름 외에 자주(위) 적인 흐름을 보여준다. 그것은 현대의 북한이 대륙의 사회주의권에 편입되면서 사회주의(당연히 사대적인 입장이다)를 표방하지만 그것과 대비되는 여러 가지 이론(주체 사상과 본토설이 대표적이다)을 통해 자주(위) 적 입장을 보이는 것과 흡사하다 하겠다.

 명(1368~1644)은 북국 제국(23) 원(1206~1368) 말기 반원의 기치를 걸고 한족 왕조를 세운다. 또한 조선조와 책봉 조공 관계를 맺고 그 이전의 당(618~907)과 송(960~1279)에 이어서 한반도 국가(동국)와 동맹 관계를 유지한다. 물론 그 한족 왕조는 전제적인 황제권이 강화되고 책봉 문제 등과 관련해서 조선조와 부분적인 마찰은 없지 않았지만 전체적으로는 같은 가치와 제도를 공유하고 정치 군사(27) 적으로 협력하는 사이였음은 분명하다. 마침 만주에 통합 국가(북방 북국)가 부재한 상황에서 양국은 공조해서 여진 세력을 효율적으로 통제한다. 명은 임진왜란(1592~8) 당시 한반도 국가를 구하기 위해서 원군을 보낸 바 있다. 명은 북국 제국(위) 청(1616~1911)으로 교체된다.

고려조도 물론 유교(유교 란 용어는 세밀하게 정의해서 사용할 필요가 있다, 김영민 각종 언론) 특히 유교적인 제도와 체제(과거 제도, 관료 제도, 기자 사당 등이 대표적이다)가 국가를 운용하는 중요한 부분이긴 하지만 조선조만큼은 아니다. 특히 조선조 후기는 그 이전인 중종(1506~1544 재위) 대에 사림 운동을 통한 유교화 더 정확히 말해서 성리학 화가 거의 자리를 잡은 상황이다(계승범 2014). 그 때문에 조선조 후기 사회가 청(위)의 지배를 받아들이는 것은 고려조 후기 사회가 원의 지배를 받아들이는 것보다 상대적으로 더 힘든 상황이었다고 할 만하다. 조선조 후기는 고려조 후기와는 사회 문화적인 분위기가 완전히 다르다고 해야 한다.

그러한 조선조 후기의 시대적 배경 하에서 나온 소 중화 담론에는 중종 이후 인조의 항복(1637)과 효종(1649~1659 재위)의 북벌 시도와 그 이후의 여러 사건들이 복합적으로 작용한다. 그 논의는 현실적으로는 청(위) 책봉 하의 동 아시아 질서 속에서 살고 있으면서도 관념적으로는 이미 멸망한 명(위)을 추종하면서 당시의 조선조가 중화 제국을 대신한 소 중화 라는 인식을 가진다는 현상과 관련이 있다. 조선 후기의 소 중화 담론에 대해서는 남한 학계에서 상당 부분 논의가 진행되어 왔고 주로 사대주의(023')와 관련된 것인데 좀더 넓은 시각에서 당시의 소 중화 담론이 갖는 의미를 평가해 볼 필요가 있을 듯하다.

인조, 효종, 현종 다음인 숙종(1674~1720 재위) 때는 서울 종로 창덕궁(비원)에 대보단(大報壇)을 세우는데(1703) 소 중화 담론의 시대적 분위기를 잘 말해 준다. 대보단은 임진왜란 당시 원병을 보낸 명 신종(1573~1620 재위)을 기리는 제단이다. 신종은 우리에게 만력제로 알려진 인물인데 만력은 연호다. 명은 전기의 홍무제(태조)와 영락제(성조) / 후기의 가정제(세종) 만력제(신종) 숭정제(사종)가 비교적 잘 알려져 있다. 특히 마지막 황제의 연호인 숭정이 유명하다(송시열의 '대명천지 숭정일월'의 그 숭정이다). 대보단은 그에 관한 연구서의 제목인 "정지된 시간"(계승범 2011)이란 표현이 상징하듯이 소 중화 담론으로 기운 조선조 후기의 시대 상을 잘 보여준다.

대보단 이전에 이미 경기 가평의 조종암(朝宗巖)에 글자가 새겨지고(1684) 충북 괴산(화양리)에 만동묘가 세워진다(1703). 가평의 조종암에는 선조의 친필인 '만절필동 재조번방'(萬折必東 再造蕃邦)이란 글자가 새겨진다. 그것은 선조가 임진왜란 때 명이 원군을 보낸 것에 감사하는 내용인데 병자호란 이후 시대에 와서 이미 사라진 명과의 관련을 강조하면서 당시 청에 대한 불복을 암시하는 것이기도 하다. 괴산의 만동

묘는 송시열의 제자들이 세운 사당(신종과 사종이 모셔져 있다)인데 조종암(위)의 만절필동(아래)에서 그 이름이 나온 것이다(그 구절은 화양리 바위에도 새겨진다). 마지막 황제 숭정제(사종)의 친필인 사무사(思無邪)/ 비례물동(非禮勿動)은 조종암(위)/ 화양리에 각각 새겨져 있다.

위의 '만절필동' 이란 용어는 대한민국(남한)의 주중 대사(노영민)가 신 중국(7)의 시(習) 주석을 만날 때 사용해서 다시 한번 소환이 된 적이 있다. '황하가 만 번을 구비 돌아도 결국 동쪽을 향한다'는 그 용어는 그 다음의 '재조번방'(번국인 조선을 다시 만들어주다) 이란 말과 함께 임진왜란 당시의 원군에 감사한다는 분명한 맥락이 있는 용어이기 때문이다. 구 중국(위)과 가치와 체제를 같이 하고 동맹의 관계에 있던 조선조의 왕(선조)이 그것도 임진왜란 때의 위기 상황을 극복하는데 결정적인 역할을 한 구 중국(명)에 대한 감사의 말은 충분히 그럴 만한 이유가 있다. 그런데 대한민국 주중 대사가 북한에 원군을 보내서 남한을 침략한 신 중국의 주석에게 무슨 감사를 해야 하는지 알 수 없다.

조선조의 소 중화 담론(위)에 대해서는 일정 부분 논의가 이루어진 바 있다. 우선 중화주의 란 것이 분명히 구 중국(위)의 역사와 영토와 국가와 민족 집단과 관련이 있는 것이 분명한데 그것이 과연 국가와 민족 집단과 무관한 것일 수 있는가 란 논의가 있었다. 이른바 조선 중화주의의 초 국적/ 초 종족 성(김영민 2021)(제 11장)에 대한 논의는 중화주의가 강한 국적/ 종족 성을 동반하지 않는다(우경섭 2013)고 할 수도 있지만 그렇다고 해도 조선 중화주의가 의문 없이 성립하는 것은 아니란 것이 대체적인 시각일 것이다. 또한 이미 사라진 국가(명)에 대한 사대는 사대가 아니라는 변호(우경섭, 각종 언론)는 그다지 적절하진 않은 듯하다(아래).

조선조를 소 중화로 인식하는 이른바 조선 중화주의(정옥자 1998; 우경섭 2013)는 당연히 사대주의라 할 만한 요건을 갖추고 있다. 무엇보다 그것이 조선조 전기처럼 명이 존재하고 이전부터 내려오던 동 아시아 지역의 천하 체제(위) 하에서 책봉과 조공의 형식으로 이루어지는 전략적 사대와는 완전히 성격이 다르기 때문이다. 조선조 후기 특히 1627년 이후는 조선조가 청(후금이 1636년 국호를 바꾼다)의 영향권 아래 편입이 된 상태이고 더구나 1644년에는 명이 사라진다. 현재의 청(위)이 아니라 이미 멸망한 명에 대한 사대는 더 이상 전략적 사대일 수가 없다. 그것은 사대 그 이상의 것이고 더 정확히 말해서 이상화된 사대인 사대주의(위) 라고 할 만하다.

조선 중화주의(위)는 정치 군사(27) 적인 것이 아니라 문화적인 측면의 논의 라고 할 수도 있다. 그것은 동 아시아 세계(Nishizima 1983) 또는 동 아시아 문명권(조동일 2010)의 중세적인 보편을 의미하는 것일 수 있기 때문이다. 공동 언어(한문)와 보편 종교(유교)와 책봉을 근간으로 한다는 동 아시아 문명권(물론 그 정의는 전 지구적인 분류을 전제로 하고 있다)의 그 체제는 문화 및 가치와 관련이 있고 이른바 어떤 시대 어떤 지역의 이른바 보편성과도 관계가 있다(제 3부). 그렇다 하더라도 조선 중화주의의 이른바 문화적 보편적 측면이 이념적인 논의라는 것은 말할 것도 없다. 그 중화주의는 사대주의로 흐르고 원래의 정치적 전략적 사대(위)와는 상당한 거리가 있다.

소 중화 담론은 위에서 논의한 바처럼 기본적으로 사대주의(위) 적인 면에 있는 것은 분명하다. 그렇다고 하더라도 당시 명(위)이 사라진 상황에서 당시의 천하 체제를 구현하던 이민족 왕조인 북국 제국 청에 대한 하나의 대응 방식이란 면에서는 사대(위) 아닌 자주(위)의 방식일 수 있다. 고려조 후기(2기)의 "제왕운기"에서 이미 언급되고 조선조 후기(2기)에 여러 가지 측면에서 실행이 되는 소 중화 담론은 기본적으로는 사대주의 적인 것이지만 시대적인 맥락에서는 자주를 도모하는 한 방식이기도 하다는 것은 부인할 수 없는 사실이다. 그야말로 '소 중화의 역설'이라 할 만하다. 사대와 자주의 경계는 그다지 분명하지 않다.

고려조 후기/ 조선조 후기에 구 중국(위)이 무국(stateless)적 상황으로 간다는 것은 결과적으로 북방 북국(20)의 북국 제국(위)이 천하 체제(위)를 대신한다는 것을 의미한다. 북국 제국은 물론 한족 왕조와는 다른 면이 많지만 정치적으로는 그 대행 역할을 하고 역사서에도 올라간다(요사, 금사, 원사가 24사에 들어가고 청사고가 25사에 들어가기도 한다). 소 중화 담론이 사대적(계승범 2011)인 것인가 자주적(우경섭 2013)인 것인가에 대해서는 입장이 엇갈릴 수밖에 없겠지만 그것이 자주적인 것이라 해도 어느 정도 한계는 있다. 조선 중화주의가 아무리 초 국적/ 초 종족(위) 적이라 하더라도 한반도 3조(16) 특히 조선조가 오랜 기간 추종해 온 구 중국 문화(25)와 그 가치인 것은 분명하기 때문이다.

30 사대 문제

 우리 인류는 인류학에서 말하는 이른바 '무리 사회 〉 부족 사회 〉 치프덤(군장 사회)'의 단계를 거쳐서 국가 단계로 간다. 국가 단계의 집단이 대세를 이룬 이후에는 어떤 한 권역 안에서 국가 간에 차이가 나는 것도 사실이다. 한반도(조선 반도)가 속한 동 아시아의 경우도 마찬가지다. 현재 동 아시아는 '해양 대 대륙'(아래)의 구도가 선명하다. 그 가운데 대륙의 사회주의권은 신 중국(7)이 압도적인 우위를 보이고 해양의 자유민주권은 미국이 그 중심을 이룬다. 19세기 이전에는 오랜 역사를 가지고 문화적으로도 앞선 구 중국(24, 25, 26, 27)이 역내에서 우위를 유지하지만 정치 군사적으로 상당한 세력을 가진 북방의 유목 제국(흉노/ 돌궐 이 대표적이다) 또는 북국 제국(23)도 수시로 득세한다.

어떤 한 시기의 어떤 권역 안의 정치 군사(023') 적인 패권이란 문제에 대해서는 서구 학계에서 여러가지 이론이 나오기도 했고 국내의 정치 평론가들도 수시로 그런 이론을 언급한다. 지금도 그렇지만 이전에도 한반도(조선 반도)는 이른바 지정학적인 요인으로 해서 그러한 패권과 대립의 역사 속에서 지내온 것이 사실이다. 7~19세기까지는 '한반도 국가/ 북방 북국/ 구 중국'의 구도(김한규 2004; 이삼성 2009 a; 손동완 2022) 하에서 구 중국(위)과 북방 북국(20) 사이의 패권 경쟁이 반복적으로 진행된 역사가 있다. 현재도 한반도 지역은 신 중국(위)과 미국의 패권 경쟁이 첨예하게 대립한다. 어떻게 말하면 한반도 지역에서 지정학, 패권 등의 용어를 언급하는 것 그 자체가 진부한 것일 수도 있다.

현재 남한 연구자들 또는 정치인들의 대 중국 언급을 보면 부분적인 팩트 상의 오류는 그만두고 라도 구 중국(위)과 신 중국(위)을 뒤섞어서 심각한 착란을 보이는 일이 비일비재하다. 한 정치 사상 연구자가 말한 바처럼 중국은 하나가 아니다. 그 연구자처럼 오랜 기간에 걸친 구 중국의 다양한 변화(김영민 2021)에 대해서까지는 아니더라도 적어도 구 중국(위)과 신 중국(위) 정도는 구분해서 논의를 해야 할 듯하다. 더구나 그들의 논의가 대 중국 전략에 관한 것이라면 더 더욱 세밀한 분석과 발언이 요구된다고 할 수 있다. 사대 문제도 그 가운데 하나인데 구 중국을 향한 사대(아래)와 신 중국을 향한 사대(아래)는 맥락이 완전히 다르다고 해야 한다.

한반도 3조(16)는 대체로 구 중국(위)과는 좋은 관계를 유지해 왔다. 한반도 국가의 구 중국을 향한 정치적 사대 또는 전략적 사대는 그만한 충분한 이유가 있다(27). 북방 북국(위)과 줄곧 대치해 온 한반도 3조를 일관한 정치 군사적 상황에서 구 중국과 연대하는 전략적 사대는 현실적인 것이었다 할 수 있다. 더구나 문화적인 측면에서 구 중국 문화(25)는 한반도(조선 반도)에서 하나의 보편(아래) 적인 그 무엇이라 할 정도의 것이라 해도 과언이 아니다. 정치 군사(27)는 물론이고 문화(위)적인 측면까지 더해진 구 중국을 향한 한반도 국가의 사대 정책은 상당한 이유가 있는 것임에 틀림없다. 그렇다고 한다면 이전의 구 중국을 향한 사대(위)까지 무조건 사대주의(아래)라고 비난하는 것은 재고의 여지가 있다.

이전의 구 중국을 향한 사대 및 친중(친중 1)은 현재의 신 중국을 향한 사대 및 친중(친중 2)에 비해서 훨씬 더 설명이 용이하다. 그 친중(친중 1)은 앞서 언급한 바와 같이 구 중국과 문화(위)적인 측면에서 공유하는 점이 많을 뿐만이 아니라 정치 군사(위)적 측면에서 동맹에 가까운 관계였기 때문이다. 다시 말해서 한반도 국가(024 b)와 구 중국(위)은 기본적으로 같은 이해를 추구한 것이고 그것이 전략적 사대(위)를 넘어서 사대주의(023')로 흐른다고 해도 그럴 만한 이유가 있다. 반면 신 중국을 향한 사대와 친중(친중 2)은 이전의 친중(위)과는 양태가 매우 다르다고 할 수밖에 없다. 더구나 그것이 현재 남한 친중파(8)가 보여주는 사대주의로 흐른다면 더더욱 그렇다.

적어도 구 중국(위)은 이전의 한반도 국가(위)와 가치와 제도를 공유하고 문화적인 동질성을 확보한 것뿐 아니라 정치 군사적으로도 동맹에 가까운 관계였다 는 것이 팩트다. 그런데 비해서 현재의 신 중국(위)은 자유민주권인 남한과는 가치와 제도가 완전히 다르다. 사회주의적 현대화를 겪은 신 중국은 북한(조선민주주의인민공화국)은 몰라도 남한(대한민국)과는 문화적으로 상당히 다른 것은 말할 것도 없다. 더구나 신 중국(위)은 남한과 정치 군사적으로 대립하고 있는데 현재 남한은 해양(4)의 미국, 일본과 동맹 또는 그에 준하는 관계를 유지하고 있다. 그렇다고 할 때 과거 한반도 국가(위)의 구 중국을 향한 사대(위)와는 달리 현재 남한 친중파(위)의 신 중국을 향한 사대(위)는 상당히 이해하기 힘들다.

무엇보다 이전의 구 중국을 향한 사대 및 친중(친중 1)과 현재 신 중국을 향한 사대 및 친중(친중 2)이 같은 선상에서 다루어지는 것은 결코 바람직하지 않다. 왜냐하면 위에서 여러 차례 반복해서 설명한 바와 같이 구 중국에 대한 한반도 3조(대 신라/ 고려조/ 조선조)의 친중(친중 1)과 현재 신 중국에 대한 남한의 민주화파(민주화 세력)(023')와 그에 동조하는 학계, 언론계, 경제계의 친중(친중 2)은 같은 차원에서 거론되는 것이 전혀 적절하지 않기 때문이다(8). 현재 남한 민주화파의 신 중국을 향한 사대는 그다지 맥락이 없는 사대주의(사대주의는 현실적인 사대 정책 그 이상의 것을 의미한다)라 할 수밖에 없을 듯하다(아래).

무엇보다 한반도 3조(위)의 구 중국을 향한 사대 정책을 근대의 민족주의(14) 적 입장에서 통렬하게 매도하는 것은 재고해야 한다. 구 중국을 향한 사대 및 친중(친중 1)을 현재의 입장에서, 더 정확히 말해서, 1885년 이후의 입장에서 재단해서는 안 될 듯하다. 말하자면 한반도 3조의 구 중국을 향한 사대 정책은 현재 남한의 미국을 향한/ 또는 북한의 구 소련과 신 중국을 향한 사대 정책과 흡사한 면이 있다(아래). 기존의 이른바 민족주의적 성향을 보이는 여러 세력들은 구 중국(위)과 관련해서 감정적인 측면만 강조하는 경향이 뚜렷했다고 할 수 있다. 그렇지만 그것은 역사를 무시한 단편적인 입장이라고 해야 한다. 물론 민족주의(위)는 일본과 관련해서도 심각한 양상을 보인다(반일 민족주의 가 그것이다).

 동 아시아 지역에서 7~19세기와 그 이후인 20, 21세기는 그 사이에 정치 군사적인 전환(6)이 이루어지는 만큼 변화가 있는 것은 너무나 당연한 일일 것이다. 해양 세력의 등장으로 그 지역이 '해양 대 대륙'(위)의 구도로 변하고 대륙의 사회주의권과 해양의 자유민주권이 대립한다. 더구나 그 변화는 단순하지 않다. 왜냐하면 그 지역의 19, 20세기는 매우 복합적인 면을 가지고 있기 때문이다. 그것은 1912년 중화민국이 들어서면서 구 중국에서 지속되어 온 왕조 체제의 몰락이자 구 중국의 마지막 구간을 장식한 북국 제국(23)의 몰락이자 오랜 기간 유지되어 온 봉건적 사유의 몰락이기도 하다. 그런만큼 한반도 지역 사람들이 받는 충격도 당연하다 하겠다.

 동 아시아 지역의 그러한 변화가 서세, 외세의 잠식으로 이루어진다는 것은 더 심각한 상태를 유발한다. 사회주의가 본격적으로 들어가기 전에도 그 지역의 근대 지식인들은 반

봉건의 기치를 높이 내 건다. 그 덕분에 한반도(조선 반도)의 지식인들(특히 개화파)도 구 중국(위)에 대해서 아주 부정적인 인식을 갖게 되고 그것이 구 중국(위)과 관련한 7~19세기까지의 역사를 객관적으로 보는 것까지 방해한 듯하다. 그러한 여러 요인으로 인해서 민족주의(14) 적인 접근이 구 중국에 대한 인식에 영향을 미쳐서 한반도 국가(위)의 현실적인 정치적 사대/ 전략적 사대 란 면까지 폄하 당해 온 것이 사실이다. 한말과 식민지기를 관통하는 민족주의(위)의 흐름은 그 부정적인 변도 만만치 않다고 해야 한다.

19, 20세기의 전환(위)에도 불구하고 구 중국을 향한 사대 및 친중(친중 1)의 흐름이 여전히 존재한 것은 분명하다. 한말의 위정척사파(함재봉 2017)도 그 가운데 하나인데 그것은 오랜 기간에 걸친 문화적 환경 이란 관성이 작용한 것일 수도 있다. 여하튼 한말 이래의 구 중국을 향한 사대 및 친중(친중 1)은 시대에 뒤떨어진 것이 분명하다. 점차 그 세력이 약화되어 왔고 결국은 소멸이 될 것이다. 현재 어느 정도 세력이 남아 있는 유림과 유림에 기대던 동양 철학 연구자 일부가

그 잔존 세력이라 할 수 있다(현재는 동양 철학 연구자들이 상당한 자생력을 보인다). 유림과 유림의 대표 격인 유명 가계의 종손들도 이제는 명절 때 차례 상과 관련해서 단골로 소환되는 존재 정도로 위상이 변하고 있다.

여기서 신 중국을 향한 사대(위)를 좀 더 논의한다면 남한 친중파(위)와는 달리 북한의 정치적 사대/ 전략적 사대는 수긍할 만한 점이 없지 않다. 북한은 신 중국과 사회주의 라는 같은 이념과 가치를 공유하고 정치 군사적으로 동맹 관계이기 때문이다. 현재 북한은 신 중국(위)처럼 사회주의적 현대화를 겪어 온 집단이고 대륙의 사회주의권 특히 신 중국과 동맹 관계인 것은 우리가 잘 아는 바와 같다. 그러한 북한이 사회주의 또는 사회주의를 선도한 국가인 구 소련(현재 러시아 연방)과 신 중국에 대해서 전략적 사대의 경향을 보이는 것은 어떻게 보면 당연하다 할 수 있다. 그것은 남한이 자유 민주적 가치를 도입하고 기독교와 세계적인 수준의 대중 문화를 전파한 미국에 대해 사대의 경향을 보여 온 것과 비슷한 차원의 것일 수 있다.

물론 북한은 그것을 중화시킬 목적으로 자주적인 그 무엇을 제시하기도 한다(아래). 1960년대에 등장하는 주체 사상이 대표적이다. 그리고 외교적으로도 가끔씩 신 중국(위)을 견제하는 정책을 쓰기도 하지만 북한의 기본적인 외교 정책은 신 중국과의 연대 라는 것을 말할 필요도 없다. 고려조 후기(2기)의 원 제국 지배 하에서도 사대(023')와 자주(023') 두 가지를 보여주는 흐름이 포착된다(29). 저자의 저작에서 자주 인용되는 "삼국유사" "제왕운기"에서 제시하는 단군(40) 담론이 대표적이다. 여하튼 신 중국(위)을 향한 북한의 사대 및 친중은 그것이 사대주의로 흐른다고 해도 상당한 이유가 있는 현실적인 정책 이란 것은 너무나 분명하다 하겠다.

part 4 역사 만들기

괄호 안의 1, 2, 3, 4……50 은 각각 본문 1, 2, 3, 4……50, 그리고 괄호 안의 023′, 024 a, 024 b 는 각각 손동완 2023(부록), 손동완 2024 a, 손동완 2024 b 의 약호임(456쪽 참조).

31 양계

 현재의 한반도(조선 반도)는 지리적 의미의 반도보다 훨씬 더 위로 형성되어 있다. 지리적 의미의 반도는 북한의 서한만과 동한만을 잇는 선이다. 서한만은 그 끝(바다 쪽에서 볼 때의 끝이다)이 청천강 하류 지점이고 동한만은 그 끝(역시 바다 쪽에서 볼 때다)이 영흥만이다. 단순히 지형이란 면에서 볼 때는 그 선이 지리적 의미의 반도의 끝에 해당한다. 흔히들 말하는 평양- 원산 선(아래)은 그보다 약간 아래이고 고려조의 천리장성(023˚)은 그보다 더 위에 위치하고 있다. 말하자면 한 때는 평양- 원산 선까지가 한반도(위)의 영역이었고 또 한 때는 천리장성(압록강 하류에서 청천강 상류를 거쳐서 화주 영흥

위를 지나간다)이 그 영역이었고 현재는 그보다 훨씬 더 위로 형성되어 있다.

결국 한반도(the Korean Peninsula) 란 것은 지리(위) 뿐 아니라 역사 문화적인 의미를 가진 것이라고 해야 한다. 다시 말해서 바다 건너 일본(023')은 말할 것도 없고 바로 위로 인접한 북방 북국(20) 또는 다른 바다 건너의 구 중국(24, 25, 26, 27)과도 구분되는 역사적 문화적 존재라고 해야 한다. 한반도(조선 반도)의 민족 집단(15)인 한국(조선) 민족이 이른 시기에 이미 다른 지역에서 성립되고 그것이 한반도 지역으로 들어간다는 방식의 이론은 문제가 많다. 전 후 3한설(신채호 1929) 이든 유사 몽골계 설(023')(김정학 1990 의 이론을 M/ M'로 개념화 한 것이다, 023')이든 마찬가지다. 마한 정통론(3한 정통론)도 일종의 이동설이라 할 수도 있다("삼국유사" '기이제일' 마한 조).

이른바 3국 통일 전쟁(17) 이후 대 신라(통일 신라)의 영토는 그 북단이 대동강 남안까지 미친다. 다시 말해서 평양과 그 이북은 오랜 기간 발해(698~926)의 영토였고 후 3국기(900~935)

이전에는 당연히 발해의 지배를 받는다. 대 신라(통일 신라)는 발해와 비교적 평화로운 관계를 유지하지만 그렇다고 해서 두 국가가 대치하지 않은 것은 아니다. 당시에는 구 중국의 당(618~907)을 중심으로 해서 한반도 국가(위)인 대 신라와 북방 북국(위)인 발해가 서로 경쟁하면서 우위를 다툰다(쟁장 사건, 32). 평양- 원산 선(위)은 상당 기간 발해와 대 신라의 경계였다(그 선은 현재 북한 붕괴 시 신 중국 즉 중화인민공화국이 가정하는 여러가지 분할선 가운데 하나이기도 하다).

고려조에 들어와서 대 신라와 발해의 국경인 평양- 원산 선(위)의 북쪽은 양계 지역으로 편제된다. 고려조는 개경에 수도를 정하고 나서 그 북쪽 지역을 서해도(황해도)로 만들고 다시 그 이북을 북계(보론 9)로 구분한다. 고려조는 평양(서경) 안주(안북도호부)를 넘어서 청천강 하류에 도달하고 다시 강동 6주를 차지해서 압록강 하류까지 진출해서 천리장성(위)을 쌓는다. 한편 대 신라의 명주(동해안 지역이다)와 그 북쪽의 영흥(화주)은 동계(보론 10)로 구분하는데 영흥 지역 위로 천리장성이 지나간다. 동계 가운데 영흥 지역이 더 핵심적인 부분인데 이후 현재의 함경도를 확보하는 전진 기지가 된다. 북계/ 동계는 이후 서북면/ 동북면 이라 불리고 조선조의 평안도/ 함경도로 이어진다.

현재 북한(조선민주주의인민공화국) 영토의 중핵을 이루는 양계 지역(평안도와 함경도)은 오랜 기간 북방 북국(위)의 영역에 속해 있었다. 그러다가 고려 조선 양조를 거치면서 한반도 국가(024 b)로 편입(023')이 된다. 그 과정은 물론 간단하지 않은데 북계(위)와 동계(위)의 변천 과정이 그것을 잘 말해준다(보론 9, 10). 고려조 기준으로 개경과 서해도(황해도) 바로 위의 북계(서북면)는 말할 것도 없고 교주도(강원도 영서) 너머의 동계(동북면) 가운데 영흥(화주) 이북 지역도 우여곡절 끝에 한반도 국가로 편입(위)해서 결국 압록강과 두만강을 경계로 하는 한반도 국가(위)가 완성이 된다. 양계 지역이 한반도 국가로 통합되는 것은 그 자체가 하나의 장정(長征) 이라 할 만하다.

양계 지역이 한반도 국가(위)로 편입(위)되고 한반도(조선 반도)의 영역으로 들어가면서 그 지역의 민족 집단은 시간이 지나면서 한반도 국가 민족 집단의 정체성을 갖게 된다. 그 가운데 비중이 가장 큰 것은 동계 지역의 여진계(023')라 할 수 있다. 고려조와 조선조를 통해서 점차로 한반도 국가로 편입이 되는 그 지역의 여진계는 화척, 백정 등의 직업을 가지고 한반도 민족 집단의 일원으로 자리잡게 된다. 현재 한반도(조선 반도)의 민족 집단은 Y 염색체 상의 C3 유전자(023') 가 10%를 조금 넘는데 주로 그 집단과 관련이 있을 듯하다. 여진(만주족)은 알타이언어 사용 집단(대체로 C3 유전자를 가지고 있다) 가운데 퉁구스계(T) 남부 방언 사용 집단이다. 유전자 문제는 다른 장에서 더 자세히 다룬다(50).

현재 양계 지역을 주 영토로 하고 있는 북한(조선민주주의인민공화국)은 상당 기간 남한과의 체제 경쟁에 치중해왔다. 역사(아래)와 민족 기원(023')에 대한 것도 그 일부인데 북한은 양계 지역을 부각시켜서 남한에 대한 우위를 확보하는데 주력한다. 한반도 3조(16)의 외곽 지역에 불과하던 양계 지역이 북한의 정체성을 확보하는데 결정적인 역할을 하는 셈이다. 북한은 양계의 영역을 포함한 국가인 고구려와 발해(32)

가 조선(한국) 민족의 중핵을 이룬다는 이론을 내놓는다. 또한 시기적으로 까마득하게 올라가서 본토설(33)까지 주장하는데 양계 지역 그 가운데서도 핵심 지역인 평양과 그 주변 지역에서 조선(한국) 민족이 기원한다는 이론이다.

북한의 조선사(34)는 바로 그러한 체계를 적용한 역사인데 남한의 한국사(41)는 물론이고 이전의 조선조의 이른바 동사(36)와도 완전히 다르다. 한반도 국가(위)는 고려 조선 양조(위)를 통하여 오랜 기간을 거쳐서 양계 지역을 편입하고 그 지역의 민족 집단을 동화(023')시켜 이루어진 것이다(위). 다만 그 국가는 현대로 와서 2국가로 나뉘는데 그 가운데 하나인 북한이 그 자신의 정체성을 확보하기 위해서 양계 지역을 강조하는 전혀 다른 역사를 구성하고 있다. 남한과의 체제 경쟁에서 우위를 확보하기 위해서 만든 고구려와 발해(위)를 중심으로 하는 역사 체계는 당연히 문제가 많다. 조선사(위)와 한국사(위)에 관해서는 뒤에서 자세히 논의한다.

양계 란 지역을 중심으로 해서 말한다면 양계의 역사는

오랜 기간에 걸쳐서 통합과 분리(023')의 과정을 밟아 온 셈이다. 현대의 북한은 어떻게 말하면 그 동안 고려 조선 양조를 통해서 오랜 기간 통합해 온 양계 지역을 다시 분리(아래)시키는 작업을 해 왔다고 할 수도 있다. 북한은 겉으로는 통일 더 정확하게 말해서 민족 통일(023')을 말하지만 통합보다는 분리 에 치중해 왔다고 할 수밖에 없다. 그 동안 주장해 온 민족과 통일 이란 주제가 대남 전략(023')적 차원의 것이었다는 것이 2023년 연말에 야 제대로 밝혀진다. 북한의 김정은(국무위원장)은 적대적인 2국가 논을 제시해서 그 동안 주장해 온 연방제 등의 과도적인 단계 그 이전으로 후퇴한다.

32 고구려와 발해

고구려(위)는 만주(Manchuria)와 한반도(조선 반도) 북부(양계)에 걸쳐서 존재한 국가다. 그 국가는 만주 지역에서 최초로 통합 국가(023')를 세운다. 고구려 국가는 예맥 고구려(김한규 2004)(제 4장) 라는 용어로 규정되기도 한다. 통상 만주 지역의 통합 국가는 그 국가 또는 왕조의 이름 앞에 민족 집단(민족 1)의 이름을 붙이는데 말갈 발해("삼국유사")/ 거란 요/ 여진 금/ 몽골 원(몽원)/ 여진 청(만청)의 말갈/ 거란/ 여진/ 몽골/ 여진(여진은 중원으로 들어간 이후 만주족으로 이름을 바꾼다, 위의 만청)이 민족 집단의 이름이고 그 뒤가 국가 또는 왕조의 이름이다. 고구려는 기본적으로 만주의 이른 시기의 세 민족 집단인 3북(023') 가운데 하나인 예맥계가 주축이 되어 세운 국가라 여겨진다.

5부의 연합 세력을 이루던 초기 국가 고구려는 400년을 전후해서 명실상부한 만주 지역의 통합 국가(위)로 발전한다. 그 시기를 대표하는 것이 바로 광개토대왕비(414) 라고 할 수 있다. 19대 광개토왕(391~412 재위)의 업적을 그 아들인 장수왕(412~491 재위)이 기록해서 세운 그 비는 만주 지역 최초의 통합 국가를 세운 고구려의 기념비라 할 만하다. 고구려는 서부 만주의 동호계인 선비와 대치하는 국면이었지만 선비 집단이 중원으로 들어가면서(그 집단이 구 중국의 북조를 세운다) 최종적으로 만주 지역의 패자(霸者)가 된다. 이후 고구려는 동부 만주의 여러 민족 집단(예맥계는 물론 읍루계인 물길도 포함된다)을 지배한다.

신 중국(7)의 동북(東北 Dongbei) 길림성 통화시(광역)의 집안시 고구려 고분군에 있는 6m 이상의 높이를 자랑하는 그 비는 네 면에 44행 1775자의 글자가 새겨져 있다(그 가운데 140자는 판독이 되지 않고 있다). 비문의 내용은 대체로 세 부분으로 되어 있다. 첫번째가 광개토대왕까지의 계보이고 두번째는 왕이 여러 지역을 정복하고 순수한 내용이고 세번째는 왕 또는 당시까지의 여러 왕의 능을 지키는 임무를 맡는 수묘인(守墓人) 연호(煙戶)에 대한 것이다(원문과 번역은 현재 용산 국립박물관 로비에서 디지털로 제공되고 있다). 세번째의 수묘인에 관한 것은 상당히 특이한 경우에 속하는데 그것을 통해서 당시 사회에 대한 여러 가지 측면을 엿볼 수 있다. 그 부분에 '신래한예'(新來韓濊)란 용어가 나오는데 한과 예 집단도 등장한다.

비문의 첫번째 부분에 나오는 광개토대왕까지의 계보(2012년에 발견된 다른 비석인 '집안비'에도 유사한 내용이 나와 있다)는 5부(위) 이래의 여러 세력이 당시까지 단일한 체계로 정비되는 것을 말해준다. 건국 신화도 나오는데 우리가 알고 있는 바와 같이 북 부여에서 기원한다(48)는 것과 천제의 후손이자 하백의 후예 라는 구조로 되어 있다. 다시 말해서 이른바 고구려를 건국하는 건국계(023')가 북 부여에서 내려온 추모왕(주몽이 추모로 되어 있다)이고 그 후손들이 유류왕(儒留王) 대

주류왕(大朱留王)을 거쳐 광개토대왕으로 이어진다는 인식이다. 광개토대왕은 호태왕이라고 불리기도 하는데 둘 다 시호인 '국강상 광개토경 평안 호태왕'(國岡上廣開土境平安好太王)의 일부다.

두번째 부분은 영락 5년(395) 영락 6년(396) 영락 8년(398) 영락 9년(399) 영락 10년(400) 영락 14년(404) 영락 17년(407) 영락 20년(420)으로 나누어서 기년체의 방식으로 왕의 업적을 나열한 것이다. 영락 5년과 영락 6년 사이에는 이른바 신묘년 기사(신묘년은 391년 즉 영락 1년이다)가 삽입되어 있다. 말하자면 영락 1년은 따로 나뉘어서 나와 있지 않고 영락 5년과 6년 기사 사이에 들어가 있다(그 기사는 비문 전체에서 가장 뜨거운 논쟁을 불러 일으키는 부분인데 아래에서 잠깐 다룬다). 여하튼 영락 5년은 패려(거란)/ 6년은 백제/ 8년은 숙신/ 9년 10년은 신라(왜와 가야)/ 20년은 동 부여 관련 기사가 중심을 이룬다.

이상에서 나오는 여러 집단 가운데 거란/ 숙신/ 동 부여 등은 만주(위) 외곽의 집단에 속한다. 거란(패려)은 3북(023') 가운데 동호계(위)에 속하고 숙신은 읍루계(위)에 속한다. 동호계와 읍루계는 이후 예맥계인 고구려에 이어서 만주 지역의 통합 국가를 이룬다(위). 7세기 이후의 동호계와 읍루계(숙신계) 집단들이 세운 국가 또는 왕조가 이른바 북방 북국(20)인데 한반도 3조(16)의 세 국가는 그들과 대치한다. 한편 예맥계(023')의 민족 집단은 동호계/ 읍루계(숙신계)와는 달리 넓은 외곽 지역을 확보하지 못하고 한반도(조선 반도) 북부의 상대적으로 좁은 지역에 갇혀서 겨우 명맥을 유지하다 일찍이 다른 집단에 흡수된다(옥저, 동예, 예맥이 대표적인 집단이다). 예맥 고구려(위)도 7세기에 멸망한다.

비문에는 전체적으로 볼 때 남쪽의 백제와 신라 방면에 대한 기사가 더 자세하게 나와 있다는 평가를 받는다. 그것과 관련해서 비를 세운 장수왕(412~491 재위)이 추진한 남진 정책의 의도가 상당히 반영된 것이란 분석도 있다("한국민족문화대백과사전" 광개토왕비). 그렇지만 비를 세운 시기가 장수왕 3년(414)이고 장수왕의 재위 기간이 거의 80년 이란 것을 감안하면 그렇게 이른 시기에 그 의도가 반영될 수 있을까 하는 의문이 들기도 한다. 말하자면 장수왕이 어린 시절 다시 말해서 광개토대왕이 정복 사업을 할 당시에 이미 남진 정책의 구도를 짜고 그것을 바로 비에 반영한다는 것인데 좀 지나친 해석이 될 수도 있다.

여하튼 영락 9년(399) 영락 10년(400) 기사는 만주 지역의 통합 국가인 고구려가 3한 지역(43, 44, 45)의 한 국가인 신라에 상당한 영향력을 미친다는 것을 잘 보여주고 있다. 이미 영락 6년(396)에 3한 지역의 또 다른 한 국가인 백제를 공략해서 58성 700촌(그 지역은 대체로 임진강에서 한강 이북까지 라고 여겨진다)을 차지하고 아신왕의 조공을 약속 받는다(58성는 392년에서 396년에 걸쳐서 이루어진 전과를 396년에 합해서 기록한 것이라 보기도 한다, 위의 사전). 그 여세를 몰아서 영락 9년인 399년에 신라의 요청을 받고 영락 10년인 400년 5만 대군을 이끌고 왜와 가야(두 세력에 관해서는 아래에서 다시 설명한다)의 군사를 물리치고 이후 신라의 조공을 받는다.

백제의 조공 약속이 지켜지는지 여부는 불 확실하지만 신라는 이후 조공을 비롯해서 거의 속국의 지위로 간 듯하다. 경북 경주에서 발견된 호우(壺杅)(바닥에 '을묘년 국강상 광개토지 호태왕 호우 십'이란 명문이 새겨져 있다)는 415년 왕의 장례 일주년을 즈음해서 만든 것인데 당시 고구려에 갔던 인질을 통해서 반입되고 6세기 초에 묻힌 것으로 알려져 있다. 신라의 내물 마립간(356~402 재위)은 399년과 400년에 고구려 군의 지원을 받는데(위) 그에 이어 즉위한 실성 마립간(402~417 재위)도 392년 고구려에 인질로 간 인물이 고구려의 도움으로 왕이 된 경우다. 그 마립간은 이후 고구려가 417년 눌지 마립간을 선택하면서 살해된다.

만주 지역 최초의 통합 국가를 이룬 예맥 고구려(위)는 7세기에 당과 신라(위)의 연합군에 패배한다. 신라는 한 동안 고구려의 간접 지배를 받았지만(위) 점차 세력을 키워서 소백산맥을 넘어서 한강 유역을 확보한다(555년에 세운 서울 은평 북한산 비봉의 순수비가 그것을 잘 말해준다). 물론 낙동강 동편의 가야도 흡수한다(562). 이후 당과 연합해서 우선 백제를 병합(666)하고 배후의 일본 세력(백제 부흥 전쟁 때 일본은 대규모의 병력을 파견한다)을 몰아내고 그 여세를 몰아서 고구려 영토의 일부까지 차지한다. 고구려의 핵심 세력은 중원 지역으로 사민("신오대사" '사이부록' 발해)되어 이후 한족(26)으로 흡수된다(부록 7). 다만 고구려의 지배를 받던 말갈 세력의 일부가 발해(아래)를 세운다.

말갈 발해(698~926)("삼국유사" '기이제일')는 만주 지역에서 두 번째로 통합 국가(위)를 이룬다. 고구려 멸망 후에 고구려의 핵심 세력에 비해서 상대적으로 가까운 요동 지역으로 사민(위) 된 말갈 집단은 그 지역의 거란계가 일으킨 반란을 틈타서 탈출해서 당(위)의 추격을 따돌리고 현재의 길림성(조선족 자치주 부근이다)에서 진단(辰旦)이란 국가를 세운다. 발해 말갈("구당서" '북적열전'; "구오대사" '외국열전')이 중심이 되는 그 국가는 국호를 발해로 바꾼다(35). 흑수 말갈("신당서" '북적열전'; "구오대사" '외국열전'; "신오대사" '사이부록)은 외곽의 집단인데 이후 여진으로 분화한다. 발해는 고구려와 민족 집단(023')은 다르지만 그 영역이 거의 일치해서 고려(고구려) 별종으로 정의되기도 한다("신오대사" '사이부록').

만주 지역의 두번째 통합 국가인 발해는 이후 3한(43, 44, 45) 지역을 통합한 대 신라(676~935)와 대치한다. 두 국가는 비교적 평화로운 관계를 유지하지만 물밑으로는 상당히 치열한 경쟁을 한다. 최치원의 '사불허북국거상표'(謝不許北國居上表)와 이른바 쟁장(爭長) 사건이 그것을 잘 보여준다. 발해는 엄연히 한반도 3조(위)인 대 신라와 대치한 북방 북국(위)이고 그 두 국가는 이른바 남 북국(아래)의 관계도 아니다. 조선조 후기에 유득공(1748~1807) 이란 인물이 "발해고"(1784) 란 책의 '서'에서 남 북국사(023') 란 용어를 사용해서 남 북국설(22)을 내놓지만 그것은 현실적인 것이 아니라 하나의 역사 기획(위)에 불과하다. 발해는 오랜 기간 한반도 국가(위)의 역사에서 제외되어 있었다(34)는 것이 진실이라고 해야 한다.

한반도(조선 반도)의 민족 집단(15)은 7세기 3국 통일 전쟁(17)으로 3한 지역(위)이 통합되어 모태(023' 024 a)가 나온 뒤에 한반도 3조(위)인 대 신라/ 고려조/ 조선조 를 거치면서 형성(023')이 된다. 그 과정에서 한반도 3조(위)는 그 북쪽의 북방 북국(위)과 대치하고 전쟁을 수행하면서 정체성을 확보해 간다. 발해(698~926)는 그 가운데 하나다. 다만 7세기 이전의 국가인 고구려(기원전후~668)는 그 북방 북국(위)의 범위에서 제외된다. 그 국가는 한반도 남부(중남부)의 국가들과 교류 교섭(023')을 한 것은 분명하지만(위) 현재의 한반도(조선 반도)의 민족 집단(위)과 직접적인 관련이 있는 것은 아니다. 고구려는 이후 한반도 국가(위)의 역사 기획(023')의 대상이 된다.

최근에 나온 고고학 개론서(Yi 2022)는 마지막 장('3국시대와 이후')에서 '한국사'를 개관하고 있다. 기본적인 구성은 '통일 이전의 신라/ 통일 이후의 신라/ 신라 이후(고려와 조선)'인데 그 앞에는 백제, 백제 이전의 영산강 유역, 가야 등이 배열되어 있다. 그런데 더 위에 고구려(아래)와 발해(아래)가 첨부되어 있다. 그 두 국가는 한반도 3조(16)와는 직접적인 관련이 없지만 고려조의 3국설("삼국사기")/ 조선조 후기의 남 북국설("발해고" '서')을 통해서 그 관련이 모색된다. 특히 현대 북한(조선민주주의인민공화국)은 양계(31) 중심의 역사를 수립하기 위해서 고구려와 발해를 적극적으로 끌어들이는데 그것은 상당한 역사 기획(023')이 가해진 것이다.

33 본토설

 북한(조선민주주의인민공화국)은 그 국가의 정치적 문화적 중심지인 평양(023') 지역에 초점을 맞춘 여러가지 이론을 내놓는다. 본토설(023')도 그 가운데 하나다. 북한은 본토 란 용어를 북방 북국(20)의 만주를 포함한 지역 이란 의미로 사용하는 경우도 없진 않지만(북국 계보론, 023') 적어도 본토설(위)의 본토는 양계(31) 지역 그 가운데서도 평양(장우진 2000)과 그 부근을 말한다는 것은 분명하다. 특히 주체 사상(아래)이 등장하면서 북한은 양계 지역 그 가운데서도 특히 평양을 중심으로 보는 이론을 만든다. 양계 지역과 북방 북국(위) 지역을 중심으로 역사를 구성하는 북한에서 3한 지역(43, 44, 45)은 의

도적으로 축소 평가된다.

본토설(위)은 현재의 조선(한국) 민족이 평양(위)과 그 부근에서 구석기시대를 거치면서 진화한 것이란 이론이다. 20세기 후반 들어 평양과 그 주변 지역에서는 여러 시대에 걸친 고 인골(화석 인골)이 발견된다. 북학 학계는 그 연구 성과를 바탕으로 해서 이른 시기인 구석기시대를 거치면서 조선(한국) 민족이 형성된다는 이론을 내놓는데 그것도 일종의 계보론의 형식을 띤다. 그러한 방식의 계보론은 중국/ 일본 에서도 시도된 바 있는데 중국은 산정(山頂)인을/ 일본은 항천(港川)인을 맨 위에 두는 계보론을 제시한다. 그렇지만 한반도(조선 반도)의 민족 집단(15)의 조상(023')을 찾는 방식은 문제가 있는 것(이상희 2023)(제 19장)이라고 할 수밖에 없을 듯하다.

더 구체적으로 북한은 '원인 〉 고인 〉 신인'(사회과학원 고고학 연구소 1977) 또는 '고인 〉 신인 〉 신석기인'(전제현 외 1986; 장우진 1987, 1989) 이란 발전 도식을 내놓는다. 첫번째 도식은 원인(호모 이렉투스)과 현생 인류는 계통 상 서로 연결되지 않는다는 난점이 있다. 두번째 도식에서 고인(호모 사피엔스) 신인 (호모 사피엔스 사피엔스)에서 신석기인인 조선옛유형사람(023') 이 나오고 그 구간의 몇몇 고 인골이 조선(한국) 민족의 기원 이 된다는 것이 본토설의 핵심적인 주장인 듯하다. 그렇지 만 한반도 지역이 인류의 기원지 가운데 하나라는 북한의 주장은 여러가지로 문제가 많을 수밖에 없고(한영희 1996) 이 른바 조선옛유형사람(위)이 실질적인 조선(한국) 민족의 기원 (023')일 수 있는 지도 의문이다.

이상의 본토설은 원래 북방설(시베리아설)(46)을 주장하던 북한 학계가 주체 사상의 등장에 발맞추어 일종의 민족주 의(14)에 경도된 이론을 만든 것인데 그 과정에서 단혈성론 (023') 같은 극단적인 주장도 나온다. 조선(한국) 민족은 한번 도 외부 집단과 섞이지 않은 단혈/ 단일 한 집단이란 것인데 그것이 가진 과학적인 난점을 떠나서도 그러한 유의 주장은 나치의 예를 들지 않더라도 엄청난 폐해를 가져오기에 충분 한 것이라 아니할 수 없다. 지구 상의 대부분의 집단은 여러 집단이 혼합되어 이루어지고 단혈/ 단일 한 집단은 있을 수 없다. Y 염색체 DNA(023') 상으로 볼 때도 한반도(조선 반도)의 민족 집단(위)은 O계열의 집단을 중심으로 C계열의 집단이 일부 섞여 있고 기타 다양한 집단도 소수 섞여 있다.

20세기 북한 이란 국가는 남한과는 다른 정체성(023')을 세우는데 전력을 다하는데 고구려와 발해(32)를 중심으로 하는 역사 구성과 본토설(위)이 대표적이다. 북한은 구 소련과 신 중국(7)의 도움을 받아서 20세기 북방(대륙 쪽을 말한다)을 석권한 사회주의를 수용하고 사회주의 국가를 수립하지만 어느 정도 시간이 지나면서 사대(사회주의)를 넘어서 자주(주체 사상)를 추구한다. 그 과정을 극명하게 보여주는 것이 본토설이라 할 수 있다. 그것은 고려조 후기 원 간섭기에 "제왕운기"에서 사대(구 중국 역사가 금과 원으로 이어진다는 입장을 취한다, 권상 '정통상전송')를 넘어서 자주(단군 담론, 권하 한 4군 부분)의 경향이 나오는 것과 흡사하다(40).

본토설(위)은 본토 기원설, 자생설, 자체 형성론(아래) 등으로 불리기도 한다. 이른바 기원 이론(42)의 이론사에서는 외래설(46, 47, 48, 49)인 남한의 북방설(시베리아설)과 내재론(024 a)인 북한의 본토설(위)이 대비적으로 거론되는 경우도 드물지 않다. 남한 학계에서 그 두 이론이 '북방설과 자체 형성설'(한영희 1996) 또는 '외래 기원설과 자체 형성론'(이선복 2008) 등으로 병칭이 되기도 한다. 거기서 자체 형성설(자체 형성론)은 본토설을 의미한다. 다만 본토 유형설(023')이란 용어는 북한의 본토설과는 다른 의미이고 그것은 내재론(위)이 아니라 외래설에 가깝다. 이른바 형질 및 유전자(023') 논에 바탕을 둔 그 이론은 주로 Y 염색체 DNA 분석에서 추론한 것이다(50).

북방설(시베리아설)을 비롯한 기존의 기원 이론(위)이 주로 문화(023') 적인 측면에 초점을 맞춘 것이라면 본토설(위)과 본토 유형설(위)은 '형질 및 유전자'의 측면에 주목한 것이라 할 만하다. 다만 본토설이 평양과 그 주변 지역에서 발견되는 고 인골의 형질적 특성을 주로 다룬 반면 본토 유형설은 2000년 전후해서 급속히 발전한 분자 유전학의 성과를 가지고 인류의 이동 경로를 추정한 이론이다. 그렇지만 그 두 가지 이론은 모두 1953, 676, 1, −1000년 정도가 아니라 10000,

50000, 100000년전(BP)의 까마득한 시기를 대상으로 해서 시간 범위(023') 상의 한계가 너무나 뚜렷하다. 그 뿐 아니라 본토설은 위에서 논의한 것처럼 많은 문제를 내포한다.

이른바 기원 이론(위) 이란 주제에서 한반도(조선 반도) 지역은 외래설(위)보다는 내재론적 접근이 더 어울리는 지역이라 할 수 있다(42). 한반도뿐만이 아니라 일본 열도와 베트남 지역도 마찬가지다. 그 세 지역 모두 중국 문명권의 외곽 지역에 해당하는데 그 지역에서 모태(023' 024 a) 집단이 나온 다음 그 지역의 국가 또는 왕조를 통해서 민족 집단(민족 1)이 형성되는 유형에 속하기 때문이다. 한반도(조선 반도) 지역과 관련해서 내재론(위) 다시 말해서 내재적 발전론은 현재까지 두 가지 이론이 제시된 바 있다. 하나는 평양설(023')(위의 본토설을 말한다)이고 다른 하나는 3한설(023')이다. 평양설은 북한(조선민주주의인민공화국)의 이론이고 3한설은 남한(대한민국)의 이론이다.

그 가운데 평양설(위)은 20세기로 접어들면서 동 아시아 지역이 '해양 대 대륙'(023')의 구도로 전환하면서 양계(31) 지역을 주 영토로 하는 북한이 남한에 대한 우위를 점하기 위해서 내놓은 이론인데 시대 범위(위) 상의 한계가 심각하다는 것은 앞서 언급한 바와 같다. 3한설(위)은 현재의 한반도의 민족 집단(위)이 양계 지역이 아니라 한반도 중남부인 3한 지역을 중심으로 해서 형성된 것이라는 입장인데 다른 장(42, 43, 44)에서 더 자세히 설명이 될 예정이다. 바로 위에서 언급된 외래설과 내재론은 모두 당대설(024 a)에 해당한다. 당대설(위)과 대비되는 것이 전통설(024 a)인데 3국설과 3조선설이 대표적이다. 기원 이론(위)은 분류 상 '전통설 대 당대설'이 가장 큰 범주에 속한다고 할 수 있다.

34 조선사

한반도(조선 반도) 현대의 2국가 가운데 하나인 북한(조선민주주의인민공화국)은 양계(31) 지역을 주 영토로 하고 있다. 그 국가는 역사적으로 그 지역과 관련이 있는 고구려와 발해(32)를 중심으로 하는 역사를 구성한다. 이른바 북한의 조선사(023')인데 "조선전사"(1979~83)가 그것을 대표한다. 그 때의 조선은 물론 조선 반도(한반도)의 역사 공동체 '조선'(한국)을 의미한다. 말하자면 조선 이란 용어는 현대의 북한(조선민주주의인민공화국)을 의미하기도 하지만(조선 1) 조선 반도의 역사 공동체를 말하기도 한다(조선 2). 역사 공동체 '조선'을 남한에서는 역사 공동체 '한국' 이라 부른다. 그렇지만 1953년 이전의 같은 시간을 공유하는 북한과 남한의 조선사(위)와 한국사(41)는 역사 구성이 상당히 다르다.

남한의 한국사(위)도 여러 가지 복잡한 문제를 안고 있지만 북한의 조선사(위)는 우리의 상상을 초월하는 부분이 있다. 북한의 역사인 조선사는 기본적으로 유물 사관에 입각해서 이른바 사회 발전 5단계(아래) 설을 적용해서 쓴 것인데 지배와 피지배의 계급 투쟁사 라는 관점에서 쓰여진 것이라는 것은 잘 알려져 있는 바와 같다. 그것은 신 중국(7) 즉 중화인민공화국과 마찬가지로 북한도 공산당(노동당)이 '영도' 하는 국가이고 역사 분야도 사회주의 사상에 입각해서 쓰여지기 때문이다. 특히 사상과 철학 분야가 중시되는 그들 국가에서 역사 서술도 그러한 부분이 많이 반영이 되어 있다. 역사 서술이 정치적 이란 것은 이제 상식이 되어 있지만 사회주의 국가는 그 정도가 심각하다.

무엇보다 "조선전사"(위)의 시대구분은 북한의 역사 해석을 잘 보여주고 있다. 원시 공동 사회(50만년 전부터 기원전 1000

년까지)/ 고대 노예 소유제 사회(이른바 고조선 을 여기에 끼워 맞춘다)/ 중세 봉건 사회(기원전후 삼국에서 조선조 말까지)/ 근대 자본주의 사회(1860년 대에서 1920년 대까지)/ 현대 공산주의 사회(1920년 대에서 현재까지)의 5단계로 이루어져 있다. 북한의 시대 구분은 상당히 어지러운 양상을 보여주는 남한의 시대구분(023')에 비해서는 선명한 측면이 있는 것은 사실이다. 그렇지만 서구 사회를 기준으로 만든 5단계 설을 동 아시아 그것도 조선 반도(한반도) 지역에 적용한 것인만큼 무리한 부분이 적지 않을 것이란 것은 충분히 예상할 수 있는 바다.

인류학적 단일성을 가지고 있다(이른바 본토설의 주장이다, 33)는 조선 반도(한반도)의 원시 공동 사회는 넘어가기로 하고 고대 노예 소유제 사회의 설정도 문제가 적지 않다. 5단계설에서 빠뜨릴 수 없는 그 단계를 만들어 넣기 위해서 기원전 1000년대를 고조선(023') 이란 이름으로 규정하고 여러 가지 설명을 하지만 생경한 부분이 너무 많다. 중세 봉건 사회도 기원전후에서 1860년 대까지 엄청나게 오랜 기간이 부여된다. 근대 자본주의 사회도 1860년대에서 1920년대까지 설정되지만 남한의 식민지 근대화론을 둘러싼 논쟁이 보여주듯(13) 그 시대의 해석은 만만치가 않다. 현대 공산주의 사회(북한)의 전 단계가 필요한 그들에게 그 시기는 빠뜨릴 수가 없다.

여하튼 북한은 그러한 방식의 시대구분에 입각해서 원시 편, 고대 편을 거쳐서 중세 편을 고구려사부터 시작한다(3권). 이어서 백제와 신라(전기 신라)와 가야사가 다루어진다(4권). 그 다음이 특징적인데 '발해 및 후기 신라사'(5권)라는 이름으로 이른바 북국과 남국을 통합한 이른바 남 북국사(023')를 제시하고 있다. 그것은 조선조 후기의 유득공(1748~1807)이 내놓은 남/ 북국의 남 북국사(위)를 적용한 것인데 그 이론의 문제점에 대해서는 앞에서 언급한 바와 같다(22). 전체적으로 보면 중세 봉건 사회의 앞 부분에 해당하는 시기를 북국인 고구려와 발해(32)를 중심으로 틀을 짜고 서술하고 있는데 철저하게 북국 중심의 역사를 만들고 있다.

그 다음의 두 권은 의외로 '발해 및 고려사 1'(6권), '발해 및 고려사 2'(7권)란 이름이 붙어 있다. 한반도(조선 반도) 지역에서 당연히 고려 조선 양조가 현재의 한국(조선) 민족 이란 집단의 형성(023')에 결정적인 역할을 하는 국가다. 그런데 북한은 그 앞 부분인 고려의 역사를 대 신라(통일 신라 또는 후기 신라)와의 관련 속에서 보지 않고 발해(말갈 발해)와의 관련 속에서 보려고 하는 의도를 강하게 내비치고 있다. 물론 북국 중심(위)으로 가야 하는 북한의 입장이 있는 것은 사실이지만 '발해 및 고려사'는 어떤 근거를 끌어 댄다 하더라도 그 연관 관계는 약할 수밖에 없고 북한 조선사의 결정적인 약점일 수밖에 없을 듯하다.

이상에서 본 바처럼 북한의 조선사는 '발해 및 후기 신라사'(5권)/ '발해 및 고려사 1'(6권)/ '발해 및 고려사 2'(7권)가 중세 중반의 핵심을 이루고 있다. 그렇지만 정작 고려조는 그 자신이 발해의 계승자라고 전혀 생각하지 않고 그렇게 주장하지도 않는다. 오히려 "삼국사기"(1145)의 찬술을 통하여 신라/ 고구려/ 백제("삼국사기" 본기에 실린 순이다)의 계승자라고 주장한다. 다시 말해서 고려조가 그 자신의 기원(023')을 설정한 그 저술에서 발해는 완전히 제외되고 '발해 역사'는 기록조차 되지 않는다. 물론 고려조 후기의 역사서("삼국유사" "제왕운기")에서 발해에 대한 고려조의 역사적 주권(023') 을 주장하는 견해가 들어가 있긴 하지만(위) 그것은 다른 문제다.

한국(조선) 민족 이란 집단의 기원(023') 측면에서 볼 때 북한 조선사(위)는 그들이 알타이언어 사용 집단(TMT)의 하나인 퉁구스계(T) 그 가운데서도 만주 퉁구스계(김주원 외 2006)(제 3장)의 한 집단인 말갈 집단에서 기원한다 고 해석될 여지가 충분하다. 어떻게 말하면 북한은 무리하게 5단계설에 맞추어 역사를 재단하는 것을 넘어서 말갈 발해 중심의 조선(한국) 민족 역사라는 아주 특이한 역사 해석과 역사 기획(023')을 감행한다고 볼 수도 있다. 물론 북한은 고구려 국가를 계승하는 발해 국가 란 면을 강조하면서 이리저리 핵심을 피해가겠지만 북국 중심의 계보론(북국 계보론, 023')을 만든 만큼 관련 논의에도 책임을 회피하지 말고 솔직해져야 할 필요가 있어 보인다.

무엇보다 현재의 한국(조선) 민족의 추축이 부여계(고구려)

와 말갈계(발해) 라는 것은 선뜻 이해가 되지 않는다. 북한의 "조선전사"에서 핵심적인 부분인 발해(위)는 어떤 논리를 끌어 붙인다고 해도 고려조와의 관계는 부차적인 것일 수밖에 없다. 정체성 이란 면에서도 내 아시아(Inner Asia) 특히 만주 지역 읍루계(숙신계)의 후신인 말갈이 현재 한반도(조선 반도)의 민족 집단의 주축일 수가 없다. 북한은 이른바 단혈성 론을 주장하는데 '읍루계 단혈성' 논은 모순적인 입론일 수밖에 없다. 더구나 고구려와 발해의 관계도 역사적 주권(위)을 주장하는 논리(일종의 역사 기획이다)가 작용할 뿐이고 민족 집단 이란 측면에서 연관성은 희박하다.

35 갈해(말갈 발해)

 북한(조선민주주의인민공화국)의 조선사(34)는 고구려와 발해(32)를 중심으로 구성한 역사 란 것은 이미 논의한 바와 같다. 일단 고구려는 논외로 치더라도 적어도 발해(698~926)는 엄연히 한반도 3조(16)와 대치한 북방 북국(20)의 하나다. 한반도 국가(024 b)는 7세기 이래 오랜 기간 동안 그 북쪽의 북방 북국(위)과 대립하고 그들 국가와 전쟁을 수행하면서 그 지역의 민족 집단(한국 민족 또는 조선 민족)을 형성하고 그 정체성을 수립해 왔다. 발해 국가의 민족 집단인 말갈(더 정확히 말해서 발해 말갈 인데 그 외곽의 흑수 말갈 과 대비된다)은 읍루계(숙신계)에 속한다. 읍루 〉 물길 〉 말갈 〉 여진 으로 계기적으로 이어지는 그 집단은 퉁구스어 남부 방언 사용 집단이다.

발해와 대치한 한반도 국가 대 신라(676~935)는 물론이고 그 국가를 이은 고려조의 초기에도 말갈(위)이 북방의 이민족을 대표하는 명칭으로 사용된다. 예맥계의 잔여 집단(예맥 또는 예맥, 023')을 말갈로 부르는 "삼국사기"(1145)가 그 예다. 예맥계는 요녕계(023')와 부여계(023')가 주요 하위 집단인데 요녕계(조선계)는 이미 한 4군(28) 당시에 한족계(023')와 융합되어 정체성을 상실하고 부여계도 7세기경에는 정체성이 사라진다. 이미 신라 선덕여왕(632~647 재위) 때 이민족인 9한(보론 4)의 하나가 '예맥'이라 한 것("삼국유사" '기이제일' 마한 조; '탑상제사' 황룡사 9층탑 조)에서도 알 수 있듯이 예맥계의 잔여 집단(위)은 이민족으로 치부되는데 그들 집단이 고려조 초기에 말갈(위)로도 불린다.

고구려와 발해(위) 그 두 국가는 그 영역이 거의 겹치지만 민족 집단(023')은 그 계통이 완전히 다르다. 발해(위)는 원래 발해 말갈("구당서" '동이북적전'; "구오대사" '외국열전')인데 흑수 말갈(아래)과 대비되는 용어다. 말갈은 동부 만주 읍루계(숙신계)의 한 집단이다(위). 그 집단은 만주 지역 최초의 통합 국가인 예맥 고구려(기원전후~668)의 지배를 받지만 고구려 멸망 이후 요동 지역으로 사민("구당서" '동이북적전' 발해 말갈)된 집단을 중심으로 발해 국가를 건국한다. 발해 란 국가의 이름은 발해 말갈 이란 종족 명에서 말갈 이란 이름을 떼고 만든 것이다(아래). 발해는 원래 바다의 이름인데 북 중국의 요동 반도(요녕성)와 산동 반도(산동성) 그 안쪽(서쪽)의 바다를 말한다.

일연과 그 제자들은 말갈 발해 조("삼국유사" '기이제일') 첫번째 기사에서 당 현종 초반인 선천(712~3)(그 이후가 29년간 이어지는 개원 이고 그 다음은 15년간 이어지는 천보 다) 연간에 발해 말갈(위)이 말갈 이란 호칭(靺鞨號)을 떼고 발해 라고 만 부른다(專稱渤海) 는 사실을 인용하고 있다(일연과 그 제자들은 "신당서" '북적전' 발해 의 선천 설을 참조한 듯하다, "신오대사"는 중종의 신용 경용 설을 취한다). 그 사건에는 당(618~907)이 북방과 서방에서 돌궐/회흘/ 토번(모두 "구당서"와 "신당서"의 열전에 따로 구분되어 나온다)을 모두 상대해야 하는 상황에서 동방 더 정확히 말해서 동

북방의 발해를 포섭하는 과정이 포함되어 있다. 당은 발해 군왕(渤海郡王) 이란 직을 책봉(홀한주 도독과 좌효위대장군이 더해진다)해서 그 집단을 회유한다.

그런데 일연과 그 제자들은 전문적인 역사 연구자는 아니기 때문에 약간의 혼선을 보이는 것은 당연하다 하겠다. 말갈 발해 조(위)의 네번째 기사는 그 혼선이 극도에 달한 모습을 보여주고 있다. "삼국사기" 인용(어디인지는 밝히지 않는다)으로 '백제 말년에 발해/ 말갈/ 신라 가 백제의 땅을 나누어 가졌다'는 기사인데 주석에서 '이에 근거하면 갈해 즉 말갈 발해는 또 나뉘어 2국이 된다'고 말한다. 팩트 자체가 의심되는 그 기사에 대한 다소 어이없는 그 주석은 갈해(위)는 서로 분리될 수 없는 실체 란 것을 잠시 혼동한 것인 듯하다. 고려조 초기에는 예맥계의 잔여 집단(예 맥 또는 예맥, 023')을 말갈로 호칭하고 그것이 "삼국사기'에도 빈번하게 나오는 만큼(위) 혼동의 여지가 있을 것이다.

한편 일연과 그 제자들은 말갈 발해 조(위) 두번째 기사에서 발해를 고려잔얼(高麗殘孼)이라 규정하고("삼국사기" 인용) 대조영이 고려구장(高麗舊將)이라 말하고 있다("신라고기" 인용). 말하자면 민족 집단(위)의 배경이 분명히 다른 발해 국가에 대해서 일종의 역사적 주권(023')을 주장하는 듯한 용어인 고려잔얼/ 고려구장("신당서" '북적전' 발해 조에는 부고려자 附高麗者란 용어가 나오는데 비슷한 맥락이다)을 사용한다. 한반도(조선 반도)의 북방에서 영역이 거의 겹치고 연속하는 두 국가인 고구려와 발해(32)를 그렇게 파악하는 것은 전연 이해가 가지 않는 것은 아니지만 분명히 문제가 있다. 그렇지만 적어도 일연이 발해가 말갈의 일종이란 것을 인식하고 있었던 것은 분명하다(위).

또한 일연은 말갈 발해 조(위) 두번째 기사에서 '발해 말갈'(말갈 발해가 아니다) 이란 용어를 사용하고 있으면서도 마지막에 발해는 말갈의 별종(靺鞨之別種) 이란 규정을 하는 실수를 한다. 별종 이란 것은 다소 계통이 다른 집단을 정의할 때 주로 사용되는 용어다. 예를 들면 고구려 백제가 부여의 별종("신당서" '동이열전' 고려, 백제; "신오대사" '사이부록' 고려) 또는 발해가 고구려의 별종("신오대사" '사이부록' 발해) 등이 전형적인 용법이다. 발해 즉 발해 말갈(위)은 그냥 말갈이지 말갈의 별종(위)이 아니다. 이처럼 민족 집단의 분류에 대해서 약간의 오류가 보이기는 하지만 그렇다 하더라도 일연은 전체적으로는 말갈 발해(갈해)를 제대로 파악하고 있다고 할 만하다.

말갈 발해 조(위) 여섯번째 기사에서 말갈이 읍루/ 물길에서 이어지는 집단이란 언급을 보면 일연과 그 제자들은 말갈 이란 집단이 읍루계(숙신계)란 것은 분명히 인식하고 있는 듯이 보인다. 다만 말갈 이란 용어가 "삼국사기"(1145)에서 예맥계의 잔여 집단(예 맥 또는 예맥, 023')인 예 맥을 말갈(예계 말갈/ 맥계 말갈, 023')로 부른 까닭에 약간의 혼란을 보이는 것은 어쩔 수 없는 사실이라 할 수 있다(그것은 당시 고려조 초기의 용법에 따른 것이다, 위). 일연과 그 제자들은 말갈/ 발해 말갈/ 말갈 발해(갈해) 란 용어를 모두 사용하고 있는데 적어도 (흑수 말갈과 대비되는) 발해 말갈(위)이 발해 국가가 된다는 것은 인지하고 있었다고 보인다.

여하튼 우리가 일연의 말갈 발해 조(위)를 통해서 말갈/ 발해 말갈 / 말갈 발해(갈해) 에 대해서 좀더 분명한 개념 정리를 할 수 있다는 것은 다행인 듯하다. 네번째 기사의 주석에 나오는 갈해(위) 란 용어도 재미 있다. 만주 지역의 통합 국가(북방 북국)는 그것을 수립한 민족 집단(023')이 다르기 때문에 통상 앞에는 민족 집단의 이름을 넣고 뒤에는 국가 또는 왕조의 이름을 붙인다. 거란 요/ 여진 금/ 몽골 원(몽원)/ 여진 청(만청)이 그것이다(괄호 안은 김한규 2004 의 용어다. 여진은 만주족으로 이름을 바꾼다)이 그것이다. 이상의 용법과 관련해서 발해 국가의 경우 말갈 발해(갈해)가 더 어울린다고 할 수 있다. 적어도 "삼국유사"('기이제일') 목차에는 말갈 발해(말갈 발해 조, 위) 란 정확한 이름이 나와 있다.

참고로 "구당서" "신당서" 보다는 "신오대사"가 발해(위)와 신라(대 신라)의 대치 대립을 훨씬 더 정확하게 반영하고 있다. 왜냐하면 앞의 두 사서에서는 동이("구당서" 열전 149 상; "신당서" 열전 145)와 북적("구당서" 열전 149 하; "신당서" 열전 144)을 구분해서 싣지만 "신오대사"('사이부록')는 '고려(고구려), 발해, 신라, 흑수 말갈' 순으로 싣고 있기 때문이다. 말하자면 신라와 발해를 각각 동이(위)와 북적(위)으로 따로 실어 놓은 두 사서에서는 한반도 국가(위) 신라(대 신라)와 북방 북국(위) 발해의 대립 이란 구체적인 정황이 대비적으로 나타나진 않는다. 결국 상대적으로 간략한 형태로 된 "신오대사"('사이부록')가 신라와 발해의 관련을 훨씬 더 잘 드러내고 있는 셈이다.

발해(698~926)는 이후 거란 요(907~1125)에 정복되는데 말갈 지역은 2원적인 통치를 받는다. 발해 말갈(발해)은 한법(漢法 아래)에 따라 통치를 받지만 외곽의 흑수 말갈(위)은 다른 방식으로 통치를 받는다. 외곽에서 간접 통치를 받는 흑수 말갈과는 달리 한법(원래 거란 요가 북 중국 일부 지역을 다스릴 때 적용한 방식이다)에 따라 직접 통치를 받은 발해 말갈(위)의 발해인(노태돈 1985, 2003, 2009 b, 2014)은 비교적 이른 시기에 집단의 정체성을 상실하게 된다. 그것은 예맥계(023')의 하위 집단들이 이른 시기에 정체성을 상실하는 것과 마찬가지다. 읍루계(숙신계)는 발해 말갈(발해)이 아니라 흑수 말갈을 통해서 그 맥이 이어지는 셈이다.

결국 발해 말갈("구당서" '동이북적전'; "구오대사" '외국열전')이 아니라 흑수 말갈("신당서" '북적전'; "구오대사" '외국열전'; "신오대사" '사이부록')이 읍루계(숙신계) 집단의 정체성을 상대적으로 잘 유지해서 후대로 넘어간다. 흑수 말갈은 발해 국가의 영향권 하에 있다가 발해 국가 멸망 이후 거란 요(907~1125)의 간접 통치를 받는데(위) 바로 그 집단이 금(1115~1234)을 세우고 이후 원(1206~1368)의 지배를 받고 나서 다시 한족 왕조 명(1368~1644)의 영향 하에 있다가 북국 제국 청(1616~1911)을 세운다. 한반도 북부 동계(보론 10) 지역의 여진 집단은 당연히 일찍이 정체성을 상실한 발해 말갈보다는 흑수 말갈(위)과 더 관련이 많다고 보아야 할 것이다.

북한의 조선사(34)는 현재 북한의 핵심부인 이전의 양계(31)(평안도 함경도) 지역을 중심으로 한 역사를 구성하는데 그 과정에서 고구려와 발해(32)가 부각이 된다. 그렇지만 그 두 국가는 현재의 한반도(조선 반도)의 민족 집단(15)과는 그다지 큰 관련성은 없다고 해야 한다. 왜냐하면 한반도(조선 반도)의 민족 집단은 7세기의 모태(023' 024 a) 집단이 한반도 3조(16)를 거치면서 형성된다고 보아야 하기 때문이다. 발해는 한반도 3조(16)의 초반인 대 신라(통일 신라)와 대치한 북방 북국(20)이고(아래) 고구려는 7세기 모태 집단이 나오기 이전의 국가다. 조선사(34)는 현재의 조선(한국) 민족과는 별 관련이 없는 국가와 민족 집단을 끌어들인 셈이다.

36 동사

 동사는 동국(아래)의 역사를 말한다. 동국은 한반도 3조(16)를 일컫는 이른바 '동국 남국 한국'(023')의 동국이다. 그 역사 공동체(023')는 근 현대 이전에는 주로 동국 이란 명칭으로 불린다. 구 중국(위)을 중심으로 해서 바다 건너의 동쪽 이란 의미의 동국 또는 해동 이란 용어는 구 중국뿐만이 아니라 한반도(조선 반도) 국가의 구성원들도 즐겨 쓴다. 고려조의 "동국이상국집"(1241), 조선조의 "동국통감"(1485) 등의 저작도 동국 이란 용어를 사용하고 있다. "해동고승전"(1215) 등의 해동 이란 용어도 동국 과 거의 비슷한 의미다. 조선조 후기 유득공의 남 북국사(023') 론이 나온 이후에 사용되는 남국 이란 용어도 있지만 여러가지 문제가 있다(22).

한반도 3조(16) 기간 동안 대 중국(24, 25, 26, 27)의 동국(위) 이란 용어는 대 북국(20, 21, 22, 23)의 남국(위) 이란 용어에 비해서 훨씬 더 보편적으로 사용된 것임은 분명하다. 그것은 무엇보다 구 중국 문화(25)가 중세 동 아시아 지역에서 보편적인 그 무엇으로 기능하기 때문일 것이다. 그 다음의 한국(위)은 원래 이른바 3한국(마한 진한 변한)("양서" '동이열전')의 한국 인데 현재는 남한(대한민국)을 가리키기도 하고(한국 1) 역사 공동체 '한국'(한국 2) 을 가리키기도 한다. 남한에서 사용되는 역사 공동체 '한국'(한국 2)은 북한에서는 '조선'(조선 2) 이라 부른다(3). 말하자면 한반도(조선 반도)의 역사 공동체(023') 는 '한국'과 '조선' 두 가지 명칭으로 불린다.

동 아시아에서는 역대 왕조가 그 앞의 왕조의 역사를 기록하는 것이 관례다. 물론 예외적인 경우도 없진 않지만(고려조가 그 예다, 아래) 조선조(1392~1910)는 그 바로 앞인 고려조의 역사를 기록한다. 조선조 초기에 이미 정인지 등이 지은 "고려사"(1451년, 문종 원년)와 김종서 등이 지은 "고려사절요"(1452, 문종 2년)가 나온다. 조선조가 기록한 고려조의 역사가 현재 고려사 연구의 기본 사료가 된다는 것은 말할 필요도 없다. 앞의 왕조의 역사를 기록한다는 면에서 고려조가 상당히 모호한 입장 또는 독창적인 입장을 보인데 비해서 조선조는 별 고민없이 고려조의 역사를 기록한다. 한반도 국가(위)에서 고려 조선 양조(023')의 비중은 절대적이고 그 연속성(023')도 큰 문제가 없는 편이다(16).

그런데 한반도 국가(위)에서 고려 조선 양조 그 앞의 역사에 대해서는 고려조와 조선조의 입장이 서로 다르다. 고려조는 그 바로 앞의 왕조인 대 신라(통일 신라)(676~935)를 뛰어넘고 갑자기 기원전후에 시작한다는 이른바 3국(024 a)을 그 앞의 역사로 설정한다(18). 반면 조선조는 고려조 앞을 대 신라(통일 신라)로 설정한다. 조선조 전기에 나온 "동국통감"(1485)이 그것을 잘 보여주고 있다. 그 저작은 '외기' '삼국기' '신라기' '고려기'로 구성되어 있는데 '고려기' 앞의 '신라기'는 대 신라(통일 신라)를 말한다. 조선조는 "동국통감"에서 일단 그 앞 왕조인 고려조의 역사를 기록(위) 한 뒤에 다시 그 앞의 역사를 전체적으로 기술한다.

세조 때에 시작해서 성종 때 완성한 "동국통감"은 1484년에 일단 간행되었다가 다시 사론을 보충해서 1485년에 다시 간행된다(현재 우리가 보는 "동국통감"은 다시 간행된 책이다). 그 저작은 '외기' '삼국기' '신라기' '고려기' 네 부분으로 이루어진다(위)(1476년에 완성되는 "삼국사절요"가 두번째 부분인 '삼국기'로 들어간다). "동국통감"은 세조 대에 끝을 보지 못하고 성종 대에 완성이 되는데 세조 때의 훈신들과 이후의 사림들 그리고 성종의 입장까지 모두 합해서 나온 종합적인 견지의 작품이라는 평가를 받기도 한다("민족문화대백과사전"). "동국통감"과 거의 비슷한 시기에 베트남(월남)에서는 "대월사기전서"(1479)가 나온다.

"동국통감"은 그 구성 이란 면에서 동국(위) 역사의 표준이라 해도 무방할 정도의 모습을 보인다. 위에서 언급한 것처럼 '외기' '삼국기' '신라기' '고려기' 네 부분으로 구성된 그 책은 바로 전 왕조인 고려조의 역사는 물론이고 그 앞의 역사인 대 신라(통일 신라)의 역사와 또 그 앞의 역사인 이른바 3국(위)의 역사를 각각 '고려기' '신라기' '삼국기'(역순이다) 라는 이름으로 싣는다. 또 그 앞의 역사를 '외기'라는 이름으로 싣고 있다. 현재 북한의 조선사(34)는 양계(31) 지역의 고구려와 발해(32)를 중심으로 역사를 구성하기 때문에 "동국통감"의 3국 〉(대)신라 〉고려 라는 축을 완전히 벗어나지만 남한의 한국사(41)는 대체로 그 틀을 기본으로 하고 있다.

조선조는 "동국통감"에서 3국 이전의 역사는 '외기'로 분류한다. '외기'는 사료가 뒷받침되지 않는 불 완전한 역사 란 의미도 있지만 '삼국기' '신라기' '고려기'에 비해서 기원전의 역사는 무언가 구분되는 '역사 밖의 역사' 란 의미도 포함되어 있을 듯하다. 참고로 "대월사기전서"는 10세기 이전의 역사 즉 북속(北屬)(유인선 2012)(제 1부) 시기의 역사를 '외기'로 구분한다. 이어지는 정기(丁紀) 려기(黎紀) 이기(李紀) 진기(陳紀)는 왕조 명에 따른 이름이 붙어 있다. 그 역사서의 '외기'는 물론 전설시대부터 나와 있긴 하지만 "동국통감"에 비해서 상대적으로 긴 시기를 다루는데 그것은 베트남은 한반도(조선 반도)와는 달리 10세기까지 오랜 기간의 중국 지배를 받고 그 시기를 모두 포함하기 때문이다.

'외기'와 관련해서 남한 학계에서 "동국통감"과 "대월사기전서" 두 역사서를 비교한 연구(조동일 2010)(제 3부)가 있는데 주목할 만하다. 현대의 한국(조선)과 베트남이 모두 민족주의(14) 적인 접근을 하고 있지만 그 양상이 다르다는 것이 그 요지다. 결론부터 말해서 한국(조선)에 비해서 베트남이 더 개방적인 모습을 보여주고 있다는 평가다. 한국(한국 2) 또는 조선(조선 2)의 위만 또는 기자(37)에 해당하는 베트남의 조타(趙佗) 사섭(士燮) 같은 인물(유인선 2018)(제 1장, 2장)에 대해서 베트남에서는 다른 인식을 하기 때문이다. 위만 또는 기자(위)는 현대 한국에서 역사 공동체 한국(조선)의 일원 이란 사실에 의문을 가지지만 조타 사섭은 역사 공동체 베트남 의 일원 이라 간주된다.

진 제국의 관원으로 파견되었다가 기원전 213년에 남월

(南越)의 왕이 되는 조타와 기원전 111년 남월이 망하고 한의 7군(남해, 창오, 울림, 합포, 교지, 구진, 일남)이 설치되고 나서 한참 뒤인 후한 시기 일남의 통치자였던 사섭(그 인물은 베트남에 한문 문화를 도입한 인물로 평가 받는다)은 근대 베트남에서 당당하게 베트남 사람 이라 대우를 받는다. 반면 위만(조타와 비슷한 시기에 조선의 왕이 된다)과 기자(기원전 11세기에 구 중국 중원에서 한반도로 들어가서서 유학을 전파한 사람이라 여겨진다)는 근대 한국(조선)에서 한국 또는 조선 사람이란 대우를 받지 못한다. 그것은 몇 가지 이유가 작용하는데 뒤에서 다시 한번 다루기로 한다(37).

37 기자

 이른바 동사(36)에서는 3조선 특히 기자 조선(023')이 중시된다. 기자 조선의 기자(023')는 고려 조선 양조에서는 역사상의 인물로 여겨지기도 하는데 양조의 역사 구성에서도 매우 핵심적인 역할을 하고 있다. 기자의 위상은 물론 그 양조에서 영향력을 행사한 유교 사상과 깊은 관련이 있다. 기자는 서주 이래 구 중국(24, 25, 26, 27)의 핵심적인 사상이 되는 유교(아래)를 동국(한반도 국가)에 전파한 인물로 간주된다. 기자 설화("상서대전" 권2; "사기" 권38; "한서" 권95; "삼국지" 권30; "후한서" 권85)는 고려조 후기에 역사서("삼국유사" "제왕운기")에 올라가는데 고려조는 적어도 정치 부문에서는 일찍부터 유교적인 사상과 제도의 영향력 아래 있었다는 것이 진실일 것이다(16).

특히 조선조는 유교 사상을 기반으로 건국된 국가여서 그 기간 내내 기자의 위상은 우리가 상상하는 것 이상이었다고 할 수 있다. 조선조의 핵심 세력을 이룬 유학자들은 기자가 동국(한반도 국가)의 기원(023') 이란 것을 당연한 사실로 받아들인다. 기봉(箕封) 이란 용어는 오랜 기간 관용적으로 사용이 된다. 기자가 동국에 책봉(아래)을 받는다는 의미의 그 말은 이른 시기 구 중국 문화(25)를 대변하는 서주(-1046~-771) 국가 초기의 무왕이 기자를 조선에 책봉하면서 동국의 역사가 시작이 된다는 유교적인 서사를 대표한다. 물론 현재의 시각에서는 심각한 사대주의로 비칠 지도 모르지만(30) 유학자들은 그 사실을 당연한 것으로 받아들인다.

유교는 조선조에 와서 국교의 지위를 획득하고 점차 사회 전반을 장악하게 된다(물론 유교 란 용어는 다양한 함의를 가지고 있어서 세밀하게 사용해야 한다, 김영민 각종 언론). 특히 15세기 성리학이 조선조의 사상적 주류로 자리잡으면서 완전히 새로운 국면으로 진입한다. 그 과정에서 기자/ 기자 조선(위)이 조선조의 중요한 부분이 되고 조선조 유학자 계층에게는 동국(한반도 국가)의 기원(위)으로 의심 없이 받아들여진다. 이미 조선조 전기의 "동국통감"(1485)에서 3조선(024 a)이 '삼국기' 앞의 '외기'로 들어가고(36) 그 가운데서도 기자와 기자 조선은 단군(40)과 단군 조선 보다 더 강조된다. 후기의 안정복의 "동사강목"(동국역대 전수지도)도 그것을 잘 보여준다.

3조선(위) 가운데 기자 조선(위)이 한반도 국가(024 b) 즉 동국의 기원(위)이 된다는 이론은 현재 시점에서는 그대로 받아들일 수 없는 것일지도 모른다. 그것은 유교 이데올로기(023')가 아니라면 도저히 있을 수 없는 접근이라고 할 수도 있다. 어떻게 말하면 그것은 조선조에서 유교 이데올로기의 영향력이 얼마나 대단한 것인가를 잘 보여주는 한 사례라고 할 수도 있다. 물론 기자 조선(위)과 현대 2국가와의 간극은 분명히 존재한다. 그렇지만 이전의 조선조의 정치적 엘리트인 유학자들은 그들 계층 또는 더 나아가서 그들 국가가 기자에서 기원한다는 것을 믿어 의심치 않는다. 그것은 이상이 아니라 현실이었다고 할 수도 있다.

앞서 여러 번 언급한 중세 동 아시아 문명권(아래) 이란 거시적인 시각에서는 그것이 충분히 가능하다. 지구 상의 여타 지역과 마찬가지로 동 아시아의 중세도 공동 문어(한문)/ 책봉/ 보편 종교(유교)가 지배하는 문명권 단위로 볼 수도 있기 때문이다(조동일 2010)(제 3부)(3-1). 한반도 국가(동국)는 바로 위로 인접한 북방 북국(20)과 대치하면서 한편으로는 바다 건너 구 중국(위)과는 같은 가치(023')를 추구하는 동맹의 관계를 유지한다(27). 그 가치의 핵심이 공동 문어인 한문을 매개로 한 보편 종교에 해당하는 유교적 사상 체계 라 할 수 있다. 물론 구 중국에는 제자 백가와 불교/ 도교가 있지만 정치적 지배력을 행사한 것은 유교라고 보아야 한다(25).

책봉은 동 아시아에서만 나타나는 체계 또는 제도는 아니란 해석이다(위). 말하자면 유럽의 기독교 문명권, 중동의 이슬람 문명권, 인도의 힌두교 문화권에서도 그 강도는 차이가 있지만 정치 질서를 대변하는 그러한 유형의 형식이 있다는 주장이다. 여하튼 동 아시아는 구 중국과 기타 지역과의 책봉 이란 시스템이 오랜 기간 내려온다(Nishizima 1983: 니시지마 이성시 2008). 이른바 천하 체제(023')로 불리는 동 아시아 지역의 세계 인식과도 맞물려 있는 책봉은 구 중국의 한족 왕조가 만주의 이민족 왕조로 대체된 뒤에도 실시된다. 예를 들면 북국 제국(23) 원/ 청은 구 중국을 정복한 뒤에 한족 왕조를 대체해서 천하 체제를 그대로 표방하고 책봉의 당사자의 역할을 그대로 수행한다.

한국(조선)과 베트남은 모두 구 중국의 영향 하에 있었고 근대 이전에는 한반도/ 베트남 지역에서 기자 위만/ 조타 사섭 은 모두 그들 지역에서 한국 사람(한국 사람 2 또는 조선 사람 2)/ 베트남 사람(베트남 사람 2) 이란 인식을 한 것이 사실이다 (36). 그렇지만 근대 이후에는 사정이 달라진다. 베트남 지역에서는 조타 사섭이 그대로 베트남 사람(베트남 사람 2) 이란 인식을 하지만 한반도(조선 반도)에서는 기자 위만이 한국(조선) 사람이 아니라는 인식을 한다. 결과적으로 베트남 지역에서는 "대월사기전서"가 자랑스러운 그 무엇이 되는 반면 한반도에서는 "동국통감"이 부끄러운 그 무엇이 된다는 귀결이다(조동일 2010)(3-2).

중세 동 아시아 문명권(위)의 일원이었던 한반도와 베트남 지역에서 현재 그 문화에 대해서 평가가 다른 것은 두 지역에서 식민지기를 겪고 해방이 되는 과정이 차이점이 있기 때문이란 분석이다. 서구의 프랑스의 지배를 받은 베트남(유인선 2018)(제 11장)에서는 그와 맞서는 과정에서 동 아시아 문명 특히 유교가 투쟁의 무기로 사용되어 그 위상이 그대로 유지된다. 반면 같은 문명권인 일본의 지배를 받은 한반도에서는 일본의 고유 문화에 대항하는 한국의 고유 문화로 맞서야 하는 상황이어서 동 아시아 문명 특히 유교가 과거의 위상을 유지할 수 없었다는 것이다(조동일, 2010)(3-2). 한반도(조선 반도)는 근대의 과도기(12, 13)를 지나면서 그 이전과는 단절이 되고 그 이전의 문화는 손절 당한다.

결국 대 중국(아래)의 인식 이란 면에서 현대의 한반도(조선 반도)와 베트남 지역은 서로 달라지는데 중세 동 아시아 문명(위)의 연속과 계승 이란 면에서는 베트남이 더 바람직하다는 논의다. 여기서 말하는 대 중국 은 일단 본서에서 다루는 대 중국(24, 25, 26, 27) 논 의 대 중국 과 같은 용어다. 다만 주로 7세기 이후의 정치 군사(27) 적 조건 이란 면에 초점이 맞추어져 있는 '대 북국 대 중국 논'(20~27)의 대 중국 보다는 중세 동 아시아에서 결정적인 문화적 영향을 행사한 구 중국 문화(25)에 더 초점이 맞추어져 있다는 차이가 있다. 어떤 면에서는 '대 중국 2' 라고 할 만하다(21). 결국 기자 에 대한 인식의 차이가 동사(36)와 현대의 "조선사"(34) "한국사"(41)의 결정적 차이점이라고 할 만하다.

38 위만 조선

단군/ 기자 는 각각 신화/ 설화(023') 상의 인물이지만 적어도 위만(아래)은 그렇지 않다. 위만은 그들과는 달리 역사 상의 인물이기 때문이다. 그 인물은 진 제국(-221~-206)이 멸망하고 초와 한이 패권을 다투던 시기 변경 지역인 연나라에서 당시 지배자가 흉노 지역으로 망명하는 등의 혼란기를 틈타서 세력을 끌어 모아 조선(역사 상의 조선 023' 이다)으로 망명한다. 위만은 점차 세력을 확대해서 당시의 조선왕(조선후라고 나와 있기도 하다. "삼국지" 동이전 인용 "위략")을 몰아내고 지배자가 된다. 그 위만 조선(-194~-108)은 기본적으로 위만의 한족계(023')와 기존의 조선계(023')의 연합 국가(023')란 위상을 가진다. 그것은 동 시대 남 중국의 남월(-207~-111)이 조타(유인선, 2018)(제 1장)의 한족계와 기존의 백월계가 연합한 국가인 것과 흡사하다.

기원전후 한반도(조선 반도)와 주변 지역의 여러 정치체 가운데 위만 조선(위)은 시기적으로 가장 앞설 뿐 아니라 역사 기록도 분명한 편이다. 구 중국(24, 25, 26, 27) 역사서 가운데 가장 유명한 사마천의 "사기"에 위만 조선의 성립과 멸망 과정이 기록되어 있다('조선열전'). 그 뿐 아니라 고려조 후기의 "삼국유사"(1281) "제왕운기"(1287)에도 위만 조선이 나오는데 당시 한반도와 주변 지역에서 가장 선진적인 정치체 라 할 수 있다. 그 정치체는 3조선(024 a)의 하나로 편입된다. 위만 조선은 바로 이어지는 한 4군(28)과 함께 이른 시기 한반도(조선 반도) 지역 역사의 한 부분을 이룬 것은 사실이다. 그렇다 하더라도 그들 집단과 한반도 현대 2국가와의 관련은 문제가 될 수밖에 없다.

여하튼 위만 조선(위)은 동사(36)에서 3국 이전인 이른바 3조선(위)의 일원으로 자리 잡는다. "동국통감"(1485) '외기'(023')가 보여 주듯이 한족(26)인 위만이 세운 위만 조선도 동국(한반도 국가) 역사의 한 부분으로 기능한다. 위만 조선은 분명히 한족(위)이 세운 국가임에도 동국 역사의 일부분일 수 있는 것은 그 국가가 조선계와의 연합 국가(위)란 사실도 있겠지만(남한 역사 학계에서 강조하는 부분이다) 그것보다는 중세 동 아시아 문명권(조동일 2010)(제 3부) 이란 틀 속에서 구 중국(위)에 관한 인식이 지금과는 다르다는 것이 더 결정적인 원인일 지도 모른다. 말하자면 위만이 한족(위)이란 사실보다는 구 중국 문화(25)의 일원 이란 것이 더 강조된 것이다.

위만 조선(위)과 그 다음의 한 4군(위)에 대해서 좀더 부연하면 위만의 손자 대(우거왕)에 와서 한 무제가 위만 조선 정벌에 나선다. 그 자세한 과정은 "사기" '조선열전'(위)에 나와 있는데 한의 정벌군이 상당히 고전한 모습이 생생히 그려져 있다. 결국 상당한 저항 끝에 위만 조선은 막을 내리고 한 4군(위)이 설치되어 그 지역은 오랜 기간 낙랑군의 지배를 받는다. 한 4군은 한때 동계(보론 10) 지역까지 지배하지만 이후 그 주변 민족 집단의 저항이 거세지면서 북계(보론 9) 지역 특히 평양 부근의 낙랑군이 중심 지역이 된다. 그리고 이후 그 남쪽에 대방군이 설치되기도 한다. 낙랑군은 조선계 한족계 융합(오영찬 2006)이 상당 부분 진행이 되어 특유의 민족 집단(민족 1)이 형성된다 고 보기도 한다.

위만 조선(위)은 크게 봐서 두 가지 방식으로 한반도 남부(중남부) 3한 지역(43, 44, 45)과 연결이 된다. 위만 조선 기준으로 3한 지역과의 연결을 모색하는 이론은 하나는 조선 유민(아래)을 통해서이고 다른 하나는 한 4군(-108~313)을 통해서이다. 이른바 72국 조("삼국유사" '기이제일')의 두 가지 기사가 그것을 잘 보여준다. 하나는 "통전" 인용이고 다른 하나는 "후한서" 인용인데 "통전" 인용의 첫번째 기사는 위만 조선 멸망 이후의 조선 유민(아래)을 거론하고 "후한서" 인용의 두번째 기사는 한 4군(28)을 언급하고 있다. 그 두 가지 방식은 역시 위만 당시를 시대 배경으로 하면서 기자 조선(023')을 전제로 하는 마한 정통론(3한 정통론)과는 전혀 상관이 없다(45).

72국 조(위)의 첫번째 기사("통전" 인용)에는 조선 유민(023')이 그 매개체로 언급되고 있다. 그 이론은 위만 조선 멸망 후에 3한 지역(위)으로 이산한다는 조선 유민 다시 말해서 조선계(조선계는 한족계와 더불어 위만 조선을 구성하는 두 가지 민족 집단 가운데 하나다)를 상정한다. 그들이 이후 3한의 국(아래) 또는 국의 집합(마한 변한 진한)의 성립에 상당히 중요한 역할을 하고 이후 한반도(조선 반도) 정치 세력의 중심이 된다는 것인데 이른바 조선계설(023')이다. 그런데 그 이전의 "삼국사기"('신라본기 제1' 혁거세거서간)에도 이미 조선 유민에 대한 기사가 나와 있다. 조선 유민이 산곡지간(山谷之間)에 나뉘어 살면서 서라벌 6촌을 이룬다는 내용이다.

조선계설(위)은 문제가 없지 않다. 우선 고대 국가 설까지 있는 위만 조선(위)의 유이민이 3한의 소 정치체를 세우는데 큰 역할을 한다는 것이 역사의 발전 단계(023')와는 잘 맞지 않는다. 다음으로 조선 유민이 3한의 국의 성립에 역할을 하는 건지(이현혜 1984) 아니면 국의 집합의 성립에 역할을 하는지(박대재 2006) 가 분명하게 나와 있지 않다. 게다가 남한의 연구자 가운데 어느 누구도 기원전후에서 7세기까지의 역사를 조선계(위)를 중심으로 설명하는 사람이 없다. 대부분의 연구자들은 3국설(023')을 가지고 그 시대를 설명하기 때문이다. 더구나 조선계설은 바로 한족계설(023')로 돌변(023')할 수 있다는 문제도 있다. 한족계도 3한 지역으로 이산한다는 집단일 수 있기 때문이다(45).

위만 조선 은 한 4군(특히 낙랑군)으로 이어진다(위). 72국 조(위)의 두번째 기사("후한서" 인용)는 위만 조선을 정복하고 설치한 한 4군(위)이 매개가 되어 '한 4군이 나뉘어서 3한의 78국이 된다'는 내용이다. 그런데 거기서는 한 4군(2부)이 3한의 78국으로 나뉘는 것이 '법령점번'(法令漸煩)(023') 때문이라고 해석한다. '법령이 점차로 번거러워져서' 라는 상당히 유교적인 이유로 인해서 이상적인 상태의 한 4군이 바람직하지 못한 상태인 72국으로 나뉘어진다는 것이 그 요지다. 그러한 해석은 "제왕운기"로 이어지는데 권하(동국군왕 개국연대)의 한 4군 부분에서 '풍속점리'(風俗漸醨)(023') 다시 말해서 '풍속이 점차 박해져서'라는 이유를 제시하고 있는데 역시 유교적인 해석이다.

  이상의 '한 4군이 나뉘어서 3한이 된다'는 방식에서도 한 4군(위)은 그다지 이질적인 존재는 아닌 셈이다. "삼국유사"와 "제왕운기"에서 위만 조선(위)과 더불어 한 4군(2부)도 동국(한반도 국가)의 기원의 한 부분으로 간주되는 것은 중세 동아시아 문명권(조동일 2010)이란 시각에서 어느 정도 설명이 될 수 있다(위). 그렇지만 현대에 들어와서는 기자 조선도 그렇지만(37) 위만 조선과 한 4군(위)이 현대 2국가의 기원이 된다는 것은 그다지 받아들이기 쉬운 상황은 절대로 아니다. 한 4군이 한반도와 주변 지역 국가의 형성에 상당한 역할을 한다(Lee 1998; Pai 2000)(28)는 것을 인정한다 하더라도 문제는 남는 셈이다.

39 소급과 재 소급

 "동국통감"(1485)의 '외기' '삼국기' '신라기' '고려기' 가운데 앞 부분을 구성하는 '삼국기'와 '외기'는 기본적으로 고려조의 '소급과 재 소급'(손동완 2018) 설을 그대로 받아들인 것이다. 그 가운데 소급(023') 은 후 고구려(901~935)와 관련이 있다. 후 고구려의 후계 세력인 고려조는 그 자신의 취약한 정통성(023') 문제를 해결하기 위해서 10세기의 후 3국(위)에서 기원전후의 이른바 3국(024 a)으로 바로 소급하는 이론을 내놓는다. 고려조 전기의 "삼국사기"(1145)는 바로 그것을 반영한 책이다. 고려조 후기에는 기원전후의 3국(위)에서 다시 그 위로 재 소급(023') 하는 이론이 나온다. 이른바 3조선(024 a)

이 그것인데 "삼국유사"(1281)와 "제왕운기"(1287)를 거치면서 자리를 잡는다.

 우선 소급설(아래)부터 살펴보면 그것은 10세기의 후 3국에서 기원전후(023')의 3국으로 바로 올라가는 체계다. 더 정확히 말해서 '후 3국 3국 소급설'인데 줄여서 '3국 소급설' 더 줄여서 3국설(위)이라 할 수 있다. 이른바 3국(위) 이란 것은 바로 '후 3국 3국 소급설' 즉 '3국 소급설'(3국설)의 3국 인 셈이다. 후 3국(위)이 선행하고 그것이 있고 나서 비로소 3국이 만들어진다. 말하자면 3국은 '만들어진 3국'(invented Three Kingdoms)(18)이다. 한반도(조선 반도)와 그 주변 지역에 처음부터 3국 이란 존재가 있었다는 것은 사실이 아니다. 10세기에 와서 야 그것도 고려조의 정통성(위)과 그것을 뒷받침하는 통합의 이데올로기(023')에 기초해서 3국이 만들어진 것이라고 해야 한다.

 고려조에 나온 3국(위) 이란 것은 분명히 그러한 맥락 속의 3국이고 그러한 맥락을 간과한 3국은 문제가 있을 수밖에 없다. 10세기 후 3국(위)이 전제된 기원전후의 3국(위)은 앞서 말한 것처럼 우연히 나온 것이 결코 아니다. 그것은 소급(위)이란 형식을 통해서 고려조의 기원(023')을 제시한 것임을 간과해서는 안 된다. 그렇다고 할 때 그러한 "삼국사기"의 3국을 근거로 하는 3국 결합설(보론 8) 또는 3국 건국계(023' 024 a)설(18)은 현재의 한반도(조선 반도)의 민족 집단(15)의 기원 이론(42)으로는 당연히 문제가 많다고 할 수밖에 없다. 왜냐하면 그 두가지 입론도 고려조의 역사 기획(023')인 3국설(위)에 기댄 것일 뿐이기 때문이다.

3국 이란 것은 절대적인 그 무엇은 아니다. 그것은 분명히 역사적인 맥락이 있는 것이고 상당히 정치적인 의도가 작용한 것이라고 보아야 한다. "삼국사기"(1145)의 3국은 고려조(918 또는 935~1392)에 '만들어진'(invented) 3국임에 틀림없다(위). 김부식이 지적한 바대로 어떤 집단의 기원 이란 것은 상당히 정치적인 것이기 마련이고("삼국사기" 권 28, 논) 고려조의 기원 이론(위)인 3국설, 더 정확히 말해서, '후 3국 3국 소급설'도 그러한 범위를 벗어나지 않는다고 해야 한다. 또한 3국설은 위에서 논의한 것처럼 한반도(조선 반도)와 한반도의 민족 집단(위)의 진실과도 거리가 있다. '만들어진 3국'은 현재의 한국 사람(2)에게 2중적 의식(023')을 심어 주고 있다(17, 43).

다음으로 재 소급설(위)은 기원전후 3국(위)에서 다시 기원전 3000년대로 올라가는 체계다. 그러한 유형의 입론은 고려조 후기에 "삼국유사"(1281) "제왕운기"(1287)를 거치면서 나온다. 고조선 조("삼국유사" '기이제일')는 세 개의 기사로 이루어져 있는데 첫번째 기사에서 구 중국(24, 25, 26, 27) 전설시대(5제)의 하나인 요(당요) 시기에 단군(위)이 아사달에서 개국한다는 내용이 실려 있다. 평양 지역의 지역신(김한규 2004)(제 1장) 정도의 위상이었던 단군(40)은 그 이후로 엄청난 도약을 한다. 그래서 단군과 단군이 세운다는 단군 조선(위)은 한반도 국가(024 b)의 기원(위) 이란 지위를 넘보게 된다. "삼국유사"에 이어서 "제왕운기"도 단군을 맨 위로 놓는다.

참고로 고조선 조(고조선 왕검조선)는 일연과 그 제자들이 지은 "삼국유사"(1281)의 첫머리인 '기이제일'에 실려 있다. '기이제일'에는 한반도(조선 반도)와 주변 지역의 여러 정치체가 나열되어 있다(다만 '5가야'는 좀더 늦은 시기이고 예외적으로 후대의 '말갈 발해'가 '남 대방' 뒤에 삽입되어 있다). 그런데 그 맨 위에는 단군(위)의 단군 조선(고조선 1)이 올라가 있다. 일연과 그 제자들은 "삼국유사"에서 단군(위)이 기원전후 한반도와 주변 지역 정치체(위)의 기원(023') 이라고 명시적으로 말하지는 않지만 목차 구성으로 볼 때는 그것을 암시적으로 말하고 있는 셈이다. "제왕운기"에 가서 그 단군을 포함해서 단군/ 기자/ 위만 의 3조선(위)이 자리 잡는다.

그런데 고조선 이란 용어는 여러 가지 의미로 사용되고 있다. 고조선 조("삼국유사" '기이제일')의 고조선은 그 바로 다음에 나오는 위만 조선(-194~-108)(38)과 대비되는 의미로 사용된 것이다(고조선 1). 다음으로 고조선은 3조선(고조선 2) 이란 의미가 있는데 단군/ 기자/ 위만 조선 이다. 또 다음으로 '역사 상의 조선'(고조선 3)(023') 이란 의미로도 사용되는데 기원전 1000년대의 요동과 한반도 서북부의 소 정치체다. 북한에서는 원시 공동 사회와 중세 봉건제 사회 사이에 고대 노예제 사회를 집어넣기 위해서 기원전 1000년에서 1년을 고조선(고조선 4) 이라는 이름 하에 조직한다(34). 여하튼 고조선 조의 단군(위)은 고려조 후기를 거치면서 한반도 국가(024 b)의 기원(023')으로 올라서게 된다.

  고조선 조가 나오는 '기이제일'(사실 상 동국의 역사를 기록한 장이라 할 수 있다)에서 기원전 2세기의 위만 조선(-194~-108)과 그 바로 위에 올려 놓은 단군 조선(고조선 왕검조선) 사이에 2000년이 넘는 역사적 공백(023')이 생긴다. 그것은 기원전후의 역사가 갑자기 기원전 3000년기(구 중국 기준으로 전설시대 즉 5제에 해당한다, 위)로 재 소급(023')하면서 생긴 일이다. 그 사이의 공백을 "삼국유사"는 상(은)/ 주 교체기의 인물인 기자(위)를 등장시켜 메꾸고 있다. 고조선 조(위)는 첫번째 기사에 단군의 개국이 나오고 두번째 기사(위)에서는 기자가 깜짝 등장하고 세번째 기사에서 그 기자를 인증한다. 다만 고조선 조에는 기자가 등장하긴 하지만 기자 조선(024 a)은 구체적으로 나오진 않는다.

이른바 동사(36)에서는 3국(위) 위로 설정되는 3조선(023' 024 a) 이 매우 중요한 부분이다. 단군/ 기자/ 위만 의 3조선 은 현대의 조선사(34) 또는 한국사(41) 에서는 그다지 중시되는 부분은 아니라 할 수 있다. 그렇지만 적어도 고려 조선 양조의 역사에서 3조선(위)은 없어서는 안 될 부분임에 틀림없다. 고려조 후기에 그 이전의 소급설(위)에 이어서 다시 역사가 올라가는 재 소급설(위)에서 시작되는 고조선(고조선 왕검조선)의 단군 조선은 "삼국유사"와 "제왕운기"를 거치면서 기자의 기자 조선과 위만의 위만 조선과 더불어 3조선 을 이룬다. 3조선 은 이른바 전통설(023' 024 a)의 중요한 부분을 이루기는 하지만 많은 논란 거리를 남긴 것은 분명한 사실이다.

40 단군

 조선조(1392~1910)에서는 이른바 3조선(024 a)(고조선 2) 가운데 기자 조선("제왕운기" 동국군왕 개국연대)이 중시된다(37). 그렇지만 단군 조선(023')도 3조선 가운데 제일 앞에 나올 뿐 아니라 고려조 후기의 재 소급(023') 설 이란 것 자체가 기원전후의 3국에서 기원전 3000년기의 단군(위)으로 다시 거슬러 올라가는 것(39)이어서 그 비중은 결코 작지 않다. 특히 한말로 접어들면서 단군(아래)은 주목을 받기 시작한다. 조선조를 지배한 유교(023') 특히 성리학의 폐해가 이미 사회적으로 드러난 그 시대에는 서학(천주교)에 이어 동학이 그것을 대체하는 역할을 하고 특히 동학 계열의 세력들은 유교의 기자(37)를 대신해서 단군을 중시하지 않을 수 없는 상황이었다.

더구나 한말은 대한제국(1897~1910)으로 다시 일본 식민지기(1910~1945)로 숨가쁘게 넘어가는 시기였다. 특히 청 일 전쟁(1894~5) 이후 구 중국(더 정확히 말해서 구 중국을 정복한 북국 제국 청 이다)의 세력이 물러나고 일본의 세력이 들어가는 과정에서 당시 여러 언론과 사회 단체를 통해서 민족주의(14) 흐름이 나타난다(Schmid 2002). 당시의 민족주의가 민족 기원 이란 주제와 관련이 없을 수 없고 그것은 주로 단군(위)으로 귀결된다. 대칭 국가(윤해동 2022) 라 할 수 있는 임시 정부(1919~45)에서 이미 사라진 조선조 또는 대한제국의 연호 대신 단군의 단기를 사용한 것도 불가피한 일이었다(남한에서도 한참 동안 단기가 사용된다).

한편 단군 기원(위) 이란 담론은 한반도(조선 반도)의 민족 집단(15)이 '하나의 기원'(023')에서 시작된다는 관념을 심어준다. 지구 상의 민족 집단(Winston 2004)(Peoples)은 대부분 여러 집단이 혼합되고 결합되어 이루어진 것이다. 그것은 고도의 문명(023')을 기반으로 성립하는 민족 집단이나 정복자 기원(023')의 민족 집단도 예외가 아니라 할 수 있다. 한반도 지역은 일본 열도/ 베트남 등과 마찬가지로 그 지역에서 모태(023' 024 a) 집단이 나온 후에 여러 국가 또는 왕조를 거치면서 민족 집단이 형성되는 유형이다. 그 모태 집단도 오랜 기간 여러 집단이 혼합되어 이루어지는 것이라고 보아야 한다(50). 한반도의 민족 집단(위)이 '하나의 기원'에서 나온다는 것은 진실이 결코 아니라고 해야 한다.

단군 이란 원형(prototype)에서 한반도(조선 반도)와 그 주변 지역의 여러 정치체 또는 민족 집단이 나온다는 논리는 연역적 방법(023') 이라 할 수 있다. 그것은 민족 집단(위)의 연구와는 전혀 어울리지 않는 방식인데 언어학계에서 나온 연역적인 방식의 논의와 흡사하다. 예를 들면 알타이언어 연구에서 원 알타이어(proto-Altaic)에서 투르크어(T)/ 몽골어(M)/ 퉁구스어(T) 가 나오고 다시 원 투르크어에서 투르크에 속하는 여러 언어가/ 원 몽골어에서 몽골어에 속하는 여러 언어가/ 원 퉁구스어에서 퉁구스에 속하는 여러 언어가 나온다는 방식이다. 일종의 계통수(성백인 1996)인 그러한 도식은 귀납적인 방식으로 연구하기가 무척 힘든 알타이언어를 대하는 손쉬운 방법일 뿐이다(김주원 외 2006)(제 1장).

한국어와 일본어는 TMT(위)와는 별개로 원 알타이어(위)에서 분기되어 나온다는 식으로 처리된다. 한국어도 다시 마찬가지 방식으로 설명이 된다. 원 한국어(proto-Koreanic)에서 예맥어(부여어)와 3한어가 나오고 예맥어(위)에서 그것에 속하는 여러 언어가/ 3한어(위)에서 그것에 속하는 여러 언어가 나온다는 방식이다. 예맥어와 3한어는 이른바 예 맥 한 결합설(023')과도 관련이 없지 않다. 왜냐하면 예맥어 사용 집단과 3한어 사용 집단이 바로 이른바 예 맥 한 이라 할 수 있기 때문이다. 이상의 이른바 계통수(위) 방식이 어떤 공통 집단에서 한반도(조선 반도)와 주변 지역의 여러 정치체 또는 민족 집단이 나온다는 주장에 원용이 된다.

그렇지만 원형(위)에서 연역적으로 파생되는 그 무엇이란 방식의 접근은 언어학은 물론이고(위) 민족 집단(민족 1)의 연구에도 전혀 바람직하지 않다. 말하자면 그것이 원 한국어(위) 이든 단군(단군 2) 이든 '예 맥 한 공통 집단'(위) 이든 하나의 기원에서 하위 언어 또는 하위 집단이 나온다는 방식은 문제가 많다고 할 수밖에 없다. 한반도(조선 반도)의 민족 집단(위)이 '하나의 기원'에서 나온다는 것은 결코 현실적인 접근이 되지는 못한다. 그러한 방식의 사고에는 단군과 단군 기원 이란 담론(023')이 상당한 영향을 미친다고 해야 한다. 원형이나 '하나의 기원'은 더 이상 한반도(조선 반도)의 민족 집단을 설명하는 방식이 되어서는 안될 것이다.

다시 단군으로 돌아가서 단군은 고려조 후기 "삼국유사" '기이제일' 고조선 조에서 처음으로 비중 있게 나오는데(39) '고조선 왕검조선' 이란 부제가 달려 있다. 특히 그 두번째 기사(아래)는 단군 신화(023')로 유명하고 분량 상으로는 대부분 단군 신화(위)가 차지하고 있다(구성 상으로는 다른 해석이 가능하다, 아래). 단군 신화(위)는 샤머니즘, 토테미즘 뿐 아니라 불교, 도교, 유교 사상이 섞여 있어 과연 그 신화가 오래된 것인가 하는 의문이 제기되기도 한다. 더 나아가서 한국(조선)

사상사에서 이른바 고층(Ogura 2017)(제 2장)이 존재하는가 란 문제도 있다. 근대로 들어서서 그 고층에 의탁해서 기상천외한 극단적인 민족주의(14) 이론이 나오기도 한다.

"제왕운기"는 "삼국유사"(위)와는 시기적으로 큰 차가 나지 않지만 몇 가지 측면에서 상당한 진전을 보여 준다. 먼저 그 저작은 명시적으로 단군(위)이 한반도와 그 주변의 정치체의 기원(023') 이란 것을 언급한다. 더 구체적으로는 단군이 이른바 3한(한반도 북부를 포함하는 넓은 의미의 3한 인데 당시의 용법이다)의 대국(부여, 비류, 시라, 고례, 남북 옥저, 예맥)의 기원 이란 설정이다. 다음으로 그 저작은 기자와 관련해서 전/ 후 조선 또는 3조선 이란 틀을 제시한다(위). "삼국유사"가 단군(위)을 설정한 뒤 단군 조선(위)과 위만 조선(38) 사이에 기자(37)를 집어넣는데 급급한 반면 "제왕운기"는 기자 조선(위)을 언급하고 그것을 바탕으로 3조선 이란 역사 기획(023')을 시도한다.

단군 신화가 나오는 고조선 조 두번째 기사(위)는 전체적으로 볼 때는 단군(단군 조선)이 기자로 교체된다는 것이 기본적인 구성이다(위). 말하자면 기원전 3000년기 단군 조선이 기원전 1000년 전후(서주 무왕 시기) 기자(37)로 교체된다는 설정이 뼈대를 이룬다. 기자는 상(은)의 유민으로 상이 서주에 멸망당한 뒤에 동쪽으로 가서 유교(유교는 상당히 긴 역사를 자랑한다)를 전파한다 는 설화 상의 인물이다(37). 세번째 기사는 그 기자를 인증하기 위해서 중국 문헌("구당서" 권13 열전11 배구전)을 인용한 것인데 하필이면 논란이 될 수 있는 기사를 인용한다. 왜냐하면 그것은 바로 배구 란 인물이 수 양제에게 고구려 침략의 당위성을 강조하는 내용이기 때문이다(기자는 그 근거의 하나로 제시된다).

41 한국사

 남한의 한국사(아래)는 조선조의 동사(36)와는 다르다. 예를 들어 "동국통감"의 '외기'는 한국사 에서 채택되지 않는다. 조선조 사람(북한의 조선 사람 이 아니다)과 현대의 한국 사람(2)은 '외기'에 대한 인식이 다르다. 말하자면 '외기'에 나오는 기자 또는 위만에 대해서 조선조 사람들은 그다지 거부감 없이 받아들이는 반면 현대 남한의 한국 사람(현대 북한의 조선 사람 도 마찬가지다)은 그들이 역사 공동체 '한국'(조선)에 속한 인물인가 여부에 대해서 의심을 한다. 그것은 조선조 사람이 중세 동 아시아 문명(조동일 2010)(제 3부)의 '보편' 이란 관념 하에서 그 인물들을 바라보는 반면 현대의 한국 사람은

'민족'이란 입장에서 바라보는 차이가 있기 때문일 것이다.

'보편'의 동사(위)와 '민족'의 한국사(위)는 당연히 다를 수밖에 없다. 7~19세기까지의 한반도 국가(024 b)는 '한반도 국가/ 북방 북국/ 구 중국'의 구도 하에서 구 중국(24, 25, 26, 27)과는 문화와 가치를 공유하고 정치 군사적인 면에서 동맹에 가까운 관계에 있었다. 이전의 책봉과 조공 이란 동 아시아의 국제 질서 속에서 구 중국 문화(25)는 그 권역에서 하나의 '보편'을 형성한다. 심지어는 북방 북국(20) 가운데 구 중국을 정복한 북국 제국(23)인 원과 청도 유교적인 제도와 사상을 도입해서 다른 주변 국가를 책봉한다. 그러다가 19, 20세기에 그 지역이 '해양 대 대륙'의 구도로 전환(6) 하면서 구 중국의 문화는 '보편'의 지위를 상실하게 된다.

남한의 한국사는 국사편찬위원회에서 간행한 "한국사"(1973~78)가 대표적이다. 총 25권으로 이루어진 그 역사서는 민족 또는 문화 란 기초 위에 서 있는 듯하다. 선사 문화(1권) 다음의 2권, 3권은 각각 '민족의 성장'(2권), '민족의 통일'(3권) 이란 제목 아래 고려조 이전의 역사를 다룬다. 그 다음은 고려(4~8권) 조선(9~15)과 근 현대(16~22권)가 주 내용이다. 말하자면 고려 조선 양조 이전은 크게 봐서 선사시대(구석기, 신석기, 청동기, 철기시대 로 나뉜다)와 그 이후로 구성되는데 그 이후는 민족의 성장(고조선, 부족 국가, 고대 국가 3국)과 민족의 통일(통일 신라, 발해) 이란 내용으로 되어 있다. 마지막의 23장은 다시 '한국 민족' 이란 제목을 달고 있다(아래).

 이상의 민족의 성장 〉 민족의 통일 〉 한국 민족 이란 구조는 무엇보다 한국(조선) 민족이 이미 고대(위)에 등장한다는 전제가 깔려 있는 듯하다. 그렇지만 한반도(조선 반도)의 민족 집단(15)은 적어도 7세기 이전에는 그 존재가 드러난다고 할 수는 없다. 물론 이른바 고조선, 부족 국가, 고대 국가 3국의 단계(2권)에서 한반도(조선 반도)와 주변 지역에서 다양한 민족 집단(민족 1)이 분포하고 있었다는 것은 사실이지만 그것을 '민족의 성장' 이라고 하기에는 적절하지 않다. '민족의 성장'은 이미 선험적인 민족을 전제하기 때문이다. 선 민족, 준 민족, 전 근대 민족 등의 어떤 개념을 들이대더라도 그것은 변함이 없는 사실일 것이다.

7세기 이후로 설정되는 '민족의 통일'(3권)도 선후 관계가 뒤바뀐 양상이다. 한국(조선) 민족에 해당하는 이른바 선험적인 민족(위)이 있고 그것이 통일된 것이 아니라 여러 가지 민족 집단(민족 1)이 통합이 되어 현재의 한국(조선) 민족이 형성된다고 보아야 하기 때문이다. 말하자면 기존의 민족(선험적인 민족)이 통일되는 것이 아니라 여러 집단이 통합이 되어 민족(한국 민족 또는 조선 민족)이 나온다는 것이 더 진실이다. 이른 시기의 선험적인 민족 이란 것도 그렇고 그러한 민족(위)의 성장과 통일 이란 것도 논리가 맞지 않는다. 한반도(조선 반도)의 민족 집단(15)은 형성기(676~1910)와 그 이전의 선 형성기(-1000~676)를 통해서 형성되는 집단이라고 해야 한다.

한편 "조선전사"(1979~83)가 대표하는 북한의 조선사(34)는 남한의 한국사 에도 영향을 미친다. 특히 한길사 한국사 가 그것인데 남한에서 1980년대 이래 나온 다른 계열의 "한국사"(1994)(27책)다. 1986년에 착수해서 8년만에 완간된 그 한국사는 1980년대 이래 소장 학자들이 참여한 작업의 결과인데 분단 체제 역사 인식의 극복을 추구하는 상당히 진보적인 색체를 띄고 있다. 그 가운데 11, 12장이 '근대 민족의 형성' 이란 제목인데 민족은 근대의 산물 이란 근대주의(12) 입장이 반영된 듯하고 21, 22장은 '북한의 정치와 사회' 란 제목으로 북한에 대해서도 다루고 있다. 식민지기 좌익, 해방 공간, 북한 역사(위) 를 추가해서 근 현대사의 분량이 절반을 차지한다.

한길사 한국사(위) 는 원시 사회에서 고대 사회로(1, 2권), 고대 사회에서 중세 사회로(3, 4권) 란 제목이 보여 주듯이 원시 공동 사회 〉 고대 노예제 사회 〉 중세 봉건제 사회 라는 유물 사관 방식의 체제를 원용하고 있다. 구체적인 고대 사회와 중세 사회의 범위 문제 와는 상관없이 기본적인 역사 구성은 북한의 조선사(34)의 영향을 받은 것은 분명하다 할 수 있다. 한길사 한국사 가 고 중세사를 새로운 시각 속에서 조망한다("한국민족문화대백과사전")는 평가를 받지만 그것은 사실 상 북한의 조선사(위) 의 역사 구성을 도입한 것이다. 한길사 한국사 는 대체로 민족 해방 문제, 현대사, 북한 역사(위) 등이 보강된 진보적인 역사학 이란 평가도 받지만 기본적으로는 조선사(위)의 아류 아사(亞史) 라 할 수도 있다.

다시 원래의 "한국사"(1973~78)로 돌아가서 그 한국사 는 "신편 한국사"(1993~2003)로 거듭난다. "한국사"에서 고려/ 조선은 고려 귀족 사회/ 양반 관료 국가 로 정의해서 문구 그대로 제목에 등장하지만 "신편 한국사"에서는 고려/ 조선이란 이름을 그대로 사용한다. "한국사"의 23권에서 "신편 한국사"의 53권으로 분량이 늘어난 만큼 각 시대의 내용도 증가하는데 특히 근대 부분은 전자의 개화 척사 운동, 동학 농민봉기, 독립협회, 의병 항쟁, 근대 문화, 3.1 운동, 민족 운동(16~22권)이 후자의 서세 동점, 개화와 수구, 갑오개혁, 독립협회, 대한제국, 국권 회복 운동, 변동, 신 문화 운동 1, 신 문화 운동 2, 3.1 운동, 임시 정부, 민족 운동, 민족 운동 2, 민족 문화(33~51)로 늘어난다.

"신편 한국사"(위)(53권)는 1권이 총설이다(이하 신편 총설 이라 부른다). 그런데 신편 총설은 "한국사"(위)의 마지막 장인 23장 한국 민족(위) 을 맨 위로 올려서 보충한 것이다. 그 총설은 자연 환경(첫번째 부분)/ 한민족의 기원(두번째 부분)/ 한국사의 시대적 특성(세번째 부분)/ 한국 문화의 특성(네번째 부분) 네 부분으로 되어 있다. 그 총설에서 민족(위)과 문화(위)를 논의한 부분인 한민족의 기원(위)과 한국 문화의 특성(위)은 모두 "한국사" 23장을 재 배열한 것이다. 그 가운데서 '한국 문화의 특성(위)'은 언어/ 문학/ 종교 사상/ 과학 기술/ 미술/ 음악으로 되어 있다. 신편 총설은 사실 상 세번째 부분인 '한국사의 시대적 특성'(선사, 고대, 고려, 조선, 근현대)이 총설의 부제인 '한국사의 전개'를 대변한다 할 수 있다.

신편 총설에서 자연 환경(첫번째 부분)을 제외하면 대체로 한민족의 기원(두번째 부분)의 '민족'과 한국 문화의 특성(네번째 부분, 위)의 '문화' 란 시각을 염두에 두고 구성된 것임을 알 수 있다. 그것은 큰 방향에서는 '민족과 문화' 라는 틀 속에서 진행이 된 것이라 해야 한다. 다만 '민족과 문화' 라는 화두가 동 아시아의 보편적인 문화적 틀 안에서 이루어져 온 한반도(조선 반도)의 역사를 이른바 민족 문화 라는 시각 안에서 차별화시키는 것이라 볼 수 있다. 그것은 70년대 남한에서 유행하던 민족 이란 개념과 문화 라는 개념 뿐 아니라 민족 국가 라는 개념까지 영향을 미치고(편찬 지침) 그러한 개념들의 토대 위에서 한국사 가 저술이 된다고 할 수도 있다. 당시 학계에서 민족 문화, 정신 문화, 한국 문화, 한국 민족 문화(김정배 1973) 등의 용어가 많이 사용된다.

신편 총설의 한 부분인 '한민족의 기원' 역시 "한국사" 23장(위)의 앞 부분을 거의 그대로 실은 것이다. '고고학에서 본 한국 민족의 문화 계통/ 한국 신화의 유형과 고대 민속/ 중국 문헌에 나타난 동이족'("한국사" 23장)이 '고고학적으로 본 문화 계통/ 민족학적으로 본 문화 계통/ 문헌에 보이는 한민족 문화의 원류'(신편 총설)로 약간 수정해서 실려 있다. '한민족의 기원'은 현재 모호(023')하고 불 확실(023')하다는 결론에 도달한 지도 한참이 지난 시점이다. 한국(조선) 민족 은 어떤 선험적인 존재가 아니라 한반도(조선 반도) 지역에서 역사적으로 형성이 된다 고 보아야 한다. 더구나 민족 기원 이란 것이 유사 문제(이선복 2008 맺음말; 이상희 2023 제 19장)일 가능성이 매우 높다.

part 5 기원 문제

괄호 안의 1, 2, 3, 4……50 은 각각 본문 1, 2, 3, 4……50, 그리고 괄호 안의 023′, 024 a, 024 b 는 각각 손동완 2023(부록), 손동완 2024 a, 손동완 2024 b(456쪽) 의 약호임.

42 기원 이론

 한반도(조선 반도)의 민족 집단(15)이 어디에서 기원(023') 하는가 에 대해서는 대중의 관심이 높은 편이다. 그러한 분위기 속에서 출판계에서는 몇몇 지역을 특정해서 그럴듯한 입론을 반복적으로 내놓는다. 그렇지만 그것이 문화(023') 적인 것이든 형질 및 유전자(023') 적인 것이든 간에 그 집단의 기원 이란 것 자체가 유사 문제 일 가능성이 매우 높다(이선복 2008; 이상희 2023). 더구나 그러한 입론들은 대부분 몰 역사(아래) 적인 방식일 수밖에 없다. 그래서 결과적으로 한반도(조선 반도)의 민족 집단은 동 아시아에서 기원한다 또는 그 전의 동남 아시아에서 기원한다 또는 더 이전의 동 아프리카에서 기원한다 는 것과 본질적으로 다를 바가 없을 정도다.

우리는 한반도(조선 반도)의 민족 집단(위)이 '어디에서 기원하는가'보다는 '어떻게 형성되는가' 가 더 중요한 문제라고 보아야 할 듯하다. 그래야만 그 집단의 이른바 기원에 대해서 몰 역사(위) 적인 접근을 하는 어리석음에서 벗어날 수 있을 것이다(아래). 그렇다면 그 문제와 관련해서 100000년전(BP)의 아프리카, 50000년전의 동남 아시아, 10000년전의 동북 아시아 같은 것은 별 의미가 없다고 해야 한다. 그보다는 한반도(조선 반도) 란 지역에 초점을 맞추어서 어느 정도 현실적인 시기를 제시해야 한다. 물론 기원전후의 시기도 적용될 수도 있지만 좀더 현실적인 시기는 676년의 3한 지역의 통합일 것이다(17).

또한 그 집단이 근대에 와서 야 형성된다는 이른바 근대주의(12)도 상당한 문제가 있다고 보아야 한다. 근대주의는 그 집단이 '언제 출발하는가' 라는 문제와 관련해서 너무 특정한 시점을 제시하는 대표적인 예가 될 수도 있다. 물론 현대의 한국 사람(남한인)이 근대에 와서 그것도 1953년 이후에 형성된다는 것은 사실에 가깝다. 그렇다고 하더라도 한국 사람(2)과 조선 사람(3)과 디아스포라 동포(10)는 한반도 3조(16)을 거치면서 형성이 된다고 해야 한다. 이른바 민족 형성(023') 이란 문제와 관련해서 어떤 민족 집단이 특정한 시점에 형성된다 는 방식은 그다지 바람직하지 않다. 왜냐하면 어떤 민족 집단의 형성은 단선적인 것이 아니라 중층적으로 접근하는 것이 더 나을 것이기 때문이다.

한반도(조선 반도)의 민족 집단(위)은 전통설(024 a)에서 말하듯이 3국(만들어진 3국)(18)이나 3조선(023' 024 a)에서 기원하는 것은 아니라고 해야 한다. 그렇다고 해서 당대설(024 a) 특히 외래설(023')에서 말하듯이 시베리아(46) 발해연안(47) 부여(48) 남방 해양(49) 지역에서 기원하는 것도 아닌 듯하다. 그 동안 그 집단의 기원에 관해서 여러가지 다양한 이론이 나온 바 있지만 그것은 여전히 모호(023')하고 불 확실(023')한 상태로 남아 있다. 더 정확히 말하자면 그 집단의 기원(023')이란 것 자체가 유사 문제일 가능성이 매우 높다(위). 대신 그 집단이

7세기 한반도 3한 지역⁽⁴³, ⁴⁴, ⁴⁵⁾의 집단을 모태(023', 024 a)로 해서 한반도 3조(16)를 거치면서 형성된다 는 것이 가장 정확할 것이다.

현재까지 나온 기원 이론(023') 가운데 전통설(위)과 당대설(위)이 가장 큰 범주에 속한다. 다음으로 당대설은 외래설(위)과 내재론(024 a)으로 나눌 수 있는데 일반 대중들은 주로 외래설을 기원 이론(위) 이라 인식하고 있다. 외래설은 시베리아(46) 발해연안(47) 부여(48) 남방 해양(49) 이란 지역을 주 대상으로 삼고 있다. 그 네 지역은 앞서 언급한 한반도(조선 반도)의 민족 집단이 '언제 출발하는가' 와 관련해서는 그다지 중요하지 않다. 그 네 지역보다는 한반도(위)의 기원전 1000년대, 기원전후, 676년, 1953년 등의 시기가 더 핵심적이라 보아야 할 듯하다. 말하자면 외래설(외래 기원설)보다는 내재론(내재적 발전론)에 더 치중하는 입장이 훨씬 더 바람직하다 할 수 있다.

물론 내재론(024 a)도 각각 북한/ 남한을 대표하는 본토설

(평양설)/ 3한설이 있다. 그 가운데 본토설(33)은 한반도(조선 반도)의 민족 집단이 구석기시대의 고인 신인을 거쳐서 신석기시대의 조선옛유형사람(023')에서 기원한다는 입론이다. 그것은 한반도(조선 반도) 안의 지역을 전제하는 일종의 내재론이긴 하지만 시기적으로는 선사시대를 대상으로 하고 있다. 바꾸어 말하자면 본토설도 그 집단이 '언제 출발하는가' 란 면에서도 여전히 몰 역사(위) 적인 방식이 아닐 수 없다. 거의 10000년전(BP)을 전제하는 본토설에 비해서 3한설은 기원전후 기준으로 그 이후를 주 대상으로 하고 최대 기원전 1000년 정도를 전제한다는 면에서는 훨씬 더 역사적이다.

43 3한 일관론

 각각 남한/ 북한을 대표하는 내재론(내재적 발전론)(024 a)(42) 인 3한설/ 평양설(본토설) 두 이론 가운데 3한설(023')은 한반도(조선 반도)의 민족집단(15)이 3한 지역 이란 모태(023' 024 a)를 기반으로 한반도 3조(16)를 통해서 이루어진다는 이론인데 가히 3한 일관론(023')이라 할 만하다. 일종의 반 기원론(024 a)이라 할 수도 있는 그 이론은 물론 기원(023') 이란 주제에서 완전히 자유롭지는 않지만 충분히 외래설(46, 47, 48, 49)이 가진 난점을 벗어날 수 있는 하나의 대안이 될 수 있을 듯하다. 초기 농경 사회를 거쳐서 3한과 한반도 3조(위)를 지나면서 형성되는 한반도의 민족 집단(위) 이란 것은 한반도(조선 반도) 란 개념뿐 아니라 '한국' 한국인(023') 이란 개념과도 가장 일치하는 것이라 해야 한다.

3한 일관론(위)도 하루 아침에 생겨난 것은 아니다. 그것은 20, 21세기를 지나면서 여러 분야에서 나온 연구가 축적이 되어 나온 것이기 때문이다. 물론 개별적인 3한 연구도 중요하지만 기존의 3국(만들어진 3국)(18) 이란 3국설(023')을 넘어서려는 남한 학계의 시도도 평가를 받아야 할 것이다. 그 과정에서 가장 눈에 뜨는 그룹이 바로 3한 일관론자(김한규 2004; 임지현 2004; 이전 2005; 이종욱 2006; 손동완 2018)이다. 그들은 이른바 3국의 하나인 고구려(기원전후~668)와 한반도(조선 반도)의 민족 집단(위) 간의 관련에 대해서 의문을 가진다는 공통점이 있다. 그리고 만주 지역의 통합 국가(023')의 하나인 고구려를 어떻게 보아야 하는가에 대해서 당시로서는 상당히 모험적인 성찰을 한다.

우선 김한규는 고구려가 기본적으로 만주(요동 이란 용어를 사용한다)의 통합 국가 라는 것을 강조하고(김한규 2004) 임지현

은 고구려사 자체가 상당한 딜레마를 가진 역사라는 것을 지적한다(임지현 2004). 이전도 고조선과 고구려가 현재의 한반도(조선 반도)의 민족 집단의 역사가 아닐 가능성을 제기한다(이전 2005). 이종욱은 고구려 또는 백제가 현재의 한반도(조선 반도)의 민족 집단(위)의 중추가 되지 못한다는 입장을 견지한다(이종욱 2006)(제 5장). 이상의 여러 연구자들이 고구려 역사에 대한 과감한 의문을 제기한 것이 당시 신 중국의 동북 공정(2002~7)에 대한 반대 여론이 조성되는 시점 이란 것을 감안하면 매우 값진 것이라고 할 수 있다.

오랜 기간 남한 학계는 고구려에 대한 연구가 양적으로 질적으로 빈약한 수준에 머물렀다는 것이 사실이다. 신 중국(7)의 동북 공정(위)이 본격화되면서 정부의 전폭적인 지원으로 고구려 연구가 풍성하게 이루어진다. 결과적으로는 동북 공정 덕분에 고구려와 발해(32)에 대한 연구가 심화된 것은 바람직한 일일 수도 있다. 그렇지만 고구려와 발해에 대한 연구가 민족주의(14)의 시각에서 이루어진 것은 그다지 긍정적인 측면이 아니다. 더구나 북한의 남 북국사 란 틀을 그대로 수입해서 그 선상에서 성찰 없는 논의를 한다는 것은 상당한 문제가 있다(22). 고구려와 발해에 대한 연구는 그 자체로 이루어져야 할 것이다.

이상의 고구려에 대한 입장과는 상관없이 적어도 현재의 한반도(조선 반도)의 민족 집단(위)이 3국 통일 전쟁(17) 이후에 형성된다는 시각은 광범위한 지지를 받는다. 그런데 그 3국 통일이 3한 통합에 가깝다는 것도 상당 부분 인정하고 있는 사실일 것이다. 이른바 '후 3국의 기원'을 3국으로 설정하는 고려조의 역사 기획(023')을 떠나서 본다면(18) 고려조가 뛰어넘은 대 신라(통일 신라 또는 후기 신라)가 그 집단의 형성에 가장 많은 공헌을 한다는 것은 인정할 수밖에 없을 것이다. 위의 3한 일관론자 가운데 특히 이종욱은 그 부분에 대한 논의를 가장 심도 있게 펼치고 있는데(이종욱 2002, 2006) 당시로서는 상당한 결기가 필요한 상황이었다 할 만하다.

물론 3한 일관론(위)도 하나의 역사 기획(위)이 아닌가 란 의문이 제기될 수도 있다. 모든 역사는 엄밀히 말해서 역사 기획적인 측면을 완전히 벗어날 수는 없을 것이다. 어떤 역사이든 간에 모두 그 역사를 보고 구성하는 관점이 개입되기 마련이다. 문제는 그러한 기획이 어느 정도의 강도를 갖고 있나 라는 문제일 것이다. 현재 남한의 이른바 유사역사학(아래) 같은 경우는 기획의 강도가 어느 정도의 범위를 넘어서 안드로메다로 가버린 정도라고 할 수 있다. 그것은 그 체계 자체가 극단적인 민족주의에 매몰되어 완전히 비 이성적이라 할만한 단계까지 도달한 것이고 그에 대한 반론이 과연 필요할 것인가 라는 의문이 들 정도다.

이미 10세기에 당시 한반도(조선 반도) 국가의 기원(023')에 대한 역사 기획(위)이 등장한다(18). 3국설(위)이 그것인데 10세기 이른바 후 3국(023') 국가의 기원이 기원전후 3국(위)이란 역사 서사다. 말하자면 당시의 후 신라(원래의 영역으로 되돌아간 대 신라)/ 후 고구려/ 후 백제 의 기원이 기원전후의 혁거세거서간의 신라('신라본기')/ 동명성왕의 고구려('고구려본기')/ 온조왕의 백제('백제본기') 라는 구성이다. "삼국사기"(1145)는 바로 고려조의 그들 국가의 기원에 대한 서사가 구현된 저작이라 할 수 있다. 3국 은 간단히 말해서 후 3국의 3국 이고 후 3국이 먼저 있은 다음에 3국 이 나온다. 말하자면 3국 은 10세기 이후에 '만들어진 3국'(18) 이란 얘기다.

그러한 방식의 역사는 3국에서 끝나지 않는다. 고려조 후기로 가면서 3국으로 소급(023')한 역사가 다시 기원전 3000년기로 재 소급(023')하기 때문이다(39). "삼국유사"(1281)와 "제왕운기"(1287) 란 저작을 거쳐서 단군 조선과 기자 조선의 전/ 후 조선 이란 개념이 나오고 다시 기원전후 당시 한반도와 주변 지역에서 가장 선진적인 정치체였던 위만 조선(-194~-108)을 합해서 이른바 3조선(023' 024 a) 설이 성립해서 한반도(조선 반도) 국가(동국)의 기원이 3조선 이란 이론이 나온다. 3조선 가운데 기자 조선은 유교 이데올로기를 바탕으로 세워지는 조선조에서 그들 국가의 기원으로 막강한 영향력을 행사한다(37). 이후 한말로 가면서 당시의 민족주의(14) 경향과 손잡고 단군 조선이 한반도의 민족 집단(위)의 기원으로 부상한다(40).

3국설(위)과 3조선설(위)은 근대 이전의 한반도 3조(16)에서 나온 전형적인 역사 기획(023')이라 할 수 있다. 특히 대 신라 말기의 반란 세력에서 나온 고려조가 그들의 취약한 정통성(023')을 극복하려는 의도에서 나온 이데올로기인 3국설은 이후 조선조가 답습하고 근대로 오면서 자리 잡는다. 무엇보다 3국설에 기반한 3국 결합설(보론 8)(024 a) 또는 3국 건국계(024 a) 설은 당연히 문제가 많다. 현재의 한반도의 민족 집단(15)은 결코 신라/ 고구려/ 백제가 결합해서 이루어진 것은 아니다. 그들은 7세기 3국 통일 전쟁(위) 이후 한반도 3조(위)를 거치면서 형성된 집단이라고 보아야 하기 때문이다. 결과적으로는 3국설은 현대 2국가에서 그들 역사와 영토에 대해서 2중적 인식(023')을 갖게 하는 주범이라 할 만하다(39).

　위에서 언급한 3한 일관론(위)도 역사 기획(위)이 아닌가 라는 반론이 있을 수도 있다. 그렇지만 12세기에 나온 "삼국사기"의 3국설(위) 또는 13세기에 나온 "삼국유사" "제왕운기"의 3조선(위) 설이 일종의 '강한 기획'이라 한다면 3한 일관론과 7세기 이래 한반도(조선 반도) 지역을 지배한 대 신라/

고려조/ 조선조 의 세 왕조를 한반도 3조(위)라고 묶는 것은 그것이 기획이라 하더라도 '약한 기획'에 지나지 않는다고 해야 한다. 어떤 한 지역 내에서 연속되는 정치체는 그 지역의 민족 집단에게 가장 강력하고 현실적인 의식을 갖게 한다는 것은 분명하다. 더구나 만주 지역(아래)과는 달리 한반도 지역은 정치적 통합(023')과 문화적 융합(023')까지 이루어 낸다.

7세기 이전의 만주의 첫번째 통합 국가인 고구려(위)와 한반도 지역 두 국가(백제 신라)를 고려조의 기원이라 묶는 3국설(위) 또는 7, 8, 9세기 만주의 두번째 통합 국가인 발해(위)와 한반도 지역의 통합 국가인 대 신라(통일 신라)를 남 북국이라 묶는 남 북국설(22)은 그야말로 '강한 기획' 즉 역사 만들기 기획 그 자체다. 특히 남국과 북국을 통합한 국가가 없는 데도 남 북국 이란 명칭을 부여하는 것은 어불성설에 지나지 않는다(남조와 북조를 통합한 구 중국 수/ 당 과는 다르다). 고려조(위)는 남국과 북국을 통합한 것이 아닐 뿐 더러 그러한 역사를 시도하지도 않았다. 고려조는 '후 3국 3국 소급설' 즉 3

국 소급설(3국설)을 근간으로 하는 역사 기획을 시현하고 그 체계에서 발해는 아예 존재 자체가 없다.

  3한 지역에서 이뤄지는 3한 복합체(44)의 모태(위) 집단은 대 신라/ 고려조/ 조선조 의 한반도 3조(위)를 통해서 한반도(조선 반도)의 민족 집단(위)으로 형성된다. 반대로 대 신라(676~935)를 뛰어 넘는 역사 구성은 현재의 한반도(조선 반도)의 민족 집단(위)과의 괴리가 클 수밖에 없다. 부분적으로 라도 한반도 3조(676~1910)를 공유하지 않는 집단은 현재의 한반도(조선 반도)의 민족 집단(위)과는 관계가 멀 수밖에 없다. 현재 사용되는 '한국'(조선) 이란 개념(2)도 3한 복합체의 모태(위) 집단과 한반도 3조(위)를 떠나서는 성립하기 힘든다 고 보아야 한다. 북한의 조선사(34) 또는 남한의 한국사(41)가 제각각인 것도 그 두 역사가 역사 공동체 '한국'(조선)을 제대로 반영하지 못하는 것과 상관이 있다.

  한편 만주 지역의 북방 북국(20) 이란 개념도 이상에서 언급한 3국설/ 3조선설/ 남 북국설(위) 에 비해서는 상대적으로

'약한 기획' 이라고 보아야 할 것이다. 적어도 만주 지역은 고구려 이래 그 지역의 통합 국가가 존재했다는 것은 분명한 사실이기 때문이다. 한반도 국가 기준으로 대 신라/ 고려조 1기/ 고려조 2기/ 조선조 1기/ 조선조 2기(023') 가운데 조선조 1기의 요동도사와 여진 병존 시기(김한규 2004)(제 9장)를 제외하면 대부분의 시기에 통합 국가가 존재했고(발해, 요, 금, 원, 청) 그 대부분이 구 중국(위)을 위협하는 수준의 국가였고 특히 발해를 제외한 다른 국가는 구 중국의 일부 또는 전부를 지배한다. 그 가운데 원과 청은 북국 제국(23) 이라 할 만한 국가 또는 왕조다.

다만 만주의 경우는 그 지역의 국가 또는 왕조가 연속적으로 나타나지만 동호계 또는 숙신계에 속하는 서로 다른 계통의 집단이 번갈아 가면서 지배하기 때문에 한반도(조선 반도) 같은 정치적 통합(위) 또는 문화적 융합(위)이 이루어지지 않은 것은 사실이다. 만주의 역사 공동체론(김한규 2004)(총론)(결론) 은 비판에 직면해 있는 것은 분명하지만 적어도 만주의 경우는 3국설/ 3조선설/ 남 북국설(위) 같은 '강한 기획'은 아니라고 보아야 할 듯하다. 만주 지역의 이른바 북방 북국(위)은 지역적인 연속성과 구 중국(24, 25, 26, 27)에 대한 위협 세력이란 면에서 상당한 현실성을 가진 집단이고 그런 면에서는 위에서 언급한 역사 만들기의 '강한 기획'과는 당연히 구분이 된다.

44 3한 복합체

현재 한반도(조선 반도) 지역에는 한국 사람(남한인)(2)과 조선 사람(북한인)(3) 두 집단이 있다. 그 두 집단은 한반도 3조(16)인 대 신라/ 고려조/ 조선조 를 통해서 형성되는 민족 집단(민족 1)을 기초로 한다는 것은 의문의 여지가 없다(43). 한반도 3조(위)는 7세기 통일 전쟁(17) 이후 모태(023' 024 a) 집단이 나오면서 시작된다. 그 모태 집단도 하루 아침에 나온 것은 아니다. 그것은 대략 기원전후에 3한 지역에서 국(023')이 발생해서 연맹(023')을 이루고 다시 병합이 되어 고대 국가가 나오고 다시 그 고대 국가가 통합이 되는 긴 과정을 밟는데 3한 복합체(023') 라고 할만한 그 모태 집단은 대 신라의 성립

(676)으로 완성이 된다고 할 수 있다.

(지역 역사 복합체) 동 아시아 지역에서 중국의 한족(26)은 고도의 문명(023')을 배경으로 해서 이른 시기에 민족 집단(민족 1)이 형성되는 경우에 해당한다. 반면 동 아시아 문화권(이성시 2001)(제 3부) 또는 동 아시아 문명권(조동일 2010)에 속하는 한반도/ 일본 열도/ 베트남(023') 은 모두 그 지역에서 일단 모태(023' 024 a) 집단이 형성되고 이후 그 지역의 국가 또는 왕조를 통해서 민족 집단이 형성되는 유형에 속한다(15). 한반도(조선 반도)와 일본 열도는 대체로 7세기경에 모태 집단이 형성되고 베트남은 그보다도 좀더 늦은 10세기경에 형성된다. 베트남이 한반도/ 일본 열도에 비해서 더 늦은 것은 그 지역이 구 중국(24, 25, 26, 27)과 바로 이어지는 지역이고 상대적으로 오랜 기간 그 지배를 받기 때문이다.

한반도(조선 반도) 지역은 그 북부인 양계(31) 지역보다 그 중남부인 3한 지역이 더 핵심적인 지역이라고 해야 한다. 또한 양계 지역까지 걸쳐 있었던 고구려와 발해(32)보다는 3

한 지역의 국가가 모태(위) 집단의 형성에 훨씬 더 중심적인 역할을 한다. 이른바 3국(만들어진 3국)(18) 가운데 고구려(위)보다는 백제가 상대적으로 더 많은 공헌을 하는데 백제는 일찍이 3한화된다. 또한 백제보다는 신라가 이후 대 신라(676~935)로 이어지면서 모태 집단의 형성에 결정적인 역할을 맡게 된다. 그 과정에서 7세기의 국제 전쟁인 이른바 3국 통일 전쟁(17)은 현재의 한반도(조선 반도)의 민족 집단(위)의 역사에서 가장 중요한 사건이었다고 할 만하다.

이른바 3국 통일 전쟁(위)은 그 명칭이 중요한 것은 아니다(17). 다시 말해서 3국이 아니라 3한을 통합한 그 전쟁은 그러한 내용 상의 한계에도 불구하고 그 전쟁의 결과 한반도(조선 반도) 지역이 통합이 되고 이후 한반도 3조(16)로 이어지면서 한반도의 민족 집단(위)이 형성된다는 사실이 더 중요하기 때문이다. 그 전쟁은 한반도 3조(676~1910)의 시작인 대 신라(이종욱 2002)(통일 신라)를 연다는 것뿐 만이 아니라 동시에 그 이전의 오랜 기간을 통해서 이뤄지는 3한 복합체(위)를 완성시킨다는 의미도 크다고 할 수 있다. 3한 복합체는 일종의 지역 역사 복합체(regional-historic complex)인데 두 단계를 거쳐서 이루어진다. 하나는 무문기(아래)이고 다른 하나는 3국 통합기(아래)다.

 한반도(조선 반도)의 경우 동 아시아 문명권(위)의 일본 열도/ 베트남과 마찬가지로 그 지역 집단의 기원(023')이란 것은 그다지 큰 의미가 없다. 바로 위에서 언급한 바처럼 그 지역에서 성립하는 모태(위) 집단과 그 이후 이어지는 그 지역의 국가 또는 왕조가 훨씬 더 중요하기 때문이다. 대략 기원전 1000년에서 기원전후까지의 무문기(무문 농경기)와 기원전후에서 676년까지의 3한 통합기를 거쳐서 이루어진 그 복합체는 바로 대 신라(통일 신라)의 성립으로 나타나고 대 신라(676~935)는 고려 조선 양조로 이어진다. 현재의 한반도의 민족 집단(15)이 3한 복합체(위)의 모태 집단을 기반으로 해서 한반도 3조(대 신라 고려조 조선조)를 통해서 형성이 된다는 것은 너무나 분명한 사실이다.

 (무문기와 3한 통합기) 3한 복합체(위)는 무문기(아래)와 3한 통

합기(아래) 두 시기를 통해서 이루어진다. 그 가운데 무문기 (-1000~기원전후)는 무문인들이 이룬 복합 사회(Rhee & Choi 1992)가 지속된 기간이다. 그 복합 사회는 지석묘(023')를 표지로 하는 족장 사회(아래) 단계라 할 수 있다. 족장 사회는 인류학에서 말하는 정치 발전 단계인 '무리 사회 〉 부족 사회 〉 치프덤 〉 국가' 란 도식에서 치프덤의 단계를 말하는 용어인데 군장 사회 등등으로 불리기도 한다. 남한 학계에서는 한 동안 부족 국가(김철준 1975)(제 1부 2장) 성읍 국가(이기백 1976)가 상당한 비중을 가진 용어로 사용이 된 바 있다. 그렇지만 특히 부족 국가 란 용어는 부족 사회(위)와 국가(위)는 엄연히 단계가 다른 만큼 섞어서 쓸 수 없는 용어임이 분명하다.

기원전 1000년기의 한반도(조선 반도)의 초기 농경 사회는 그 안에서도 여러 가지 시기로 구분이 되기도 하고 그 시대를 대표하는 족장 사회도 단순 족장 사회/ 복합 족장 사회로 구분하기도 한다(위). 그렇지만 그 사이의 세부적인 분석보다는 그 기간 전체를 그 이전의 시대 또는 그 이후의 시대와 연결시켜보는 것이 훨씬 더 바람직하다고 할 수 있다. 그 시기는 그 이전인 신석기시대와는 구분이 되는 시기이고 비록 비 청동기인(윤무병 1975)에서 시작된다고도 하지만 청동 단검(동검) 같은 청동기 문화가 유행한 시대이기도 하다. 청동 단검과 지석묘를 표지로 하는 그 시기의 초기 농경 사회(Yi 2022)(제 4장)는 그 동안 베일에 싸여 있었지만 고고학의 발전으로 그 모습이 복원되고 있다.

3한 통합기(기원전후~676)는 기원전후 3한 지역에서 소 정치체 국(아래)이 발생한 이후 국의 연맹과 병합의 단계를 밟고 고대 국가로 가고 그것이 통합되는 과정을 말한다. 3한 지역은 "삼국지"('위지', '오환선비동이열전') 동이전에서도 그 북쪽의 부여/ 고구려/ 동 옥저/ 읍루/ 예(023') 와는 구분이 되는 존재로 나와 있다. 그 지역은 기원전 1000년대의 초기 농경 사회인 무문기(-1000~-1)를 거쳐서 3한 통합기(위)를 지나서 3국 통일 전쟁(17) 이후 대 신라(676~935)을 이룬다. 3한 통합기는 고려조의 3국설(023')에 의거할 경우 3국이 통일되는 과정이라고 할 수도 있지만 3국 이란 틀을 벗어나서 보면 기원전후 나오는 소 정치체 국(아래)이 통합되는 과정이라고 해야 한다.

여하튼 3한 지역은 영산강 유역의 마한 연맹체(Yi 2022)(제 7장)와 낙동강 서편의 가야 연맹체(변한 연맹체)(아래)가 어느 정도 세력을 유지하는 사이에 소백 산맥 기준으로 그 동쪽의 진한 연맹체/ 그 서쪽의 백제 연맹체가 신라/ 백제 라는 고대 국가 단계로 발전한다. 3한 지역 북쪽은 낙랑군(-108~313)과 그 이남에 설치된 대방군이 지배하다 점차로 고구려(기원전후~668)가 강자로 부상한다. 400년을 전후해서 만주 지역 최초의 통합 국가를 이룬 고구려는 신라에 상당한 영향력을 행사해서 신라는 거의 고구려의 보호를 받는 지경에 이른다(실성왕 눌지왕도 그들이 세운다)(32). 백제는 한 때 고구려와 강한 대립을 보이지만 결국은 한강 유역을 포기하고 웅진(공주)으로 수도를 옮기고(475) 다시 사비(부여)로 천도한다(538).

이후 신라는 가야 연맹(위)을/ 백제는 영산강 유역의 세력(위)을 각각 흡수한다. 신라와 백제는 동맹을 맺어 고구려에 대응하기도 하지만 3한 지역을 차지하기 위한 경쟁은 지속된다. 결국 한반도 동남부 란 외진 지역에서 점차 세력을 키우면서 국제 정세를 유리한 국면을 이끌어 간 신라가 최종적인 승자가 된다. 당시 구 중국(24, 25, 26, 27)의 당은 만주 지역의 통합 국가인 고구려(위)와 공존하기 보다는 어떻게 든 정복하는 방향으로 나갔고 신라는 그 과정에서 구 중국과 동맹을 맺어 오랜 기간 지속되던 고구려(위)의 위협을 제거한 셈이다. 동 아시아 국제 전쟁(3국 통일 전쟁, 위)에서 승기를 잡은 신라가 결국 3한 복합체(위)를 최종적으로 완성하고 대 신라(676~935)로 나아간다.

(국) 3한 통합기(위)는 기본적으로 기원전후 3한 지역에서 등장하는 소 정치체 국(023')이 통합되는 과정이라 할 수 있다. 국(위)은 족장 사회 단계 라 여겨지는 그 이전의 초기 농경 사회에서 그 내부의 어떤 동인으로 인해서 성립한다(이송래 2002). 경주 지역과 그 부근을 예로 들면 사로국(경주) 골화국(영천) 압독국(경산) 이서국(청도) 달구벌국(대구) 등등의 국이 차례로 성립한다. 당시는 진한 지역보다 마한 지역이 사회 발전 단계가 조금 더 앞서고 경주와 그 부근 지역보다 더 이른 시기에 국이 성립한다고 해야 한다. 그렇지만 진한 지역이 상대적으로 더 자세한 역사 기록이 남은 덕분에 마한 지

역의 국보다 더 많이 알려져 있다.

 국 이란 소 정치체는 점차 국의 연맹(023')으로 발전한다. 예를 들면 진한 지역에는 사로국, 골화국, 압독국, 이서국, 달구벌국 등이 진한 연맹체를 이룬다. 한강 유역은 원래 마한의 영역이었지만 부여계(023')인 십제(국), 미추홀국 등이 그 지역을 장악해서 백제 연맹체를 이룬다. 원래의 마한 연맹체는 백제 연맹체가 점차 세력을 확장함에 따라서 영산강 유역(위)으로 내려 가서 상당 기간 존속한다. 소백 산맥 동쪽은 앞서 설명한 진한 연맹체 외에도 낙동강 건너의 변한 연맹체가 있다. 변한 연맹체는 영산강 유역의 마한 연맹체(위)처럼 상대적으로 오랜 기간 존속하는데 이른바 가야 연맹이 된다(얼마 전에는 가야인의 유전체가 해독되어 한바탕 소란이 있었다, 보론 5).

 진한 연맹체/ 백제 연맹체/ 마한 연맹체/ 변한 연맹체 는 기본적으로 국의 연맹인데 각각 사로국/ 십제/ 목지국/ 금관 가야 같은 맹주가 다른 국을 정치적으로 선도하는 형태다. 그러한 연맹체는 3한 지역의 북쪽 더 자세히 말해서 한반도 서북부의 낙랑군(한 4군의 하나다)과 교역(원거리 교역) 하는 과정에서 나온 것이란 설명도 있다(이종욱 2002)(제 7장). 그 여부와는 상관없이 한 4군의 하나인 낙랑군이 당시 한반도와 주변 지역의 국가 형성에 큰 역할을 한다(Lee 1998 서론; Pai 2000). 낙랑 영향권(the Lelang Interaction Shpere)(Pai 2000)(제 6장)이란 용어도 나온 바 있는데 당시 선진 문화권이었던 낙랑군과 3한 지역과의 관련은 소홀히 할 수 없는 문제일 것이다(28).

소 정치체 국은 연맹의 단계를 거치고 이후 그 중심 세력을 이루는 국이 다른 국을 점차 병합하는 과정을 거친다. 진한 연맹체는 사로국이 기타 국을 점차로 병합해서 고대 국가 단계의 신라(기원전후~676)로 발전한다. 백제 연맹체도 원래의 십제 집단(부여계 라 여겨진다. 48)이 미추홀국을 비롯해서 한강 유역의 여러 국을 병합하고 마한 연맹체를 남쪽으로 밀어내면서 점차 고대 국가 단계의 백제(기원전후~660)로 발전한다. 다만 변한 연맹체(가야 연맹)(위)는 어느 한 세력이 결정적으로 다른 세력을 병합하지 못하고(박대제 2000)(제 5장) 금관 가야에서 대 가야 등으로 지배권이 이동하는데 진한 연맹체/ 백제 연맹체 에 비해서 불리한 위치로 간다.

45 3한의 기원 문제

 한반도(조선 반도)의 민족 집단(15)은 3한 지역을 빼고 서는 논할 수가 없다. 3한(위)에 대해서는 다시 외래적인 기원을 찾는 방식도 있지만(아래) 원래의 내재론(024 a) 적인 접근에 충실할 경우 당연히 3한 지역 기원전의 초기 농경 사회(-1000~-1)가 그 전 단계라 해야 한다. 그 사회는 지석묘(고인돌)를 표지로 하는데 여러 단계를 밟는다. 통상 시대 구분 상으로는 청동기시대로 분류되기도 하지만 처음에는 무문인(023')의 청동기 없는 청동기시대로 시작된다는 주장(윤무병 1975)도 있다. 이후 발해연안(47)의 동검 문화가 도입되어 지석묘에 부장되는 등 본격적으로 청동기와 관련이 된다. 이

상의 내재론 적인 접근은 일종의 반 기원론(024 a, 부제) 이라 할 수도 있을 것이다.

물론 3한 지역은 바로 그 위인 북쪽의 여러 정치 세력과 교류하고 교섭을 진행해왔다. 그러한 교류 교섭(023')이 3한의 외래적인 기원(위)을 찾는 방식으로 구현되기도 하는데 그것은 그다지 바람직하지 않을 듯하다. 그렇지만 기원(023') 이란 말 자체가 외래설(023') 즉 외래적 기원론을 의미하는 용어로 많이 사용되고 기원 이란 주제가 상당히 집요한 면이 있는 편이라서 외래적인 기원(위)을 찾는 시도를 완전히 도외시하기도 힘들다. 3한의 외래적인 기원(위)을 찾는 이론은 크게 봐서 두 가지로 나뉘는데 준왕설과 반 준왕설(아래)이다. 그 가운데 준왕설은 기자 조선(024 a)이 실재한다는 입장에서 나온 것이다(위만 조선 은 실재하는 정치체이지만 기자 조선 은 그렇지 않다).

먼저 준왕설은 이른바 기자 조선(위)(아래)의 마지막 왕이라는 준왕이 위만에게 나라를 내 주고 3한(마한) 지역으로 들어가서 그 맥을 잇는다는 입론인데 이른바 3한 정통론(마한 정통론)의 근거가 된다. 준왕설은 이른바 준왕 설화("삼국지" '위서' '오환선비동이열전' 동이전 한 조, 네번째 기사)가 바탕이 된다. 위만이 조선(위)을 차지하자 기자 조선 마지막 왕인 준왕이 좌우궁인(左右宮人)을 데리고 해로로 마한 지역으로 들어가는데 준왕이 한지(韓地)로 가서 한왕(韓王)을 칭하고 이후 그가 죽은 뒤에 한인(韓人)들이 그의 제사를 지낸다는 것이 그 기사의 내용이다. "삼국유사"('기이제일' 마한 조, 첫번째 기사)에도 준왕 설화가 나오는데 "삼국지"의 기사를 그대로 옮긴 것이다.

3세기 구 중국(24, 25, 26, 27)의 역사서에 등장하고 13세기 한반도 국가의 역사서에도 나오는 준왕 설화(위)는 당연히 그 역사적인 맥락이 있다. 구 중국 기원전후의 한(-206~220)을 거치면서 세력을 확대해 온 유교는 한반도(조선 반도) 국가에도 영향을 미친다. 고려 조선 양조를 통해서 유교가 정치 이데올로기 역할을 하고 점차 유학자들이 핵심 세력을 이룬다(37). 그래서 그 양조를 통해서 기자 조선(위)의 기자가 동국(한반도 국가)의 기원이라는 기자 기원 론은 상당한 세를 이룬다. 특히 조선조의 핵심을 이루는 유학자 층은 그들의 기원이 기자 라는 것을 믿어 의심치 않는다. 그들이 추종하는 3한 정통론(마한 정통론)은 고려조 후기 일연도 동의하고 있다 (위, 마한 조).

결국 연나라에서 망명한 위만 이란 인물이 한반도(조선 반도) 서북부의 조선(역사 상의 조선)을 차지할 때(38) 기자 조선(위)의 마지막 왕이라 설정이 되는 준왕은 어떠한 맥락 속에서 각색이 된 것이라고 해야 한다. 사실 상 위의 준왕은 기자 조선(위)의 마지막 왕이 아니라 '역사 상의 조선'의 마지막 왕이라고 해야 한다. 준왕설은 동 아시아 지역에서 유교가 지배적인 정치 이념이 되면서 나오는 픽션일 가능성이 높다. 이미 기자 조선(위)의 존재를 부인하는 '반 기자 조선론'(손동완 2018)이 나온 바 있다. 참고로 기자 설화("상서대전" 권2; "사기" 권48; "한서" 권95; "삼국지" 권30; "후한서" 권85)는 이른바 기자 조선과 기자 기원(023')의 바탕이 되는 것인데 그것 자체가 유교의 부상과 관련이 있다.

다음으로 '반 준왕설'은 조선계/ 한족계 두 설이 대표적이다. 그 중에서 먼저 한족계 설(손동완 2018)을 보면 기원전 200년경을 시대 배경으로 하고 있는데 바로 위에서 논의한 준왕설과 거의 같은 시기다. "삼국사기"(1145) '본기'의 마지막 부분(권28 '논')에서 김부식은 '진난 즉 진 제국 말기의 난리를 겪을 때 많은 중국인(中國人)들이 해동으로 도망해왔다' 라고 말하는데 그 때의 '중국인'은 한족계에 해당한다. 김부식은 '논'(위)에서 여러가지 기원 이론(023')을 나열하면서 그 가운데 하나인 '중국인'(위)을 언급한다. 그것은 신라(진한)의 기원에 대해서 말한 것인데 "삼국지"('위지' '오환선비동이열전' 동이전 한조, 열한번째 기사, 진한전)에 근거한 듯하다.

3세기에 편찬된 "삼국지"(위)에는 진한 지역의 노인들(耆老 기로)이 자신들이 진역(秦役)을 피해서 한국(여기서 한국은 마한, 진한, 변한의 3한국 을 말한다, 3한국 이란 용어는 다른 중국 사서인 "양서" '동이열전'에 나온다)으로 도망친 사람이라고 말하는 기사가 있다. 그들은 먼저 마한으로 들어가는데 마한이 그 동쪽의 땅인 동계(진한)를 떼어주고 거기서 살게 했다는 내용이다. 그

것은 또한 당시 3한 지역에서 마한이 가장 선진적인 정치체임을 말해주는 기사이기도 한데 "삼국사기"(권1, 혁거세거서간, 38년 조)에도 그러한 위상의 마한이 나온다(참고로 동계, 북계, 서계 등의 용어는 상대적인 용법인데 예를 들면 준왕은 망명한 위만에게 서계의 방위를 맡긴다).

반면 조선계 설(손동완 2018)은 그 배경이 기원전 100년경이다. 상당히 이념적이라 할 수 있는 3한 정통론(준왕설) 또는 어느 정도 과장된 한족계설(위)에 비해서 조선계 설은 상대적인 의미에서 현실적인 것이라 볼 여지가 없지 않다. 조선계 설은 한족계가 아니라 위만 조선(위)과 한 4군(28)의 한 부분을 이루는 조선계(023') 집단이 3한 지역으로 들어가서 그 지역의 정치 세력이 된다는 서사다. 이른바 조선 유민("삼국사기" 권1, 혁거세거서간, 즉위년)/ 조선지유민("삼국유사" '기이제일' 72국 조, 통전 인용)(38)이 그들이다. 조선 유민이 산곡지간(山谷之間)에 나뉘어 살며 서라벌 6촌을 이룬다/ 조선의 유민이 3한 70여 국으로 이산한다 는 것이 그 내용이다.

조선계 설(위)은 발해연안(47)과 위만 조선(38)과 3한(위)을 일관적으로 파악한다고 할 수도 있다. 위만 조선을 구성하는 두 가지 집단 가운데 하나인 조선계는 '역사 상의 조선'(기자 조선이 아니다. 위)의 후신이고 '역사 상의 조선'은 바로 발해연안(위)에서 기원하기 때문이다. 그렇지만 조선계설도 문제가 적지 않은데(38) 그 이론은 위만 조선을 구성하는 다른 한 집단인 한족계 기원설로 돌변(023') 할 수 있을 뿐 아니라 남한의 어떤 연구자도 7세기까지의 역사를 조선계를 중심으로 구성하지 않는다. 남한 연구자들은 대부분이 3국설(023')에 근거해서 3국(만들어진 3국)(18)을 중심으로 역사를 보고 있다. 큰 줄기에서 볼 때 발해연안(위) 설이라 할 수도 있는 조선계설은 '미완의 입론'이라 할 수밖에 없다.

　이상의 3한의 기원 이란 논의는 기본적으로 3한 사회와 그 북쪽의 교류 교섭(위)을 반영하는 것이라고 할 만하다. 기원전 200년경을 시대 배경으로 하는 준왕설(3한 정통론)의 준왕도 그렇지만 기원전 200년경/ 기원전 100년 경을 포괄하는 한족계/ 조선계 설(위)도 3한 지역과 그 북쪽 지역 사이의 교류와 교섭 이란 시각에서 해석이 충분히 가능하다. 위만 조선의 마지막 왕인 우거왕 때 조선상(朝鮮相) 역계경이 진국(3한 이라 비정된다)으로 간다는 기사도 그러한 교류 교섭을 잘 말해 준다. 위만 조선(위)이 멸망하고(-108) 그 지역에 한 4군(28) 특히 낙랑군이 들어선 시기에도 교류와 교섭은 이어진다. 3한의 우거수(右渠帥) 염사치가 낙랑으로 망명할 때 길에서 한족(26)인 낙랑 포로를 만난다는 기사("삼국지" '동이전' 한조, 다섯번째 기사)도 있다.

46 시베리아

 기원 이론(42) 즉 한반도(조선 반도)의 민족 집단(15)의 기원에 관한 이론은 전통설(Traditional Theories of Korean Origins)과 당대설(Contemporary Theories of Korean Origins)로 크게 나누어 볼 수 있다. 그 가운데 20세기에 들어와서 나오는 이론인 당대설(024 a)은 내재론(024 a)과 외래설(아래)로 나뉜다(42). 외래설은 한반도(조선 반도)의 외부에서 그 집단이 기원하다는 입장인데 시베리아(위)/ 발해 연안(47) / 부여(48)/ 남방 해양(49) 네 지역이 주로 그 대상이 된다. 물론 외래설은 많은 문제가 있는데 그렇다고 해서 외래설을 완전히 도외시할 수도 없다. 일반 대중들은 외래설을 기원 이론(위) 이라 인식하고 있고 그

것이 현재 출판가에서 주 표적이 되고 있다.

 한반도(조선 반도)의 민족 집단(15)의 기원(023')과 관련한 논의에서 유라시아 대륙 북방의 시베리아 지역은 상당한 비중을 갖는다. 대략 우랄 산맥 이동에서 태평양 연안까지 걸쳐 있는 시베리아(넓은 의미의 시베리아다)는 20세기에 들어와서 어느 날 갑자기 등장하는 지역인데 북방 시베리아(023') 란 용어로 지칭되기도 한다. 기원 이론(위) 가운데 북방설(023')의 북방은 바로 시베리아를 의미한다. 말하자면 북방설은 시베리아설과 거의 같은 의미로 사용이 된다. 북방설 즉 시베리아설은 주로 북방 시베리아(위)의 문화(023')('형질 및 유전자'와 대비되는 용어다)를 중심으로 논의가 되어 왔다. 북방설(시베리아설)은 상당 기간 외래설의 대표 격이었다.

 북방설 즉 시베리아설은 북방 시베리아 문화를 가진 집단이 한반도(조선 반도)로 들어가서 현재의 한반도의 민족 집단의 기원(위)이 된다는 주장이다. 더 구체적으로는 시베리아 신석기시대의 어떤 문화를 가진 집단(고 아시아족)이 한반도 지역으로 들어가서 그 이전의 집단(역시 시베리아계 구석기인 이라 추정한다)을 교체하고 다시 시베리아 청동기시대의 어떤 문화를 가진 집단(퉁구스인)이 한반도로 들어가서 다시 신석기시대의 그 집단을 교체한다는 입론이다. 2단계 교체설(이선복 1991)이라 할 만한 그 이론은 무엇보다 고 아시아족과 퉁구스인(보론 2)이 실체가 없다는 비판을 받는다. 더구나 그들 집단이 가져간다는 문화가 무엇인지도 분명하지 않다.

한말 한반도 지역을 방문한 서양의 외교관이나 선교사들은 한반도(조선 반도)의 민족 집단(위)이 어느 계통인지 궁금해 한다. 이어서 식민지 시기의 일본 학자들도 그 집단의 이른바 기원(023') 문제에 대해서 나름대로 연구를 진행한다. 그들은 그 집단이 대략 유사 퉁구스계(T')란 결론을 내린다(김정배 2006). 이후 퉁구스계 집단이 한반도의 민족 집단(위)의 기원일 지 모른다는 가정 하에 퉁구스 란 용어가 부상하고 그들이 시베리아에서 한반도 지역으로 들어간다고 보고 있다. 그렇지만 북방설에서 말하는 퉁구스인(위) 이란 집단이 퉁구스계(알타이언어 사용 집단인 TMT 가운데 하나다) 가운데 어느 시대 어떤 집단인지는 매우 불 분명하다.

한편 우리에게 비교적 잘 알려져 있는 이른바 북방의 초원 유목 문화(023')는 주로 후기 청동기시대 또는 철기시대의 문화를 말한다. 스키타이 오르도스(023') 계 문화인 동물 문양과 동복(銅鍑)은 물론이고 쿠르간(023') 같은 묘제도 그 시기의 문화다. 한반도 일각에서 그러한 문화가 보인다고 해도 그것은 일부 현상이라고 보아야 한다(최몽룡 2006 제 2장 제 19장, 2008 a 권두 논문, 2008 b 제 1장). 그뿐 아니라 발해연안의 청동기 문화가 발굴이 되면서(47) 시베리아의 청동기 문화는 그 비중이 급속히 줄었다고 할 수밖에 없다. 시베리아 청동기 문화가 오르도스/ 요녕 지역에서 각각 다른 유형의 문화로 분화한다는 가설(그것은 문제가 적지 않다)을 세우는 한 북방론자의 절충론(김정학 1990)(제 2장)이 그것을 잘 보여준다.

물론 북방 시베리아 문화(위)를 대표한다는 샤머니즘(023')도 여러가지 문제에 부딪힌다. 아마추어 연구자들은 러시아연방 시베리아관구 부리야트 공화국 바이칼 호 부근의 원시

적인 샤머니즘이 바로 시베리아 기원을 말해주는 것이라 주장한다. 그렇지만 한반도(조선 반도) 지역은 이미 오래 전에 샤머니즘이 농경 의례화(조흥윤 1996) 된 정황이 너무나 뚜렷하다. 철기시대에 접어든 후에 한반도와 주변 지역 특히 3한 지역은 샤머니즘이 고도화한다(국읍에 천군이 있고 별읍인 소도가 있을 정도다). 철기시대보다도 더 먼 청동기시대에 또는 더 이전인 신석기시대에 샤머니즘을 가지고 들어간다는 집단과 현재의 한반도의 민족 집단(위)과의 직접적인 관련을 상정하는 것은 맞지 않다.

북방 시베리아 더 구체적으로 북방 시베리아 문화(위)를 가진 집단과 한반도(조선 반도)의 민족 집단과의 관련을 가정하는 북방설(위)은 주로 신석기 청동기 양 시대(위)를 배경으로 하는데 민족 집단이나 그들이 가져간다는 문화 어느 측면에서도 분명한 것은 별로 없다. 또한 후기 청동기시대 또는 철기시대의 북방 초원 유목 문화(위)는 한반도 지역이 비교적 이른 시기에 농경화한다는 것을 볼 때도 그 문화가 결코 한반도 지역의 핵심적인 문화가 될 수가 없다고 보아야 한다. 북방설은 구 중국 문화(25)가 지배적이었던 한반도 지역이 그 문화적 영향력에서 벗어나는 근대 이래 '반 중국'(023')의 한반도 특유의 문화를 북방 시베리아에서 찾으려는 시도의 일환이었다는 평가가 더 적절할 것이다.

더구나 민족 기원 또는 더 구체적으로 한반도(조선 반도)의 민족 집단(위)의 기원(위)이란 주제 자체가 점차 유사 문제(이선복 2008; 이상희 2023, 아래)로 규정되고 있고 북방 시베리아 란 용어는 그 비중이 점점 줄어드는 중이다. 현재 '형질 및 유전자'(023') 특히 유전자적인 접근이 유행하면서 북방 시베리아(위)가 다시 주목받고 있긴 하지만 그 접근도 문제가 많다. 생물학적으로는 신석기시대의 거의 모든 사람이 현재의 모든 사람의 조상(023') 이란 결론일 수밖에 없다(이상희 2023)(제19장)는 사실도 그것을 잘 말해준다. 현재의 한 개인은 누구나 20대만 거슬러 올라가도 조상이 백만명에 달한다는 것이 기본 산수인데 4~500년 전이라 해 봤자 겨우 조선조가 전기에서 후기로 넘어가는 지점에 불과하다.

여하튼 북방 시베리아의 북방설(위)은 점점 그 위상이 내려가지 않을 수 없는 상황이다. 한 때 지배적인 용어가 시대적 변화에 따라 주변으로 밀려나는 것은 그다지 특별한 일은 아니다. 20세기에 와서 급 부상한 북방 시베리아 라는 용어는 한 세기를 풍미한 후에 **빠른** 속도로 영향력이 감소하고 있다. 그리고 북방도 시베리아(북방 1)를 넘어서 비 시베리아(북방 2)를 의미하는 용어로도 사용이 된다. 말하자면 시베리아(위)가 북방 이란 용어를 독점하는 시대는 지나가고 있다고 해야 한다. 한반도(조선 반도) 관련 연구에서 시베리아와 비 시베리아를 포함한 북방은 이전보다 훨씬 더 다양한 의미로 사용되고(아래) 그만큼 인식의 폭이 확대되고 있다고 할 만하다.

현재 북방 이란 용어는 다양하게 사용되는 추세에 있다. 정치 군사적 의미에서 북방 북국(20) 또는 북방 사회주의(024 b) 권(아래) 이란 용어가 사용되기 때문이다. 그 가운데서 북방 사회주의권 은 20세기 동 아시아 정치 지형이 '해양 대 대륙'(023')으로 재편되고 난 후 대륙 쪽의 '구 소련(러시아), 신 중국, 북한' 가운데 특히 구 소련과 신 중국을 지칭하는 용어다(6). 해양 쪽의 '일본, 미국, 남한'은 대륙 쪽의 세력들과 오랜 기간 대치한다. 남한은 미국 일본에 비해서 늦은 시기인 1990년을 전후해서 대륙 쪽의 국가들과 수교하는데 그 때 그것을 북방 정책 이라 부른다. 다만 그 때의 북방은 그것과 대칭을 이루는 남방이 뚜렷하지는 않다.

동 아시아 지역은 7~19세기까지 '한반도 국가/ 북방 북국/ 구 중국'의 구도 속에서 역사가 진행되는데 그 가운데 한반도(조선 반도)의 북쪽에 위치한 만주(Manchuria)의 북국은 북방 북국(위) 이라 할 수 있다. 만주 지역의 북국은 고구려, 발해, 요, 금, 원, 청 이 대표적인데 그 가운데 고구려는 7세기 이전의 국가에 해당한다. 고구려를 제외한 발해, 요, 금, 원, 청 은 7세기 이래의 한반도 국가인 한반도 3조(676~1910)와 대치한 북방의 북국 즉 북방 북국 이다. 북방 북국 가운데서 발해는 대 신라와/ 요 금 원은 고려조와/ 청은 조선조와 대치한다. 그 가운데 원과 청은 한반도 국가를 굴복시킨 후 구 중국으로 들어가서 천하 체제(023')를 대신 떠맡는다(23).

7~19세기까지의 북방 북국(위)과 20, 21세기의 북방 사회주의(위) 권이 한반도 국가의 정치 군사적 측면에서 매우 중요한 위상을 가진 지역임에 틀림없다. 그들이 한반도 국가의 존립을 좌우해 왔다고 해도 과언이 아니다. 그에 비해서 북방 시베리아(위) 는 시기적으로 선사시대를 배경으로 하는 이론에 등장하는 까닭에 북방 북국이나 북방 사회주의권 같은 현실적인 역학 관계와는 별로 상관이 없긴 하다. 그렇다 하더라도 그 지역이 일반 대중들에게 상당히 많이 알려진 것만은 분명하다. 북방 시베리아는 앞서 언급한 바와 같이 주로 이른바 한반도의 민족 집단의 기원(위) 이란 주제와 관련이 있고 남방 해양(49) 이란 용어와 대비적으로 사용되기도 한다.

적어도 한반도(the Korean Peninsula)를 기준으로 해서 북방이란 것은 상대적으로 명확한 편이다. 그 북방은 기본적으로 대륙(아시아 대륙)을 의미하고 시베리아/ 비 시베리아 모두 그 대륙의 일부이기 때문하다. 앞서 논의한 북방 북국(위)은 비 시베리아(위)인 몽골(Mongolia)과 만주(Manchuria) 그 가운데서 특히 만주 지역을 의미한다. 서부 만주(동부 만주와 대비되는 의미인데 몽골 고원과 바로 연결되는 지역이다)의 남단은 20세기 후반에 와서 고고학적 발굴이 진행되면서 한반도의 민족 집단(위)의 기원과 관련해서도 언급이 되고 있다(47). 한반도(조선 반도) 관련 연구에서 시베리아(북방 1) 못지 않게 비 시베리아(북방 2)가 주목받고 있고 그만큼 북방 이란 용어도 점차 그 의미가 확대되고 있다.

47 발해연안

발해연안(024 a)은 서부 만주(아래) 지역 가운데 남단을 말한다. 서부 만주는 현재 신 중국(7)의 내 몽고 자치구(자치구는 성급의 행정 구역이다) 동부와 요녕(Liaoning) 성을 포함하는 지역이다. 내 몽고 자치구는 거의 신강 위구르 자치구(약간의 차이로 접경 지역을 이루지는 않는다)에서 흑룡강 상류까지 걸쳐 있는 광대한 지역인데 그 동편은 서부 만주를 이룬다. 거대한 초원 지대인 그 지역에서는 여러 유목 집단이 나오는데 이른 시기의 오환/ 선비와 이후의 거란/ 몽올(몽골)이 그들이다. 선비, 거란, 몽올은 구 중국(24, 25, 26, 27)으로 들어가서 왕조를 세우고 그 가운데 몽올은 세계적인 제국을 이루기도 한다. 그들은 알타이언어 사용 집단(TMT)인데 몽골계(M)로 분류된다.

참고로 동부 만주는 현재의 중국 동북 길림(吉林 Jilin) 흑룡강(黑龍江 Heilongjiang) 양 성과 러시아 연해주(primorsky)를 포함하는 지역이다. 흑룡강 즉 아무르강(하바로프스크를 거쳐서 오호츠크 해 더 자세히 말해서 사할린 섬의 북쪽 부근으로 들어간다)의 중하류로 흘러 들어 가는 송화강과 우수리강 유역이 그 지역의 중심을 이루는데 상대적으로 삼림 지역이 많다. 그 지역은 너른 외곽 지역을 확보하고 있기 때문에 읍루계(숙신계) 민족 집단이 계기적으로 이어지는데 큰 공헌을 한다. 물길 〉 말갈 〉 여진(만주족) 으로 이어지는 그 집단은 현재 신 중국(위)의 소수 민족 으로 남아 있다. 그들도 알타이 언어 사용 집단(위)이고 퉁구스계(T)로 분류되는데 만주 퉁구스(김주원 외 2006)(제 3장) 란 명칭으로 불리기도 한다.

서부 만주(위)는 북단은 아무르강(흑룡강) 상류인 아르군(Argun) 강 유역이고 남단은 발해 바다를 접하고 있다. 발해(渤海 Bohai)는 우리에게 국가 이름으로 더 많이 알려져 있지만(32) 북 중국에서 지리적으로 중요한 부분을 이루는 바다 이름이기도 하고 이전의 군(발해군) 이름이기도 하다. 구 중국(위) 문명의 젖줄이라 할 수 있는 황하도 발해로 흘러가고 현재 신 중국(위)의 주요 도시인 북경과 천진(둘 다 성급의 직할시다)도 발해와 인접한 지역이다. 발해 바다는 황해(서해)로 이어지는데 대략 요동 반도와 산동 반도의 끝을 잇는 부분이 두 바다의 경계가 된다. 인천에서 천진(天津 Tianjin)으로 가는 국제 페리를 타면 황해(서해)를 지나서 발해 바다를 횡단하는 경험을 할 수 있다.

물론 넓은 의미의 발해연안은 동북(만주)의 요녕성 뿐만이 아니라 하북성(북경/ 천진 직할시도 그 경내에 있다)과 산동성(산동 반도의 북쪽 연안을 이룬다)을 포함한다. 그렇지만 통상 한반도(조선 반도)의 민족 집단(15)과 관련한 논의에서 발해연안(이형구 2004)은 그보다는 좁은 의미로 사용된다. 그 명칭은 특히 동북(만주) 요녕성 남단의 발해 바다(위) 연안 지역을 의미한다. 다른 용어로 말하자면 우리에게 비교적 익숙한 지명인 요하 지역이라 할 수도 있다. 그 지역은 내 몽고 자치구(성급

행정 구역이다)와 바로 이어진다. 내 몽고 자치구는 광활한 지역을 포함하고 있는데 그 동부는 서부 만주를 이루고 있고 (위) 발해연안과 꽤 가까운 지역도 있다.

발해 연안 즉 서부 만주(위)의 남단인 요녕성 연해 지역과 그 지역과 바로 인접한 내 몽골 지역에는 여러 시기에 걸친 다양한 유물이 나온다. 구석기시대의 유적과 유물(요녕성 영구시의 금우산 동굴 유적과 본계시의 묘후산 동굴 유적)도 있지만 신석기시대의 유적과 유물이 더 주목을 받는다. 요녕성 부신시(광역인 지급시)(이하 동)의 사해 문화, 심양시의 신락 문화, 대련시의 소주산 하층 문화가 발굴된 바 있다. 그보다는 흥륭와 문화(8200~7400 BP)와 홍산 문화(6600~4800 BP)가 더 유명하다. 홍산 문화는 현재의 내 몽고 자치구(적봉시) 또는 자치구와 요녕성의 경계 지역(조양시)에서 발굴된다. 그 외에도 하가점 하층(3800~3200 BP) 상층(3100~2000 BP) 문화도 유명하다.

홍산 문화(023')는 독특한 모양의 옥기와 여신묘가 그것을 대표하는데 우하량의 여신묘(묘는 무덤을 의미하는 묘 墓와 사당을 의미하는 묘 廟가 우리말 발음이 같아서 혼동이 되는 경우가 많은데 여기서 여신묘의 묘는 물론 사당이다)와 동산취의 제단 유적도 주목을 받는다. 그 외에도 지모신 숭배의 소조 여신상과 임부상도 유명하다. 그 지역의 적석 제단/ 여신묘/ 적석총 조합이 문명의 조건을 충족시킨다고 보고 그 문화를 '요하 문명'이라고 부르기도 하지만 아직 그 단계는 아닌 듯하다. 여하튼 홍산 문화는 중원의 문화와는 다른 것임은 분명하다. 현재 그 문화는 신 중국에서는 중원 문화와 병립시키기 위해/ 남한의 유사역사학자들은 한반도와 엮기 위해 안간 힘을 쓰고 있다.

발해연안 문화의 하이라이트는 구석기시대 또는 신석기시대의 문화(위)가 아니라 바로 청동기시대의 문화다. 물론 발해연안 신석기시대 문화도 중원의 문화와 구분되는 것이지만(위) 비파형 동검과 석묘로 대표되는 발해연안 청동기 문화는 상당히 독특한 모습을 보인다. 비파 모양으로 생긴 청동 동검은 요녕식 동검(023') 이라 불리기도 하는데 발해연안에서 시작해서 한반도 서북부로 전파되고 다시 한반도 중남부로 퍼진다. 기원전 1000년대인 한반도(조선 반도)의 초기 농경 시대 지석묘(고인돌)에서도 부장이 된 요녕식 동검이 나오기도 한다. 이른바 발해 연안 고조선시대(강인욱 외 2022)(제2부)도 그 문화를 기반으로 하고 있다.

북방설(시베리아설)(46)을 대체하는 이론으로 각광을 받는 발해연안설(023')은 기본적으로 발해연안(위)과 한반도의 민족집단(위)과의 관련을 가정하는 이론이다. 그 이론은 처음에는 발해연안 신석기 문화 특히 즐문 토기와 한반도(조선 반도)가 관련이 있다는 정도의 이론(이형구 1989)이었는데 유사역사학자(위)들은 홍산 문화(위)를 한반도와 엮기 위해 힘을 쓴다(1설). 이어서 그 지역 청동기 문화(위)와 한반도(조선 반도)의 관련을 모색하는 이론이 나오는데 신석기 문화 관련설보다는 좀 더 설득력이 있다(2설). 비파형 동검 즉 요녕식 동검을 비롯한 그 지역 청동기 문화와 한반도의 관련설은 여러가지로 제기되어 왔는데 무엇보다 조선(아래) 이란 명칭은 그 집단과 관련이 있다.

동검 문화를 가진 집단(요녕계)의 일부는 요하를 중심으로 그 동쪽인 요동 지역에서 소 정치체를 이루는데 그들이 바로 조선 이란 이름으로 불린다(발해 연안 고조선시대 로 잠정 정의된 바 있다. 위). 그 지역의 집단은 이후 한반도 서북부로 이동하는데(노태돈 1990; 송호정 1999) 그들이 바로 한반도 서북부의 '역사 상의 조선'(023')이다. 고조선 이란 용어는 대체로 네 가지 의미로 사용된다. 첫째는 위만 조선(-194~-108)과 대비해서 단군 조선("삼국유사" '기이제일' 고조선 조)을 가리킨다. 둘째는 이른바 3조선(단군/ 기자/ 위만 조선)(024 a)을 가리킨다. 셋째는 '역사 상의 조선'(위)인데 동검 문화를 가지고 요동에서 한반도 서북부로 이동한 집단이다. 넷째는 북한 조선사(34)에서 가정하는 고대 노예제 사회 의 고조선 이다.

'역사 상의 조선'(위)은 이후 연나라 출신인 위만에게 넘어가서 위만 조선(38)이 된다. 위만 조선은 기존의 조선계(023')와 위만의 한족계(023')의 연합으로 이루어진 국가로 여겨진다. 그것은 당시 남 중국의 남월(-204~-111)이 기존의 백월계와 조타의 한족계와 연합으로 이루어진 국가였던 것과 마찬가지다(36). 위만 조선이 한 무제의 침공을 받아 멸망하고 한 4군(28)으로 편입된 뒤 한반도 서북부 지역은 낙랑군(-108~313)의 지배를 받고 이후 조선계와 한족계가 융합되어 새로운 민족적 정체성(낙랑인)을 가진 지역이 된다(오영찬 2006)(제 2부). 위만 조선 멸망(-108) 이후 그 국가의 조선계(조선 유민)가 3한 지역으로 내려 가서 3한의 주축이 된다는 이론이 바로 조선계설 이다(45).

위만 조선(위) 바로 앞은 통상 기자(37)의 기자 조선(023' 024 a)이라 여겨진다. 그것은 고려조에 나오는 전통설(024 a)에서 3조선(위)이 설정되고 단군/ 기자/ 위만 조선(위) 이란 체계가 세워지기 때문이다. 갑자기 기원전후 3국에서 기원전 3000년기로 재 소급(023')한 역사는 위만 조선(위)과 단군 조선 사이에 2000년이 넘는 역사적 공백(023')이 생기는데 그것을 메꾸기 위해서 기자 조선(위)을 그 사이에 집어넣는다. 기자 조선은 특히 조선조에서 동국(한반도 국가)의 기원으로 여겨지지만 역사적인 정치체라고 볼 수는 없다(37). 위만 조선(위)이 들어설 때 기자 조선(위)의 마지막 왕이라는 준왕이 해로로 마한으로 들어간다는 준왕 설화는 마한 정통론(3한 정통론)의 근거가 된다(45).

한반도(조선 반도)와 그 주변 지역 기원전의 시기와 관련해서 발해연안(위) 이란 용어는 그 자체가 하나의 의미를 이룬다. 20세기에 와서야 비로소 드러난 그 지역의 선사시대 문화는 한 때 북한과 신 중국(위)의 고고학자들이 공동으로 발굴 작업을 하기도 하지만(조중고고발굴대) 곧 중단된다. 발해연안의 여러 문화 가운데 특히 청동기시대 동검 문화는 한반도로 들어가서 어느 정도의 역할을 하는 것은 분명하다. 그렇지만 동검이 발견되는 지역이 모두 고조선(위)의 영역이란 주장은 극단적인 것일 수밖에 없다. 발해연안(위)이 기존의 시베리아(46) 지역을 대신하는 이론의 대상이 되기는 하지만 그렇다고 해서 발해연안이 한반도의 민족 집단(위)의 기원(023')이라고 하기는 힘들다.

발해연안(위) 지역은 역사시대로 접어들면서 요동(遼東 Liaodong)이란 이름으로 통칭이 된다. 서부 만주(위)의 일부인 그 지역은 처음에는 한족(28)인 공손씨의 지배를 받다가 점차 북방 북국(20)의 영토로 편입된다. 그 지역은 고구려, 발해(발해가 엄밀한 의미의 북방 북국의 시작이라 할 수 있다)를 지나서 특히 요, 금, 원, 청이 구 중국(위)의 일부 또는 전부를 정복하는데 전초 기지가 된다. 서양의 중국 연구자들도 그 지역을 중시하는데 그 지역을 지배한 세력이 중국을 지배한다는 말까지 나온다. 다만 요동 이란 용어는 한반도 국가("제왕운기" 권하, '동국군왕개국연대'의 병서 다음의 도입부)를 의미할 때도 있고 만주 전체(김한규 2004)(총론 결론)를 지칭할 때도 있다.

48 부여

 한반도의 민족 집단(15)이 각각 시베리아/ 발해연안 에서 기원한다는 북방설(시베리아설)/ 발해연안설 외에도 부여(024 a) 지역에서 기원한다는 이론도 있다. 그것은 부여설 더 정확히 말해서 부여계(아래) 설인데 이른바 3국설과도 관련이 있다(18). 12세기 "삼국사기"(권 13/ 23)에는 고구려/ 백제 가 북 부여(아래)에서 나온다고 되어 있는데 일찍부터 구 중국 역사서에서 부여 관련설이 나온 바 있다("위서" 열전 88, 고구려 백제; "구당서" '동이열전' 고려 백제; "신당서" '동이열전' 고려 백제; "구오대사" '외국열전' 고려; "신오대사" '사이부록' 고려). 물론 그 이전의 광개토왕비문(414)에 이미 부여계 관련설이 나와 있다(아래).

부여 지역은 그 위치를 아는 것이 그다지 어렵지는 않다. 발해(698~926)가 그 이전의 구 고구려 지역에 설치한 4부(발해는 5경 15부 62주의 행정 구역을 설치한다) 가운데 하나가 부여부이기 때문이다("삼국유사" '기이제일' 말갈 발해 조). 대략 백두산에서 발원하는 북류 송화강의 하류 지역에 해당하는데 현재 길림(吉林 Jilin)성의 길림시(아래) 주변이다. 부여는 기원전후 그 지역에 존재하던 북 부여(아래)를 말한다. 북 부여는 다시 탁리국(더 위의 북류 송화강이 눈강과 합류하는 지점이다)에서 기원한다는 설도 있지만 분명하지는 않다. 참고로 부여부 외의 압록부/ 남해부/ 추성부 는 각각 길림성 백산시/ 북한 함경남도 북청/ 길림성 조선족 자치주(혼춘)로 비정이 된다.

길림성(위)은 흑룡강성, 러시아 연해주(1860년 청에서 제정 러시아로 편입된다)와 함께 동부 만주로 분류된다. 길림은 길림오랍(Jilinwula)의 준말이다. 북국 제국(23) 청(1616~1911) 강희제 때 동부 만주 지역(만주족 즉 여진의 발상지에 해당한다)을 관할하는 중심지를 영고탑(寧古塔, 현재의 흑룡강성 목단강시 영안현)에서 길림오랍으로 옮긴다. 그 지역에 설치된 진수길림오랍등처

장군(鎭守吉林烏拉等處將軍) 이란 기관(이전의 진수영고탑등처장군이 이름을 바꾼 것이다)에서 길림 이란 이름이 유래한다. 청은 원 (1206~1368) 이래의 행성(行省, 현재의 성은 행성의 성이다)을 기본 행정 구역으로 삼지만 외곽 지역은 장군부(將軍府)를 두어서 그 지역을 관할한다.

북 부여(위)는 120년/ 136년에 위구태가 각각 왕자/ 왕의 자격으로 한족 왕조 한(-206~220)을 방문한 기록이 있는데 한과는 동맹 관계였던 것으로 보인다. 그 집단의 여러 풍속 가운데 서구 신화 연구자의 주목을 받은 것도 있다. 그 국가는 지리적으로 만주의 중앙에 위치하고 있어서 상대적으로 불리한 상황이었다고 할 수 있다. 한반도(조선 반도)와 만주 지역은 대체로 외곽의 집단들이 경쟁에서 살아 남는다. 북 부여는 서쪽으로 선비(동호계)/ 동쪽으로 읍루 물길(읍루계 즉 숙신계)/ 남쪽으로 고구려(같은 예맥계다)로 둘러싸여 있는데 285년/ 346년 두 차례 선비(모용씨)의 침입으로 큰 타격을 받고 이후 고구려의 지배를 받으면서 잔존하던 부여 왕실은 494년 소멸한다.

부여는 북 부여(위)보다 북 부여에서 내려온다고 여겨지는 이른바 부여계(023')가 더 큰 족적을 남긴다(아래). 북 부여(위) 외에도 동 부여와 남 부여가 있지만 이 장의 논의와는 별 관련이 없다. 동 부여는 북 부여가 선비(위)의 침입으로 한반도 북부의 동해안으로 이동해서 세운 국가로 추정되는데 "삼국유사"('기이제일' 동 부여 조)에는 훨씬 더 신화적인 방식으로 나온다. 남 부여(사비)는 한성 백제(기원전후~475)가 고구려의 압박으로 웅진으로 천도하고(475) 그곳에서 다시 사비(부여)로 옮긴 것인데(538) 백제의 마지막 부분에 해당한다(남 부여는 "삼국유사"에서 '기이제일'이 아니라 '기이제이' 후반부에 김부대왕 즉 경순왕 다음인 '남부여 전백제 북부여' 조에 나온다).

우선 졸본 부여 즉 고구려가 북 부여(위)에서 내려가는 대표적인 세력으로 간주된다. 북 부여에서 남으로 내려가서 졸본 부여(요녕성 본계시 오녀산성)를 세운다는 주몽은 광개토대왕비문(414)에 시조 추모왕이란 이름으로 등장한다. 북 부여 출신으로 천제의 아들과 하백의 딸 사이에서 난생(023')의 형식으로 태어나서 남쪽으로 내려가서 건국한다는 내용이다. 이어서 추모왕(주몽)이 사후 황룡을 타고 하늘로 올라간 후 유류(유리)왕이 그 뒤를 잇는다는 내용이 나오는데 비문의 광개토대왕은 시조부터 17대 손에 해당한다. 그러한 계보는 졸본 부여가 만주 지역 통합 국가(023')로 성장한 이후의 서사다. 비문 이래의 그러한 인식이 구 중국 역사서(위)에 반영된 듯하다.

다음으로 십제 즉 이후의 백제도 북 부여 관련설이 있다. 졸본 부여(위)에서 다시 남쪽으로 내려간 세력이 십제를 세운다는 서사다. 구 중국 역사서("위서" 열전 88 백제; "구당서" "신당서"의 동이열전 백제)에도 부여 관련설(출자부여 出自夫餘/ 부여별종 夫餘別種)이 실려 있다. 다만 백제의 시조 온조왕은 "삼국사기"에서 나오는 것처럼 이른바 3국의 하나인 백제를 세운 인물이 아니라 기원전후 한강 유역의 소 정치체인 십제를 세운 인물이라고 보아야 한다. 당시 마한("삼국유사" '기이제일' 마한 조)의 한 컨인 한강 유역의 소 정치체(국)인 십제는 이후 미추홀(인천) 지역의 소 정치체와 연합해서 백제 연맹체를 이루고(44) 원래의 마한 연맹체를 남쪽으로 밀어내고 고대 국가 백제로 발전한다.

　일연과 그 제자들도 기본적으로는 온조의 계통(溫祖之系)이 동명에서 나온다(出自東明)란 견해를 따른다('기이제일' 변한 백제 조). 동명("양서" '동이열전' 고구려)이란 존재는 북 부여 계통의 민족 집단의 시조에 해당하는 위상을 지니고 있다. 동명은 북 부여의 시조로 나오기도 하고 고구려의 시조("삼국사기" 권13)로 나오기도 하고 심지어는 백제의 시조("삼국사기" 권32 '잡지제일')로 나오기도 한다(아래). 그것은 그들 집단이 비슷한 유형의 신화를 공유하고 있기 때문일 것이다. 우리에게는 동명이 고구려의 시조로 더 잘 알려져 있다. 그것은 고려조 후기 이규보의 '동명왕편'("동국이상국집" 권3) 같은 서사시를 통해서 역사적인 인지도가 높기 때문일 것이다.

　북 부여에서 나온다는 고구려의 시조와 다시 그 계통에서 나온다는 백제의 시조란 서사 는 기원(023')이란 것이 상당히 정치적인 것임을 잘 말해준다. 미약한 세력을 가진 집단이 비상할 당시 그 이전의 유명 집단에서 그 기원을 찾으면서 정통성을 강화하는 것이 전형적인 방식이다. "삼국사기"를 편수(編修)한 김부식도 그 점을 명쾌하게 지적하고 있다. 김부식은 "삼국사기"의 본기가 끝나는 부분(더 정확히 말해서 '백제본기'가 끝나는 부분이다)의 '논'(論)(권 28)에서 3국이 각자 그 위상을 높이기 위해서 여러 가지 기원(023')을 끌어들인다는 것은 꼬집고 있다. "삼국사기"(1145) 란 저작도 그 자체가 대 신라 말기 정통성이 취약한 후 고구려(고려조)가 만든 기원 이론이라 할 수 있다(18).

여하튼 김부식은 '논'(위)에서 '하늘에서 금궤가 내려온다'(신라), '소호 금천씨의 후손이다'(신라), '고신씨의 후손이다'(고구려), '고구려와 함께 부여에서 나온다'(백제), '진 한의 난리 때 중국인이 들어온다'(신라) 등등 3국의 조상이 어디 어디에서 들어온다는 유의 여러 설을 나열한다. 그 가운데 백제가 '고구려와 함께 부여에서 나온다'(與高句麗 同出夫餘)는 설은 '백제본기'(권23) 온조왕 즉위년 조 마지막 부분에 그대로 나와 있다. 그리고 구 중국의 역사서("위서" 열전 88 백제, 세 번째 기사)에도 개로왕의 언급이란 형식을 통해서 나온다(與高

句麗 源出夫餘). 그러한 접근은 그 외의 여러 가지 자료에서도 확인이 된다.

결국 북 부여(위)에서 나온다는 이른바 부여계(위)인 고구려/ 백제 의 시조인 주몽(동명왕)/ 온조(온조왕) 가 현재의 한반도(조선 반도)의 민족 집단(위)의 기원(023')이 된다는 이론이 바로 이른바 부여계설(부여계 기원설)이다. 앞서 지적한 바처럼 그것은 이른바 3국설(023')에 기대는 기원 이론이다. 다시 말해서 "삼국사기"(1145) 란 저작이 없었더라면 나올 수 없는 이론이라 할 수 있다. 더구나 3국 건국계(024 a)에서 한반도의 민족 집단(위)이 기원한다는 이론은 문제가 많다(18). 무엇보다 3국 가운데 어느 집단이 중핵이 되는가 란 문제가 곧바로 대두될 수밖에 없고 거기서 부여계 즉 부여계 국가(고구려/ 백제)는 불리한 입장일 수밖에 없다(아래).

고구려 국가는 신라와 당의 연합군에 패해서 사라지고 (668) 그 국가의 핵심인 부여계는 중원으로 사민("신오대사" '사이부록' 발해) 되어 한족(26)으로 흡수된다. 고선지("구당서" 열전

54)같은 구 고구려 출신의 유명인도 열전에 남아 그 흔적을 남기고 있다. 한편 3한 지역에서 오랜 기간에 걸쳐서 3한화 된 백제 국가는 고구려보다 조금 일찍 사라지고(660) 그 핵심 인 부여계도 중원으로 사민된다. 백제 왕실의 의자왕과 그 후손들은 당의 수도에서 적절한 수준의 신분을 부여받는데 얼마 전에 발굴된 의자왕의 아들 부여 융과 증손녀 태비부 여씨의 묘지 명(각각 하남성과 산서성)도 구 중국의 상층으로 편 입되어 한족(위)으로 흡수되는 정황을 생생하게 말해 준다(보 론 7).

이상에서 볼 때 부여계가 한반도의 민족 집단(위)의 기원 이 된다는 부여계 설(위)은 현실적으로 성립하기 힘든다 고 할 수밖에 없다. 과거와 현재의 부여계 계승론(023')도 부여 계가 기원이기 힘들다는 것을 잘 말해 주는 한 가지 현상이 라고 할 수 있을 듯하다. 부여계 계승론(위)은 크게 봐서 정 치적 계승론(아래)과 문화적 계승론(아래)이 있다. 부여계를 정치적으로 계승해야 된다는 정치적 계승론은 10세기 후 고 구려의 고구려(부여계) 계승론이 대표적인데 "삼국사기"(위)

란 저작으로 완성이 된다. 현대의 북한도 양계(31) 지역의 부여계(위)와 말갈계(발해)를 계승해야 한다는 정치적 계승론의 입장이다. 남한 북한 모두에서 보이는 문화적 계승론도 상당히 지엽적(손동완 2018)이란 한계가 있다.

49 남방 해양

  한반도(조선 반도)의 민족 집단(15)과 관련해서 해양 이란 용어는 두 가지로 사용이 된다. 하나는 20, 21세기 한반도가 '해양 대 대륙'(023')의 구도로 가면서 해양(5)의 해양 세력(아래) 이란 용법으로 쓰이는데 더 구체적으로는 일본(023')과 미국이다. 다른 하나는 선사시대 특히 신석기/ 청동기 양 시대를 배경으로 하는 이론에서 나오는 '남방 해양'(아래) 이란 용법이다. 선사시대 배경의 '남방 해양'은 '북방 시베리아'와 대비적으로 사용된다(46). 더 구체적으로는 '남방 해양의 문화 대 북방 시베리아의 문화' 라는 방식이다. 다만 북방 시베리아(북방 시베리아 문화)와는 달리 남방 해양(남방 해양 문화)의 남방이 구체적으로 어느 지역을 의미하는지 불 분명하다(아래).

남한 학계에서는 '시베리아 대 해양'(아래) 이란 도식이 나온다. 그것은 빙하기(023') 이후 현재의 한반도(조선 반도) 지형이 이루어진 다음의 시기를 배경으로 하고 있다(아래). 대략 신석기 청동기 양 시대에 한반도의 북쪽에서 '북방 시베리아'(위) 문화가 들어오고 다시 청동기시대에 한반도의 남쪽에서 '남방 해양'(위) 문화가 들어와서 한반도 내에서 혼합되고 조화를 이룬다(김병모 1992)(맺는 말)는 방식이다. 그 고전적인 도식은 시베리아(46) 지역의 북방 문화와 해양(위) 지역의 남방 문화가 모두 들어오는 복합적인 공간인 한반도(조선 반도) 란 것이 전제되어 있다. 다만 그 이론은 형질 및 유전자(023') 측면의 이론과는 구분이 되는데 주로 문화(023')적인 측면의 논의이기 때문이다.

'남방 해양'(위) 이란 용어는 '북방 시베리아'(위) 란 용어와는 달리 그 구체적인 지리적인 위치가 어디인지 확인되지 않는 모호한 용어에 가깝다. 물론 '북방 시베리아 대 남방 해양' 이란 틀(아래)이 한 때 유행한 것은 맞지만 그것은 시베리아(46)와 해양(위)의 구체적인 내용보다는 '틀 그 자체'(손동완 2022)(제 8장)가 더 유명한 논의였다는 평가를 피할 수 없을 듯하다. 여하튼 '남방 해양'이란 용어는 빙하기 이후 신석기 청동기 양 시대에 한반도(조선 반도) 지역으로 어떤 민족 집단이 들어가는가 란 논의와 관련해서 제한적으로 사용되어야 한다. 말하자면 20, 21세기 이전의 역사시대 특히 한반도 3조(16) 시기의 남방 해양 이란 것은 그다지 큰 의미가 없다고 해야 한다.

참고로 3면이 바다인 한반도(조선 반도)의 지형은 빙하기 이후에 이루어진다(대략 10000 BP). 빙하기(위)에는 현재 지도 상에 대륙붕으로 나와 있는 얕은 바다는 상당 부분이 육지였다. 예를 들면 동남 아시아의 말레이시아와 인도네시아 주변도 많은 부분이 육지였고. 중국 대륙도 남 중국해(남해)의 일부와 동 중국해(동해)의 대부분이 육지였다. 특히 동 중국해는 대만(臺灣 Taiwan) 섬에서 일본의 규슈를 잇는 선까지도 육지였다. 그 위로는 (한국의)남해는 물론이고 (한국과 중국의)

황해와 (중국의)발해도 모두 육지였다. 말하자면 현재 기준으로 중국 대륙/ 한반도/ 일본 열도가 모두 육지로 이어져 있었는데 다만 수심이 깊은 (한국의)동해는 내륙 호수를 이루고 있었다.

이른바 남방 해양(위)의 이른바 해양계(아래)는 '남방계'(아래)로 불리기도 한다. 그렇지만 남방계 란 용어는 주의해서 사용해야 한다. 왜냐하면 북방계(023')와는 달리 남방계는 그것이 어떤 집단을 말하는지 불 분명하기 때문이다. 한반도(조선 반도)를 기준으로 해서 북방 이란 용어는 그것이 북방 시베리아(위), 북방 북국(20), 북방 사회주의(024 b) 권(즉 대륙, 5) 그 어느 것이건 간에 상대적으로 그 의미가 분명한 편이다. 그에 비해서 남방 이란 용어는 그것이 남 중국인지, 일본인지, 인도 차이나인지, 인도 말레이인지, 남 인도인지, 폴리네시아인지 어느 지역을 지칭하는지 분명하지 않다. 또한 북방계 란 용어는 대부분 선사시대의 북방 시베리아(위) 집단을 의미하는데 비해서 남방계 란 용어는 선사시대 어느 집단을 의미하는지 모호하다.

여하튼 한반도의 민족 집단(위)이 청동기시대의 남방 해양(위)에서 기원한다는 이론은 그다지 현실성 있는 이론은 아닌 듯하다. 다만 북방 시베리아(위)의 북방설(시베리아설)에 대한 가설적인 보완 이란 측면에서 남방 해양(위)의 남방설(023')이 제시된다고 볼 수 있다. 그래서 한반도(조선 반도) 지역에서 일부 나타나는 해양 문화(아래)가 강조되고 농경(023')도 대표적인 해양계(위)의 문화로 보고자 한다(동 아시아의 농경은 그 자체가 그 지역의 핵심적인 일부다). 한편 한반도 란 지역이 주변의 여러가지 다양한 문화와 교류 교섭(023')한다는 것은 너무나 당연한 일이다. 한반도 지역이 해양 지역과 일정 부분 교류한다는 것과 한반도의 민족 집단(위)이 해양에서 기원(023')한다는 것은 전혀 다른 문제라고 보아야 한다.

남한 학계에는 한반도(조선 반도)와 그 지역의 민족 집단을 해양(위)과 관련해서 설명하고 규정하려는 연구자들이 없지 않다. 물론 한반도는 3면이 바다인 것이 맞고 바다와 관련이 없지 않다는 것은 사실이다. 그렇지만 한반도와 그 지역의 민족 집단은 예를 들면 기원전 그리스의 일부 도시 국가나 기원후의 북 유럽의 바이킹 집단 또는 대 항해 시대의 포르투갈이나 네덜란드처럼 해양이 한반도의 민족 집단과 국가에 결정적인 역할을 하는 정도는 아니란 것도 분명하다. 기원전과 기원전후 그리고 기원후에 이르기까지 한반도 특히 3한 지역(43, 44, 45)도 바다 건너 지역과 교류가 없진 않았지만 바다보다는 육지가 더 핵심적인 요소였다고 해야 한다.

해양(위)과 한반도 지역이 본격적인 관련을 맺는 것은 20, 21세기에 와서 라고 보는 것이 더 타당할 것이다. 7~19세기의 오랜 기간에 걸쳐 진행되어 온 '한반도 국가/ 북방 북국/ 구 중국'의 구도가 와해되고 난 후에 이른바 대 분단(이삼성 2018 제 15장; 2023) 의 체제가 나오면서 한반도 지역은 해양(위)의 영향권 안으로 들어간다. 특히 남한(대한민국)은 그 해양 세력의 영향 하에서 자본주의적 현대화를 이룬다. 그 결과 남한은 산업화하고 무역을 근간으로 하는 경제를 영위하고 '한국 사람'(2)은 한반도(조선 반도)의 역사에서 처음으로 해양을 핵심적인 대상으로 삼아 20세기 후반 이래의 지구화 세계화의 시대를 지나서 지구 상의 주요 산업 및 교역 집단으로 거듭나게 된다.

  참고로 한반도 지역에 나타나는 해양 문화는 지석묘, 난생 설화, 쌍어 문양, 돌하르방 등이 꼽힌다. 그렇지만 기원전 1000년대 초기 농경(023') 사회인 이른바 복합 사회(Rhee & Choi 1992)의 표지인 지석묘(023')는 해양 지역에서 해로로 들어가는 집단이 가져가는 문화라고 단정짓기는 힘든다. 그리고 난생 설화(023')는 "삼국사기" 초기 기록의 이른바 3국 건국계(024 a)의 기사에 등장해서 주목을 받기는 하지만 그 집단의 기원을 미화하는 여러가지 장치 가운데 하나 정도로 볼 수도 있다(김부식의 논, 48). 그 외 쌍어문양과 돌하르방(북방의 돌궐계 석상 관련설도 있다) 등의 문화는 한반도 지역이 다른 지역과 교류(위)하는 가운데 나타나는 일부 현상이라 할 만하다.

50 유전자 논

북방 시베리아(46) 문화와 남방 해양(49) 문화를 가진 두 집단이 한반도(조선 반도)로 들어가면서 현재의 한반도(조선 반도)의 민족 집단이 이루어진다는 입론(그것은 문제가 많다)은 일종의 남 북방계 혼합설(023') 이라 할 수 있다. 그것은 2중 기원론(손동완 2023/ 제 4장)의 원초적인 형태를 보여준다. 두 가지 서로 다른 문화를 설정하는 그러한 유의 접근은 점차 문화(023')가 아니라 '형질 및 유전자'(023')의 논의로 넘어간다. 물론 그 두 가지 문화를 가지고 들어가는 집단이 각각 그러한 '형질과 유전자'를 가지고 간다고 할 수도 있지만 조금은 결이 다르다. 여하튼 이전에 비해서 문화(위)보다는 유전자(위)

가 더 부각되고 그 결과로 2중 기원론(위) 이란 용어가 바로 유전자적 접근을 의미하는 것으로 인식이 되는 경우도 적지 않다.

유전학자들은 '최근의 유전자 분석'(023')인 미토콘드리아 또는 Y 염색체 DNA(023') 분석을 활용해서 이론을 내놓기 시작한다. 그들이 내놓는 이론의 틀은 기본적으로 2중 기원론(위)에 해당하는데(Jin 외 2003) 한반도(조선 반도)의 민족 집단이 가진 유전자 가운데 어떤 두 유형을 각각 남/ 북방계로 놓고 그것을 나름대로 해석해서 언론의 주목을 끄는 방식이다. 그렇지만 남/ 북방계의 비율을 4 대 6(김 욱, 각종 언론) 이라 놓는 등 그대로 받아들이기 힘든 면이 적지 않다. 무엇보다 그 두 계열이 어떤 집단 이란 것을 구체적으로 밝히기에는 역부족인 듯하다. 남방계의 농경민/ 북방계의 유목민 등의 모호한 개념을 늘어놓기 일쑤다.

대체로 형질 및 유전자 적 측면의 논의가 문화적 측면의 논의보다 훨씬 더 이른 시기를 대상으로 하고 있다. 그러한 접근은 빙하기(아래)를 배경으로 하는 것도 다반사인데 100000년전 50000년전(BP)을 언급하기도 한다(아래). 바이칼론(023')/ 아무르설(023')도 빙하기를 대상으로 한 이론이다. 이른바 선/ 후 남방계설(보론 2)도 이른바 선 남방계는 빙하기의 집단이라고 상정된다. 참고로 빙하기에 동 아시아는 중국 대륙, 한반도, 일본 열도가 서로 연결되어 있고(20000 BP 에는 최대 해수면이 현재보다 120m 정도 낮은데 대륙붕으로 이루어져 있는 얕은 바다인 발해, 황해, 남해는 대부분 육지이기 때문이다) 그 시기에는 당연히 한반도(조선 반도)의 민족 집단(15) 또는 한국 사람(2) 이란 개념이 성립될 수도 없다.

그 동안 형질 및 유전자 적 논의는 현재의 한반도(조선 반도)의 민족 집단(위)이 가진 형질을 남/ 북방계 형질로 나누고 이른바 남/ 북방계 얼굴이 있다는 유의 호사가 적인 논의가 한바탕 휩쓸고 지나간다(자세한 인용은 생략한다). 그렇지만 한반도의 민족 집단의 형질을 두 가지로 나누어서 설명하는 방식이 얼마나 변별력이 있는 것인지는 의문이 아닐 수 없다. 더구나 남/ 북방계(위) 란 것도 이전에는 대체적인 언어학적 분류에서 유추하는 정도에 불과했다고 해도 과언이 아닐 것이다. 더 구체적으로는 남쪽의 한 장어(Sino-Tibetan) 대 북쪽의 알타이언어(Altaic) 또는 남쪽의 오스트로아시아(Austroasiatic) 또는 오스트로네시아(Austronesian) 대 북쪽의 알타이언어(위)의 계통 등을 말한다.

그러다가 일본에서 GM 유전자론(Matsumoto 1985)이 나오면서 위의 2중 기원론(위)을 과학적으로 증명한 것이란 기대도 있었지만 그 이론도 자료 해석 상의 문제가 적지 않다. GM 유전자(인류의 혈액의 혈청 속 5가지 항체 가운데 하나)는 각 인종에 따라 그 구성이 다르고 황인종의 경우는 네 가지로 나뉘는데 그 가운데 afb^{1}b^3/ ab^{3}st 두 유전자를 각각 남/ 북방계의 표지로 보지만 후자를 북방계의 표지로 보기에는 난점이 너무 많다(손동완 2020 a/ f; 손동완 2021 b/ 제 2장). 더구나 GM 유전자론은 '이전의 유전자 분석'(023')에 속하고 '최근의 유전자 분석'인 미토콘드리아 또는 Y 염색체 DNA(위) 분석에 비해서는 많은 한계가 있다고 보아야 한다.

'이전의 유전자 분석'에 비해서 '최근의 유전자 분석' 특히 Y 염색체 DNA 하플로그룹 분석은 지구 상의 어느 지역에 어떤 유형의 민족 집단(023')이 분포하는가에 대한 더 많은 정보를 줄 수 있다. 미토콘드리아 DNA 분석도 '최근의 유전자 분석'이긴 하지만 그것보다는 Y 염색체 DNA 분석이 훨씬 더 설명력(023')이 크다. 현생 인류의 아프리카 기원설을 증명한 것으로 인정받는 두 DNA 분석이 물론 모든 면에서 완벽한 것은 아닐 수 있다. 특히 그 분석이 인종과 혈통을 다 구분할 수 있는 것은 아니다. 그렇지만 적어도 지구 상의 특정 지역이 빙하기에 어떤 집단이 도착해서 그 지역의 이른바 본토 유형(023')을 이루는가 정도는 알 수 있다.

예를 들어 동 아시아(서 아시아와 구분되는 의미다)의 경우 중국 대륙과 동남 아시아 그리고 한반도(조선 반도)와 일본 열도는 기본적으로 O 계열의 Y 염색체 DNA 하플로 그룹을 가진 집단이 다수를 이루고 있다. 또한 그 지역 가운데서 동남 아시아가 다른 지역보다 유전적 다양성이 높다. 그래서 빙하기에 서 아시아의 해안을 따라서 동남 아시아에 도달한 집단이 그곳에서 머물다가 다시 다른 지역으로 이동한 것이라 해석할 수 있다. O 계열의 하위 집단 O1/ O2 /O3는 각각 인도 말레이 열도/ 한반도와 일본 열도/ 중국 대륙으로 들어간다고 여겨진다. 또한 O2 유전자형은 O2a 형은 원래의 인도 차이나 반도/ O2b 형은 한반도와 일본 열도에 많이 분포한다고 한다(O1, O2, O3 는 약간 변형된 방식의 분류가 나오기도 한다).

C, D 계열은 아프리카 대륙에서 비교적 이른 시기(물론 빙하기다)에 나가는 집단인데 서 아시아와 동 아시아의 해안을 따라서 이동한다. 그 가운데 C 계열은 동남 아시아에서 남중국 해안을 거쳐서 당시 육지로 연결되어 있던 일본 열도와 사할린 섬을 지나서 아무르강 수계로 올라간다는 해석이 있다(World Map of Y-DNA Haplogroups.png). 그들 집단은 알타이언어(TMT) 사용 집단인데 이른바 Y 염색체 DNA 상 C3 유전자를 가진 그룹은 주목할 만하다. 한반도(조선 반도)의 민족 집단은 대부분이 O 계열의 유전자를 가진 집단인데 C 계열인 C3 유전자를 가진 집단이 비율 상 그 다음 순으로 나오기 때문이다. 그들은 전체 인구의 10%가 조금 넘는다.

그렇다고 하더라도 형질 및 유전자 적인 접근이 한반도의 민족 집단(위)의 기원(023')을 밝힌 것이라고 선언하기도 그렇다. 유전자 분석 상 10000년전(BP) 또는 그 이전의 동 아시아의 민족 집단이 이른바 본토 유형(위)임을 밝히고 미토콘드리아 염색체 또는 Y 염색체 DNA 같은 '최근의 유전자 분석'이 그것을 어느 정도 설명하고 '이전의 유전자 분석'도 일부의 모습을 보여준다 하더라도 그것이 한반도의 민족 집단(위)에 대해서 말해주는 것은 그다지 많지 않다. 다만 과학적인 듯한 겉 모습을 보여줄 따름이지 실제로 그 집단이 어떻게 형성되는가 란 문제에 대해서 공헌할 수 있는 부분은 별로 없다고 해야 한다. 그러한 방식은 시간 범위(023') 상의 한계가 너무 뚜렷하고 몰 역사적 이란 문제가 있기 때문이다.

이른바 기원(023') 이란 주제를 내 건 저작은 기본적으로 '위로부터' 라는 방법 상의 허점이 심각하다. 현재의 어떤 집단의 기원(위)은 현재에서 시작해서 거슬러 올라가면서 답을 찾는 것이 정상이다. '위로부터' 내려가는 방식은 당연히 선험적인 가정을 하기 마련이고 그것은 상당한 조작이 개입할 수밖에 없을 것이다. 본서도 이른바 기원 이란 문제를 다루지만(part 5) 철저히 현재에서 올라가는 방법을 고수한다. 현대의 한국 사람(2)/ 조선 사람(3)/ 디아스포라 동포(10)와 그들의 기원인 한반도 3조(16)와 한반도 3조의 모태(023, 024 a)가 되는 7세기의 집단과 그 집단이 이루어지는 3한 지역의 역사에 밀착해서 풀어나간다. 최대한 그 집단의 역사와 유리되지 않도록 몰 역사적인 방식은 배제하는 것이 바람직하다고 해야 한다.

물론 7세기의 모태 집단이 나오기까지의 역사는 고고학, 인류학, 유전학, 언어학 등의 도움을 받아야 한다. 이른바 선 형성기(-1000~676)는 선사시대를 포함하고 있고 그것은 문헌보다는 유물이 더 큰 역할을 하기 때문이다. 다만 선 형성기 이전인 10000, 50000, 100000년전(BP)은 당연히 그 중요성이 떨어진다. 인류학에서 현재 지구 상의 모든 사람의 조상이 신석기시대 모든 사람 이란 결론(이상희 2023)(제 19장)에 도달한 것도 마찬가지 의미가 있다. 빅 히스토리는 그 자체로서 흥미로운 것일 수는 있지만 현재 한반도(조선 반도)의 한국

(조선) 민족의 기원을 찾는 데는 별 공헌을 못한다고 해야 한다. 특히 구석기시대인은 현재의 한반도의 집단과는 거의 관련이 없다고 할 수 있다.

 다시 본론으로 돌아가서 그렇다고 해서 형질 및 유전자적 접근이 아무 것도 말해주지 않는다고 할 수는 없을 것이다. 유전자 관련 이론은 현재 대세의 학문(현학 顯學)이라 할 만해서 기타 분야에 많은 영향력을 행사하고 있다. 말하자면 유전자적 접근은 이전의 언어학적 접근만큼이나 무시할 수 없는 그 무엇이라 할 수 있다. 더구나 현재 유전자적 접근과 언어학적 접근을 병행하는 경우는 더 그렇다. 앞서 몇 번 인용한 "한국인의 기원"(박정재 2024)도 그러한 면을 잘 파고 들고 있다. 원래 자연 지리학의 한 분야인 생물 지리학자로 고 기후학에 밝은 그 연구자는 추위(한냉기)가 강제하는 이주 란 개념을 키워드로 해서 기원 문제를 건드리고 있다.

 그러한 접근은 7세기 모태 집단(위)이 나오기 전인 선 형성기(위)를 대상으로 한 혼합설(아래)에 어느 정도 공헌할 수는 있으리라 본다. 말하자면 일본 열도의 모태 집단('조몬인/ 야요이인/ 고훈인' 의 혼합설 은 어느 정도 설득력이 있다)에 해당하는 한반도(조선 반도) 지역의 집단을 제시하는 것은 가능할 듯하다. 그러한 유형의 혼합설은 이미 나온 바 있고 4중 혼합설(노혁진 1994; 손동완 2018)이 그것인데 '즐문인/ 무문인/ 요녕계/ 부여계' 를 설정하고 있다(당연히 그 혼합설도 문제가 없진 않다). 위의 지리학자의 '아무르인/ 요서 농경민/ 점토대인/ 부여계'의 혼합설은 각각 한냉기인 8200 BP/ 3800 BP/ 2800 BP/ 기원전후 이래 란 네 시기를 배경으로 하고 있다.

4중 혼합설(위) 시즌 2 라 할 만한 그 혼합설도 연구자 자신이 인정하듯 기후 결정론 이란 한계가 없지 않고 그 외에도 여러 가지 문제가 없을 수 없다. 남/ 북방계 론(위)부터 끈질기게 등장하는 한반도의 '수렵채집인/ 농경민' 이란 오래된 설명 방식(주로 유럽 지역에서 유행하던 방식이다)에 대해서 '아무르인/ 요서 농경민'이 하나의 제시가 될 수는 있겠지만 그것도 세부적으로 설명해야 할 부분이 적지 않을 것이다. 송국리 문화에 대한 통찰력 있는 설명은 물론 귀 기울여야 할 것임에 틀림없지만 언어학 적인 설명(그들이 일본어 사용 집단이라 본다)까지 시도하는 그 부분도 역시 반론이 만만치 않을 듯하다. 다만 그 이론이 최근 들어 보기 드문 창의력을 발휘한 점은 높이 평가해야 마땅하리라 본다.

50장(위)의 손동완 2020 a; 손동완 2021 b 는 각각 "한민족의 기원"(해설); "한민족과 북방 기원"(북방설 비판) 이다.

part 1, 2, 3, 4, 5 간지(검은 색)의 손동완 2023; 손동완 2024 a; 손동완 2024 b 는 각각 "한민족에 대한 우리의 인식"; "3국, 3조선, 북방을 넘어서서"; "한반도 국가의 정치 군사적 조건" 이다.

그 외에 손동완 2019(보론 2, 이하) 는 "한민족의 기원"(개설) 이다. 손동완 2019 는 "한국민족문화대백과사전" 한민족 조에 인용되어 있다. 여기서 이상의 여러 책들이 출간되기까지 힘써 주신 바른북스 김병호 대표님과 본서의 편집을 진행해 주신 박하연 편집자님께 깊은 감사의 말을 전한다.

보론

보론 1

선사시대와 민족 기원

  한반도(조선 반도)의 한국(조선) 민족은 선사시대 적어도 구석기/ 신석기시대와는 직접적인 관련을 상정하지 않는 것이 더 바람직해 보인다. 물론 그 시대가 고고학에서 다루는 대상일 수는 있지만(본문 2) 그 시대의 민족 집단은 현재 한반도와 큰 관련이 있는 존재도 아니고 따라서 그렇게 큰 의미를 부여하기도 힘든다. 구석기시대(빙하기)는 그만 두고 신석기시대(아래)를 보더라도 그 시기는 한반도의 민족 집단(본문 15)의 형성기(676~1910)/ 선 형성기(-1000년~676)보다도 훨씬 더 이전이다. 최근에 나온 한 고고학 개론서(Yi 2022)에서는 한반도와 주변 지역의 신석기시대를 초기 집단(구석기)에서 동검과 지석묘 집단(청동기)으로 가는 과정 정도로 파악하고 있다.

  외래설(본문 46, 47, 48, 49)가운데 대표 격인 북방설(시베리아설)(본문 46)도 한반도의 민족 집단의 형성기(위)는 물론이고 선 형성기(위) 보다도 훨씬 더 이전의 시대를 대상으로 하고 있다. 그 이론은 그러한 측면에서는 시간 범위(023') 상의 한계가 뚜렷하다고 할 수밖에 없다(본문 50). 고고학의 시대 구분(아래)은 기본적으로 3시기법에 근거하는데 석기인 구/ 신석기시대와 청동기시대와 철기시대가 그것이다. 구석기시대는 그만두고 라도 그 다음인 신석기시대(위)에 그 기원(023')을 찾는 것도 문제일 수밖에 없다. 고고학의 시기 가운데서도 이른 시기인 구/ 신석기시대에서 어떤 민족 집단의 기원을 찾는 것은 결코 바람직하지 않다.

  위의 구/ 신석기시대는 이른바 '역사의 여명'(아래) 이란 시기와도 상당한 시대적인 괴리가 존재한다. 최근의 고고학 개론서(위)에서는 구석기/ 신석기/ 청동기 각 시대를 다 지나서 철기시대의 정치체를 '역사의 여명'이란 장에서 다룬다(Yi

2022). 말하자면 "신편 한국사"(아래)의 제4권에 해당하는 부분에 와서야 역사(023')란 용어를 적용하고 있는 셈이다. 한반도의 초기 집단에서 한 단계(신석기)를 지나서 동검과 지석묘 집단(청동기)으로 넘어가고 다시 한 단계를 더 지나서 역사의 여명(부여, 읍루, 옥저, 낙랑/ 십제와 마한/ 진한, 변한)이란 단계로 간다고 보고 있다. 적어도 신석기시대는 '역사의 여명' 보다 훨씬 더 이전이고 한반도의 민족 집단(위)과 관련해서 어떤 의미 있는 규정을 하기도 힘들다.

그 동안 한국 고고학의 시대 구분은 많은 문제가 있었던 것은 분명한 사실이다(손동완 2018)(부록 c 삼론 4). 특히 상당 기간 동안 한국 고고학을 대표하는 시대 구분이었던 '구석기 〉 신석기 〉 청동기 〉 초기 철기 〉 원 3국 〉 3국 〉 통일 신라'란 도식(김원용 1986)은 물론이고 그것에 대한 수정론(최성락 1995, 2002)도 이른바 역사 공동체 한국(023') 또는 조선 의 역사적 특성을 보여주는 데는 미흡한 점이 많았다. 그 외의 다른 몇몇 시도는 그러한 맹점을 어느 정도 해소해 준 것은 사실이지만(손동완 2018, 삼론 4) 역시 3국(만들어진 3국)(본문 18)이란 틀을 벗어나지 못한다. 기본적으로 고려조의 "삼국사기"(1145) 란 굴레를 넘어서는 한반도(조선 반도)와 그 민족 집단과 밀착한 시대 구분이 요구된다고 할 수 있다.

위에서 잠깐 논의한 북방설(시베리아설)은 한반도(조선 반도)와 시베리아 지역과의 관련을 가정하는 이론인데 2단계 교체설(위)의 방식을 취하고 있다(보론 3). 물론 한반도 지역의 구석기인도 시베리아 계통이라 주장이 되기도 하지만 그들 집단보다는 신석기시대에 시베리아에서 한반도로 들어간다는 이른바 고 아시아족(023')이 더 주목을 받는다. 대략 5000년전(기원전 3000년) 정도에 들어간다는 그 민족 집단은 여러 가지 측면에서 논쟁의 여지가 많다고 할 수밖에 없다. 더구나 한반도와 주변 지역의 신석기시대는 다원적인 문화를 보이고 있고(최몽룡 2006, 2008 a, b) 한반도의 신석기시대와 관련해서 시베리아 계통의 단선적인 기원을 가정할 수도 없다.

한반도 신석기 문화는 서한, 동한, 남한의 세 계통으로 나뉘지고(임우재 2002) 서로 다른 유형의 생활 방식을 보여주고 있다. 그 가운데 서울 강동 암사동 유적도 비교적 잘 알려져 있다. 1925년(을축) 홍수 때 드러난 그 지역은 신석기시대 주거지와 함께 거기서 나온 빗살무늬(즐문) 토기가 주목을 받는다. 그 토기와 관련해서 당시 일본 학자들이 한반도와 시베리아 지역과의 연관성을 제기하면서 북방설의 시초를 연다. 둥근 바닥의 빗살무늬 토기(켐 케라믹 이란 용어도 사용이 된다)가 시베리아에서 한반도로 들어가는 집단의 대표적인 문화로 인식이 된다(Fugida 1930). 물론 토기가 민족 집단의 기원을 말해줄 수 있는가(이선복 2008) 란 문제도 제기될 수밖에 없다.

한반도(조선 반도) 지역에서 신석기시대가 어떤 단계에 해당하는가 에 대해서는 여러가지 해석이 있을 수 있다. 또한 신석기시대가 이른바 역사 더 정확히 말해서 한국사(본문 41)에서 어떤 의미가 있는가 라는 문제도 있을 수도 있다. 국사편찬위원회에서 나온 "신편 한국사"(52권)는 "한국사의 전개"(제1권)/ "구석기 문화와 신석기 문화"(제2권)/ "청동기 문화와 철기 문화"(제3권)/ "초기 국가"(제4권)의 순으로 되어 있는데 그 다음은 3국으로 이어진다. 그 저작에서는 선사시대의 각 시기가 역사로 편입되어 있지만 한국 민족(조선 민족)이란 집단의 역사에서 선사시대 더 구체적으로 신석기시대가 가진 의미는 잘 따져보아야 한다.

현재 일반 대중에게 익숙한 북방 시베리아 문화는 남부 시베리아의 초원 유목 문화인데(본문 46) 그것은 대략 후기 청동기시대에서 철기시대까지의 문화에 해당한다. 그런데 비해서 북방설(시베리아설)에서 시베리아의 민족 집단(위)이 가지고 한반도로 들어간다고 설정되는 북방 시베리아 문화는 신석기 문화 더 정확히 말하면 빗살무늬(즐문) 토기인 셈이다. 한반도(조선 반도) 지역에서 토기는 신석기시대를 대표하는 유물이고 그 시대인에게 예를 들면 음식물 섭취와 관련해서 중요한 역할을 한다는 것은 사실일 것이다. 아무리 그렇다고 하더라도 그 토기가 한반도의 민족 집단(위)의 기원(023')을 확정해주는 정도의 위상은 아니라고 할 수밖에 없다.

참고로 "신편 한국사"(위)의 제 1권에서는 '한민족의 기원'이란 주제를 한 부분으로 다루고 있다. 결국 그 한국사는 고고학에서 다루는 한반도 지역의 선사시대는 물론 '한민족의 기원' 이란 주제까지 망라하고 있는데 한국사(위)에 대한 개념 정의가 필요해 보인다(본문 41). 말하자면 한국사 는 적어도 역사 공동체 한국(조선)(Korea)과 관련이 있는 어떤 존재여야 하고 한반도의 민족 집단(위)과도 괴리가 있어서는 안 되기 때문이다. 한 고고학자는 일관되게 이른바 이른바 한국(조선) 민족의 '기원' 이란 것 자체를 부인하는 입장을 취하는데(이선복 2003 a, b, 2008) 충분히 참조할 만한 가치가 있다고 해야 한다(위). 그러한 입장이 고고학 개론서(Yi 2022)에도 상당 부분 투영되어 있다(위).

보론 2

선/ 후 남방계설

연해주(러시아 연방 극동 연방관구)에서 이른바 '악마의 문 동굴인'이 발굴되고 그 유전체 분석(Siska 외 2017)이 이뤄지면서 이른바 선/ 후 남방계설(023')이 등장한다. 요약하면 동남 아시아에서 3~40000년전(BP)에 현재의 중국 동부 해안과 동북 지방(만주)을 거쳐서 들어가는 수렵 채집인(선 남방계) 집단과 10000년전에 같은 루트로 들어가는 농경민(후 남방계) 집단이 연해주 지역에서 혼합되어 한반도(조선 반도)로 내려간다는 가설이다. 그 이론은 이동 루트(023')(빙하기에 현재의 해안을 통과하는 집단을 상정한다) 뿐 아니라 한반도(조선 반도)와 주변 지역의 농경(023')의 전개 라는 객관적인 상황과도 전연 맞지 않는다(아래). 그 외에도 여러 가지 문제가 적지 않다.

'악마의 문 동굴인'은 그 유전체 분석에 따르면 알타이언어(TMT) 사용 집단인 퉁구스계(T) 울치족의 선조에 해당한다. 알타이언어 사용 집단은 이전에는 바이칼론(023')으로 설명했지만 지금은 아무르설(023')로 설명이 된다. 그들은 빙하기에 동남 아시아에서 남 중국 해안 〉 일본 열도 〉 사할린 섬을 통해서 아무르강으로 거슬러 올라간 집단이란 설명이다. 그 가운데 퉁구스계는 원래의 아무르강 유역에서 거의 이동하지 않은 집단인데 현재 러시아 극동 연방관구와 중국 흑룡강 성에 주로 분포한다. 퉁구스계 가운데 남부 어군에 속하는 울치족(최근까지 그 지역에서 수렵 어로 생활을 영위해 왔다)도 그 루트로 들어간 집단의 후손일 가능성이 높다(아래).

우선 7700년전(BP) 신석기시대 '악마의 문 동굴인'이 이른바 선 남방계(위)의 후손인지 아니면 후 남방계(위)로 들어간 집단인지 밝혀야 한다. 결론부터 말하면 그 동굴인(앞서 언급한 바와 같이 울치족의 선조에 해당한다)은 빙하기의 루트(위, 현재의 해안이 아니다)로 들어가는 집단의 후손일 가능성이 더 높고 존재가 극히 불 확실한 가상의 집단인 이른바 10000년 전의 농경민(위)과는 큰 관련이 없을 듯하다. 결국 동남 아시아에서 출발해서 중국 동북(만주)을 횡단해서 그것도 농경 문화를 가지고 연해주로 들어간다는 퉁구스계 란 설정은 허구일 가능성이 높다(요하 지역 기장 농경민을 전제하는 최근의 이론에서도 연해주 방면은 5000년전 정도로 보고 있다, Robbeets 외 2021).

선/ 후 남방계설은 유럽 지역에서 통용되는 '수렵 채집인 대 농경민'이란 구도를 적용해서 이론을 구성한다. 그렇지만 위의 퉁구스계는 기본적으로 수렵 채집인이지 농경민일 가능성은 별로 없고 무엇보다 10000년전의 연해주 지역의 농경민(위)이란 것은 거의 가능성이 없다. 더구나 그 이론에서 선/ 후 남방계 혼합 집단이 한반도(조선 반도)로 들어가서 그 지역 민족 집단의 기원이 된다는 암시를 하지만 그 길목인 한반도 동북부는 한반도 내에서 농경 유적이 가장 적은 곳이다. 심지어는 한반도 중서부의 농경민조차도 어떤 집단의 이주에 의한 급격한 방식(023')이 아니라 오랜 기간에 걸쳐서 완만한 방식(023')으로 농경을 받아들인다는 이른바 과정주의(최정필 2006)가 더 적합한 모델일 것이란 주장이 있다.

이상의 선/ 후 남방계설 자체가 퉁구스계(앞서 말한 바처럼 울치족의 선조에 해당한다) 고 인골이 발견된 연해주에 모든 초점을 맞춘 이론이다 보니까 여러 가지 무리한 전제가 중첩이 되고 현실성이 매우 떨어지는 이론이 되어버린다(손동완 2018/ B 주석 34; 손동완 2019/ 주석 9). 한반도와 주변 지역은 유럽 지역에서 주로 적용되는 '구석기 대 신석기' 또는 '수렵 채집인 대 농경민'이란 구도를 원용해서 쉽게 설명할 수 있는 지역은 아닐지도 모른다(물론 박정재 2024 는 그것에 다시 한번 도전한다) (본문 50). 선/ 후 남방계설은 한 유전학자(박종화)가 과감한 가설을 내세운다는 점에서는 평가를 아끼지 말아야 하겠지만 다 학문적인 다양한 지식이 필요한 분야에서 제대로 된 이론을 제시하기에는 역 부족이었다고 할 수밖에 없다.

선/ 후 남방계설(위)은 허구일 가능성이 매우 높다. 선 남방계는 그렇다 하더라도 특히 후 남방계는 존재 자체가 불 확실한 집단이기 때문이다. 그런데 그 이론을 내놓은 유전학자는 그 이론의 타당성을 간접적으로 한번 더 주장하는 듯하다. 그것은 유전체 분석 자료를 합성(023')하는 방법인데 간단히 말하면 연해주 울치족의 유전체(위)와 동남 아시아의 베트남의 어떤 집단의 유전체를 합성하면 현재의 한반도(조선 반도)의 민족 집단(위)의 유전체와 가장 가까운 결과가 나오고(박종화, 각종 언론) 그것이 바로 한반도의 민족 집단이 연해주에서 혼합된 집단이 내려간 것이라는 가설의 증거일 수 있다는 취지인데 상당히 자의적인 해석이 들어간 자료의 조작(操作)이라고 할 만하다(造作이란 말은 아니다).

여하튼 연해주 '악마의 문 동굴인'은 우리 학계에서 알타이언어 사용 집단 그 가운데서도 퉁구스계에 대한 연구를 한번 더 뒤돌아보게 만든 것임은 분명하다. 적어도 퉁구스계가 비교적 이른 시기에 이른바 빙하기 루트(위)로 아무르강 수계로 들어간 집단의 일부일 가능성이 더 높아졌고 알타이언어-C3(023') 집단인 퉁구스계가 어떤 방식으로 한반도의 민족 집단(위)과 연결이 되는가를 다시 한번 짚어보는 계기가 될 수도 있기 때문이다. 특히 한반도의 민족 집단(본문 15)이 가진 C 계열의 유전자는 몽골계(M)/ 투르크계(T)보다는 퉁구스계와의 관련이 더 높을 가능성이 높다(아래). Y 염색체 DNA 상으로 볼 때 한반도의 C 계열은 전체의 10%를 조금 넘는 비율이다.

한반도(조선 반도)의 민족 집단(위)가운데 C 계열의 집단은 한반도 동북부(동계) 지역의 여진 집단(기원후 2000년기의 집단이다)의 영향으로 보는 것이 가장 합리적일 듯하다(본문 31). 말하자면 그 유전자를 가진 집단이 아주 이른 시기에 정복자 기원(023') 유형으로 들어가는 집단이라 보기는 힘들다는 말이다. 물론 그들이 정복자로 들어가는 집단이고 그 나머지인 O 계열의 집단(위)이 피 정복자 집단이라면 적어도 언어 문제에 있어서는 어느 정도 유리한 설명이 가능할 수도 있을지 모르지만 어떤 민족 집단과 언어의 관련 문제는 변수가 많아서 어떤 방식이다 말하기도 쉽지 않다(예를 들면 베트남어처럼 원래 성조 언어가 아닌 언어에 성조가 덧 씌어지는 경우까지 있다).

참고로 러시아 학계에서는 퉁구스(위)와 에벤키족을 거의 비슷한 의미로 사용하는 경향이 있다. 북방설(시베리아설)의 퉁구스인(보론 3)도 시베리아 연방관구에 널리 분포하는 에벤키족(인구는 얼마되지 않는다)을 염두에 둔 입론인 듯하다. 퉁구스계(T)는 대부분 아무르강 북쪽인 러시아 극동 연방관구와 그 강의 남쪽인 중국 흑룡강성에 분포하는데 시베리아 연방관구의 에벤키족은 특수한 분포를 보인다고 할 수 있다. 북방설에서 말하는 퉁구스인(위)과 만주 퉁구스계(김주원 2006)(제 3장)의 여진(위)은 시대적으로 지역적으로 완전히 다르다고 해야 한다. 앞서 언급한 바이칼론/ 아무르설 두 이론의 측면에서 말한다면 북방설의 퉁구스인(위)은 바이칼론과 더 친연성이 있다고 할 수 있다.

보론 3

고 아시아족과 퉁구스인

 북방설(시베리아설)은 기본적으로 선사시대 북방 시베리아(023')와 한반도(조선 반도) 지역의 관련을 전제로 하는 이론이다(본문 46). 거기서는 북방 시베리아 문화를 가지고 한반도로 들어간다는 민족 집단이 제시된다. 북방설은 2단계 교체설(이선복 1991)이라고 정의가 되는 데서도 알 수 있듯이 북방 시베리아 문화를 가지고 한반도로 들어가는 두 가지 민족 집단이 거론이 된다. 더 구체적으로는 신석기시대의 고 아시아족(023')과 청동기시대의 퉁구스인(023')이다. 그렇지만 그 두 민족 집단은 모두 그 실체가 상당히 의심스러운 존재라고 할 수밖에 없다. 물론 그 두 집단이 가져간다는 북방 시베리아 문화(위)가 구체적으로 무엇인지도 잘 따져보아야 할 듯하다.

(고 아시아족) 유라시아 대륙 가운데 아시아 쪽의 북쪽은 넓은 의미의 시베리아(본문 46) 라고 할 수 있다. 현재 러시아 연방에서는 그 지역을 우랄/ 시베리아/ 극동 세 연방관구로 구분한다. 대략적으로 말하자면 우랄 산맥에 가까운 쪽은 우랄 연방관구이고 태평양에 가까운 쪽이 극동 연방관구이고 그 가운데가 시베리아 연방관구다. 일반 독자 또는 아마추어 연구자들에게 익숙한 시베리아는 바이칼 호수 부근일 텐데 더 자세히 말하면 부리야트 공화국(시베리아 연방관구에 속한다) 지역이다. 부리야트 족은 알타이언어(TMT) 사용 집단 가운데 몽골계(M)인데 몽골계 최대 인구 집단인 할하 부리야트 계열이다(외 몽골/ 내 몽골의 다수 민족은 그 계열이다).

현재 넓은 의미의 시베리아 지역은 러시아인의 이주로 말미암아 그 지역의 민족 집단이 소수화되는 과정에 있다. 러시아인을 제외한 그 지역의 민족 집단을 보면 대부분이 알타이언어 사용 집단이다(우랄어 사용 집단은 우랄 산맥 건너 유럽 대륙 쪽에 많이 분포한다). 알타이언어 사용 집단 가운데서 앞서 언급한 바이칼 호수 부근의 몽골계(M)와 야쿠트 공화국/ 알타이 공화국/ 투바 공화국 의 투르크계(T)를 제외하면 대부분이 퉁구스계(T)라 할 수 있다. 퉁구스계는 아무르강(흑룡강) 부근인 러시아 연방의 극동 연방관구와 중국 동북 흑룡강성에 주로 분포하고 일부가 에벤키 자치구(시베리아 연방관구에 속한다)에 분포한다.

알타이언어(트랜스 유라시아 언어 라고 불리기도 한다, Robbeets 외 2021) 사용 집단(위)은 신 시베리아(023') 계통으로 분류가 된다. 그들 집단과 구분되는 집단이 구 시베리아(023') 계통인데 고 아시아족은 일단 구 시베리아 계통의 민족 집단이라 여겨진다. 현재 베링 해 주변인 축치 자치구/ (구)코랴크 자치주(현재는 다른 주로 편입된 상태다)의 축치족/ 코랴크족이 고 아시아족에 가깝다는 의견도 있지만 분명해진 않다. 무엇보다 고 아시아족 이란 존재 자체가 초창기 러시아 언어학자들이 가상적으로 만든 분류에 따른 집단이란 설도 있는 만큼(최정필 2006) 고 아시아족 이란 개념에 기대서 전개하는 이론은 상당한 문제를 내포하고 있다고 할 수도 있다.

고 아시아족 이란 민족 집단의 실체가 분명하지 않은 상황에서 그 이상의 이론을 전개하는 것은 상당히 무리한 일일 수 있다. 예를 들면 한 북방론자는 고 아시아족과 단군 신화(아래)의 연결을 모색한다. 그 연구자는 고 아시아족이 단군 신화의 주인공일지도 모른다는 입론을 내놓는다(김정배 1973)(제 4장). 그 근거는 주로 곰 토템인데 단군 신화에 나오는 곰 토템이 이른바 시베리아 선사시대 고 아시아족의 곰 토템과 어떤 관련이 있을지도 모른다는 막연한 추측이다. 그 당시에 "삼국유사"의 단군 신화('기이제일' 고조선 왕검조선 조, 두번째 기사)와 고 아시아족(위)의 연결을 모색한 그 이론은 참신한 기획이라 평가받긴 했지만 그 시도가 새롭다는 것 이상의 학술적인 근거는 대지 못하고 있다.

참고로 단군 신화는 고려조 후기의 "삼국유사"(1281)에 나온다. 일연과 그 제자들이 편찬한 그 저작은 권1/ 권2가 '기이제일'/ '기이제이'인데 '기이제일'에는 기원전후의 여러 정치체가 나열되어 있고 그 맨 앞에 고조선(왕검조선)이 올라가 있다(본문 40). 그 고조선 조의 첫번째 기사에는 단군의 건국이 짤막하게 나와 있고 두번째 기사에서 단군 신화가 나온다. 그 부분은 우리가 잘 알고 있다시피 환인/ 환웅/ 웅녀/ 단군이 등장한다. 그 가운데 웅녀를 시베리아 선사시대 고 아시아족의 곰 토템과 연결시키려고 시도한다. 그렇지만 유라시아 대륙 전반에 널리 퍼져 있는 어떤 현상을 특정한 방식으로 동원하는 것은 그다지 바람직하지 못하다고 해야 한다.

더구나 "삼국유사" '기이제일' 고조선(왕검 조선) 조에는 분명히 단군 신화가 나오고 그 분량도 적지 않지만 전체적인 구성에서 볼 때는 그 것이 핵심적인 부분이라 단언할 수도 없다. 그 두번째 기사는 단군 조선이 중국 전설시대의 요(당요)에 해당하는 시기에 아사달에서 건국되고(기원전 2333년이라 나와 있다) 이후 구 중국에서 주(-1046~-256)가 건국된 시기에 기자(본문 37)로 교체가 된다는 것이 큰 줄기이기 때문이다. 세번째 기사도 중국 문헌을 인용해서 두번째 기사 마지막 부분에 나오는 기자(위) 교체를 인증하는 내용이다. 다만 "삼국유사"에는 기자 조선(023')은 나오지 않고 "제왕운기"에 가서야 등장하는데 기원전 2세기에 다시 위만 조선(본문 38)으로 교체가 된다.

(퉁구스인) 북방설(시베리아설)에서는 한반도(조선 반도) 청동기시대(아래)의 퉁구스인(023')이란 민족 집단을 가정하고 있다. 그것은 2단계 교체설(위)의 한 부분인데 한반도 지역의 '신석기시대의 고 아시아족/ 청동기시대의 퉁구스인'(위)이란 도식을 이룬다. 위에서 논의한 것처럼 신석기시대의 고 아시아족도 여러가지 문제와 엮여 있지만 이른바 청동기시대의 퉁구스인 이란 존재 또한 그에 못지 않게 문제가 많다. 한말에 한반도(조선 반도)로 들어간 서양인들이 한반도의 민족 집단(한국 또는 조선 민족)의 기원(023')에 대해서 관심을 표한 이래 식민지 시기 일본 학자들에 의해서 그 집단이 대체로 유사 퉁구스계(T') 란 결론이 내려지고(김정배 2006) 그 이론이 남한 학계에서 자리를 잡는다.

한 고고학 개론서(김원용 1986)에서 퉁구스인 논에 힘을 실은 이후에 얼마 전까지 국사편찬위원회에서 나온 "신편 한국사"에서도 한반도(조선 반도)의 민족 집단(본문 15)이 퉁구스(위)에 속한다는 방식의 기술이 이어진다. 그렇지만 그 집단이 퉁구스계에 속한다는 견해는 더 이상 진실이라 할 수 없다. 다만 퉁구스계 가운데 남부 어군의 일부 집단(여진)이 한반도의 민족 집단(위)에 편입되고 그들이 이른바 '북방계 한민족'(줄여서 '북방계')(023')의 주 구성원이 된다고 할 수 있을 뿐이다. 한반도의 민족 집단이 사용하는 한국어(Koreanic)는 알타이언어에 속하지 않는다는 주장(김주원 1991, 2006 제 1장)도 나온 바 있고 그 언어군에 속한다 해도(Robbeets 외 2021) 계통도(성백인 1996)를 전제한다는 난점이 분명히 있다.

퉁구스계(T)는 알타이언어 사용 집단 가운데 하나인데 몽골계(M)/ 투르크계(T)와는 구분이 되는 민족 집단이다. 알타이언어 사용 집단 가운데 퉁구스계는 원래의 아무르강 지역에서 가까운 러시아 극동 연방관구와 중국 동북 지역에 주로 분포하고 대부분이 산림과 하천에서 수렵 또는 어로 생활을 하는 소수 민족 집단을 이루고 있다. 남부 어군의 만주족(여진)이 가장 큰 집단인데 그들은 읍루계(3북의 하나다)의 후속 집단에 해당한다. 북부 어군의 일부 집단은 시베리아 연방관구로 들어가는데 어웡키(에벤키)족이 잘 알려져 있다. 적어도 퉁구스계와 퉁구스어에 관한 기본적인 지식만 있어도 한반도의 민족 집단이 퉁구스계 란 주장은 나올 수가 없다.

여기서 잠깐 한반도(조선 반도)의 청동기시대를 언급하고 간다면 그것은 논란의 여지가 적지 않다. 처음에는 청동기시대 자체가 인정되지 않고 있다가 이후 그 시대가 부각되기 까지는 상당한 시간이 걸린다. 먼저 북한 학계에서 청동기시대가 제시되고 이후 남한 학계도 점차로 그 뒤를 따르고 새로운 이론이 나오고 있다. 한반도의 청동기시대는 연대 상의 진폭이 너무 커서 논의 자체가 무의미할 지경이다. 연대 문제는 일단 제쳐 두고 본다면 남한 또는 북한 학계에서 청동기를 가지고 한반도 지역으로 들어간다는 집단이 북방 시베리아(본문 46)의 민족 집단에서 발해연안(본문 47)의 민족 집단으로 넘어가는 추세라고 볼 수 있다(아래). 물론 북방설(시베리아설)은 전자를 대표하는 이론이다.

 북방설(시베리아설)의 주요 연구자들은 일찍부터 고 아시아족(위)을 교체한 집단은 퉁구스인(위)이 아니라 예맥(023') 이란 이른바 반 퉁구스론(김정학 1964; 김정배 1973 제 1장, 2006)을 내놓았다. 다시 말해서 '신석기시대의 고 아시아족/ 청동기시대의 퉁구스인'이란 도식은 '신석기시대의 고 아시아족/ 청동기시대의 예맥'이란 도식으로 바뀐다. 물론 신석기시대의 고 아시아족(위)이란 틀이 그대로 사용되고 있고 예맥(위) 이란 집단이 한반도의 민족 집단(위)의 기원일 수 있는가 란 문제가 없지 않지만(보론 4) 이미 오래 전에 퉁구스인 설은 반박이 되고 시베리아(위)보다는 발해연안(위)에 더 주목하는 이론이 나온다는 것은 인정할 수밖에 없다.

 반 퉁구스론이 기존의 북방설(시베리아설)에서 가정하는 민족 집단의 존재를 부인한 것은 큰 의미가 있다. 그렇지만 반 퉁구스론에서 설정하는 예맥(예맥계)을 한반도(조선 반도)의 민족 집단의 기원으로 제시하는 것도 문제가 없지 않다(보론 4).

그 집단과 한반도의 민족 집단과의 관련은 그다지 결정적이지 않기 때문이다. 더구나 기원전의 시기에 이미 발해연안 요녕 지역에서 현재의 한반도의 민족 집단과 한국어가 형성된다는 절충론(김정학 1990)(제 2장)의 주장도 문제가 많을 수밖에 없다. 다만 그러한 이론들이 북방설(시베리아설)의 독주를 저지하는 역할을 하고 그 집단의 기원에 관한 이론(기원 이론)을 풍성하게 만들어 준 것은 분명하다.

고 아시아족(위)이든 퉁구스인(위)이든 상관없이 시베리아(본문 46)에서 들어가는 집단이 바로 한반도(조선 반도)의 민족 집단의 기원이 된다는 이론은 현재 시점에서 매우 낡은 것이란 것은 너무나 분명하다. 그렇다고 해서 발해연안(본문 47)의 문화와 민족 집단이 그것을 완전히 대체할 수 있다는 것도 아니다. 물론 시베리아(북방)와 해양(남방)이란 도식을 내세우는 방식도 그다지 현실적인 이론은 아니다(본문 49). 또한 부여(본문 48) 지역에서 나온다는 부여계도 한반도의 민족 집단과의 관련이 제한적이라고 할 수밖에 없다. 이상의 여러 지역은 그 지역들과 한반도 지역의 교류와 교섭(023')을 반영하고 있다고 보아야지 그 가운데 꼭 한 지역이 그 집단의 기원이어야 한다는 것은 아닐 듯하다.

보론 4

마한 조의 예맥

 "삼국유사" '기이제일' 마한 조(아래) 두번째 기사는 4이, 9이, 9한, 예맥 이란 민족 집단(023')에 관한 것이다. 마한 조는 두 부분으로 이루어져 있는데 하나는 마한에 관한 기사이고 (아래) 다른 하나는 민족 집단(민족 1)의 분류에 관한 것이다. 앞 부분의 마한에 관한 기사는 이른바 마한 정통론(3한 정통론)(023')으로 잘 알려져 있다(준왕론, 본문 45). 그런데 뒤 부분인 민족 집단 분류에 관한 것도 상당히 흥미롭다. 거기서는 4이, 9이, 9한, 예맥 이란 집단에 관한 내용이 나온다. 일연과 그 제자들은 그 이전의 문헌을 인용해서 그들 집단을 간략하게 설명하고 있다. "주례", "삼국사"(삼국사기), "회남자"(주),

"논어정의", "해동안홍기"가 그것이다.

"삼국유사"는 총 5권에 8개의 주제로 나뉘어져 있다. 기이제일(권1) 기이제이(권2)의 '기이'(紀異)가 분량이 가장 많고 흥법제삼/ 탑상제사(이상 권3), 의해제오(권4), 신주제육/ 감통제칠/ 피은제팔/ 효선제구(이상 권5) 로 이어진다. 다만 일종의 부록에 해당하는 '왕력제일'(신라, 고구려, 백제, 가락 의 연표가 실려 있다)은 '기이제일' 앞 부분에 실려 있다. '기이'(위)는 문자 그대로 신이(神異)(023')한 것을 기록한다는 의미지만 역사에 관한 내용이 대부분을 이루고 있다. '기이제일'은 서(敍曰) 다음에 고조선(왕검조선)/ 위만 조선/ 마한/ 2부(한 4군)/ 72국(3한) 등의 정치체가 나열되고 이어서 3국(고구려, 변한 백제, 진한)이 간략히 나오고 그 뒤로는 신라 관련 기사다.

마한 조(위) 두번째 기사 가운데 "주례" 인용에는 4이 9맥/ "삼국사"(삼국사기) 인용에는 예 맥/ "회남자"(주) 인용에는 9이/ "논어정의" 인용에는 9이/ "해동안홍기" 인용에는 9한이 각각 나온다. 우선 9맥 은 그 바로 다음에 나오는 동이의 종류(東夷之種)는 9이(九夷) 란 설명에서 볼 때 9이 와 비슷한 맥락으로 사용한 듯하다. 맥 이란 집단은 기원전 구 중국(24, 25, 26, 27)에서 그 북방의 집단을 일컫던 이름이다(김한규 2004)(제 1장). 다만 9맥 은 "삼국지" 동이전(아래)에서 비교적 자세한 민족 집단 분류(부여/ 고구려/ 동 옥저/ 읍루/ 예/ 한/ 왜인)(023')가 나오기 이전인 한(-206~220) 왕조 당시의 인식이 반영된 것이라 할 수 있고 북방의 민족 집단을 의미하던 그 용어는 점차 그 비중이 줄어든다.

참고로 구 중국(위)과 그 영향권 하의 지역에서는 9 란 숫자가 즐겨 사용된다. 위의 "해동안홍기" 인용의 9한(九韓)도 9 란 숫자가 나온다. 그것은 선덕여왕(632~647 재위) 당시 경주 황룡사 9층탑 건축과 관련이 있다(9층탑 관련 기사는 '기이제일' 뿐 아니라 '탑상제사'의 황룡사 9층탑 조에도 등장한다). 9한 은 여왕 당시 신라를 위협하던 9가지 집단인데 일본, 중화, 오월, 탁라, 응유, 말갈, 단국, 여진(여적), 예맥 이다(괄호 안은 "동도성립기"의 용어다). 마지막에 나오는 예맥(023')을 인증하는 과정에서 9한 이 거론된 듯하다. 9층탑 관련 예맥(위)과 "삼국사"("삼국사기") 인용의 예 맥(위)은 이른바 '예 맥 또는 예맥'(김한규 2004; 손동완 2018)인데 예맥계 가운데 잔여 집단을 의미하는 용어로 사용된다.

다음으로 9이 를 보면 "회남자"와 "논어정의" 같은 한 왕조 때의 문헌을 인용해서 설명한다. 그렇지만 그 내용은 당연히 서진(265~317) 때의 "삼국지"('위지' '오환선비동이전')의 기사에 비해서 정보의 질이 많이 떨어진다. "회남자"(주) 인용은 동이(東方之夷)의 종류가 9종이란 것이고(9는 일반적인 숫자이고 특별한 의미는 없다고 할 수 있다, 위) "논어정의" 인용은 9이 가 현도, 낙랑, 고려(고구려), 만희, 부유(부여), 소가, 동도, 왜인, 천비 란 것인데 고구려, 부여, 왜인 외에는 부 정확한 면이 많다. 9 란 숫자를 맞추기 위해서 현도, 낙랑 같은 한 4군(28)까지 동원이 되고 만희(滿飾), 소가(素家), 동도(東屠), 천비(天鄙)도 존재가 상당히 불 분명하다.

구 중국 기준으로 (9한의)예맥 또는 예와 맥의 집단은 '동이' 란 범주로 분류된다. 동이는 물론 동이/ 북적/ 남만/ 서융 의 동이 인데 원래는 기원전의 시기 중국 대륙의 이른바 중원 또는 중국("신오대사" '사이부록' 발해 조 에도 '중국'이란 용어가 나온다) 주위의 동 서 남 북의 민족 집단을 대략적으로 부르는 이름이다. 다만 대륙(위)의 북쪽, 남쪽, 서쪽은 너른 외곽 지역을 형성하고 있는데 비해서 동쪽은 바다로 가로막혀 있다. 그래서 동쪽의 민족 집단인 동이(동이 1)는 비교적 이른 시기에 중원 또는 중국으로 흡수된다. 공자 시대에도 몇몇 동이(동이 1)가 언급되긴 하지만(주로 산동성의 외진 지역의 집단이다, 來夷 徐夷 등) 전국시대를 거치면서 거의 동화된다.

중원(중국) 남쪽은 춘추 전국시대를 거치면서 바로 아래의 민족 집단은 급속히 한족(본문 26) 화되지만(초/ 오/ 월) 그 너머의 광활한 지역은 오지가 많아서 이른바 남만 집단은 상당히 오랜 기간 유지되는 편이다. 남조 만(蠻), 장가 만, 곤명 부락, 점성("신오대사" '사이부록')이 대표적인데 명 청 이후 그 지역에 한족이 본격적으로 들어간 이후에도 곳곳에 소수 민족이 점재하고 있다(광서 장족 자치구의 장족 壯族 이 최대의 인구 집단이다). 한편 중원 서쪽은 남쪽보다 더 광활한 지역이고 북국 제국 청이 그 지역을 점거해서 티베트(토번, 서장 자치구) 위구르(회골, 신강 위구르 자치구)가 현재 신 중국의 일부를 이루고 있다. 중원 북쪽은 맥(위) 이란 집단이 나온 이후로는 흉노/ 돌궐(투르크계)과 기타 몽골계가 주로 활동한다.

당연히 동 서 남 북의 방위칭(方位稱)은 상대적인 용어일 수밖에 없다. 예를 들면 동해 란 용어도 한국/ 일본/ 중국이 각기 다 다른 바다를 의미한다. 한국의 동해는 한반도(조선반도)와 일본 열도 사이의 바다를 말한다(그 바다는 국제적인 명칭이 한국해 에서 일본해 로 바뀌면서 논란이 계속되고 있다). 한편 일본의 동해(동해도의 동해인데 규슈의 서해도/ 시고쿠의 남해도와 대비된다)는 태평양 쪽 바다를 말한다(일본은 그 외에도 우리 동해 쪽의 산음도와 북육도가 있고 그 아래의 산양도와 동산도가 있다). 중국(중화인민공화국)의 동해는 동부 해안에서 황해 아래의 바다인데 우리의 남해에 해당한다. 엄밀히 말해서 방위 칭이 들어가는 용어는 일방적으로 사용하고 주장하기 힘든 측면이 분명히 있다.

본론으로 돌아가서 통상 4이(위)는 구 중국의 중원(중국)을 중심으로 해서 그 주변의 동 서 남 북의 민족 집단을 총괄하는 용어이긴 하지만 위의 '4이, 9이, 9한, 예맥' 의 4이 는 좀 다른 의미일 수도 있다. 물론 "주례"(이전에는 문자 그대로 주나라 때의 저작이라고 보았지만 전국시대 또는 그 이후에 이상적인 제도를 표방한 저작으로 보는 견해가 나온다) 인용의 설명을 볼 때는 4이를 동 서 남 북 모두를 의미하는 것이라 할 수도 있지만 그럴 경우 '4이는 9이, 9한, 예맥 이다'(국사편찬위원회 한국사 데이터베이스 "삼국유사" '기이제일' 마한 조) 라고 해석이 되고 총괄적인 의미의 4이(동이, 북적, 서융, 남만)를 설명하는 것 치고는 위의 9이, 9한, 예맥 은 그 범위가 너무 좁다.

그렇다고 할 때 마한 조("삼국유사" '기이제일')의 두번째 기사에 나오는 4이 는 9이 와 별 다름이 없는 용어라고 할 수도 있다. 결국 그 기사는 동이북적("구당서" 동이북적전, 열전 149)에 해당하는 집단 가운데서 동이(동이 2) 특히 예 맥에 관한 기사라고 해도 크게 틀리지 않을 듯하다. 4이, 9이 는 대략적인 분류에 해당하고 "삼국사기" 인용의 예 맥 과 "해동안홍기" 인용의 (9한의)예맥 이 더 중요한 부분일 수 있다. 참고로 예맥 을 제외한 9한(위)의 다른 집단은 각각 일본, 북 중국 남 중국(중화, 오월), 해양의 도서 지역(탁라, 응유), 북방(말갈, 단국, 여진)을 대표하는데 마지막에 나오는 예맥(위)과 함께 여왕 당시의 신라를 위협하던 세력으로 제시되고 있다(거기서도 역시 9 란 숫자를 맞추고 있다 위).

결국 일연과 그 제자들이 지은 "삼국유사" '기이제일' 마한 조의 두번째 기사는 그 시작 부분을 '4이는 9이, 9한, 예맥이다'(위)라고 해석하는 것은 문제가 있다. 그보다는 "4이, 9이, 9한, 예맥' 이란 개괄적인 소 제목으로 보는 것이 더 나을 듯하다. 그래야만 그 다음의 "주례" "삼국사"("삼국사기") "회남자" "논어정의" "해동안홍기" 등 구 중국과 한반도 국가의 여러 가지 문헌을 인용해서 민족 집단(아래)에 대해서 언급하고 특히 동이와 예맥에 대해서 나름대로 자료를 소개한 것에 조응할 수 있기 때문이다. 더구나 '기이제일'(위)(아래) 자체가 이른 시기 한반도와 주변 지역의 민족 집단(민족 1)(023')에 관한 내용 이란 것을 감안하면 더 더욱 그렇다고 해야 한다.

좀더 자세히 말하면 "해동안홍기"와 "삼국사"("삼국사기") 인용의 예맥(위)은 사실 상 '예 맥 또는 예맥'(위)에 관한 기사라 할 수 있는데 예맥계(아래)의 잔여 집단에 해당한다. 만주 기원의 민족 집단 가운데 예맥계(023')는 동호계/ 읍루계 와는 달리 비교적 이른 시기에 정체성을 상실하고 그 주변의 집단으로 흡수된다. 예맥계는 요녕계(023')와 부여계(023')가 주요 하위 집단인데 두 집단 가운데 요녕계(조선계)는 기원전후의 이른 시기에 그리고 부여계는 7세기에 명맥이 끊겨 현재는 유전자 분석도 가능하지 않은 상태다. 고려조 초기에는 이른 시기 예맥계의 잔여 집단(위)이 말갈로 호칭되기도 한다(예계 말갈/ 맥계 말갈, 023')(본문 35).

보론 5

가야인의 유전체

얼마 전에 300~500년 사이(3국 시대)의 이른바 가야인의 유전체 분석(Gelabert 외 2022)이 나온 바 있다. 경남 김해의 대성리 고분군과 유하리 패총 두 곳에서 발굴된 고 인골에서 유전체를 추출해서 해독한 것이다. 대성리는 2기의 고분에서 순장자가 포함된 7인의 것이고 유하리는 따로 1인의 것이다. 여하튼 그들 가야인 8인의 유전체는 모두 서로 간의 신분 별/ 성 별에 따른 차이점은 없는 것으로 나와 있다. 8인의 유전체는 유전체 지형(아래) 상의 구성은 거의 비슷하고 다만 비율에서 미세한 차이가 난다. 한 유전학자(박종화, 각종 언론)는 가야인 8인 사이의 미세한 차이를 확대 해석해서 어떤 주장을 내놓는다.

8인의 유전체 가운데 6인(AKG 10218, AKG 10210, AKG 10209, AKG 10204, AKG 3421, AKG 3420)과 다른 2인(AKG 10203, AKG 10207)을 일단 구분해서 논의를 진행한다. 그렇지만 바로 위에서 언급한 것처럼 8인 모두가 거의 비슷한 유전체 지형을 보이는 것은 물론이고(적색 녹색 황색으로 그래픽 처리되어 있다) 비율도 거의 일정하다. 그런데도 녹색 부분에서 아주 미세한 차이(미세 차, 023')를 보이는 다른 2인만을 억지로 현대 일본인과 연결시킨다. 그 연구자는 말하자면 가야인(2인)/ 고훈인/ 현대 일본인 을 연관 관계가 있는 집단으로 놓고 있는 듯하다. 그 최종적인 고리는 녹색으로 처리된 조몬인(일본 열도의 신석기인) 계열의 유전자다.

물론 유전적 구성이 거의 비슷한 가야인 8인 전부와 일본 열도의 고훈인(위)을 비교하는 것은 분명히 의미가 있는 작업이겠지만 가야인 가운데 2인만을 따로 분리해서 연결시키려는 의도가 무엇인지 궁금하다. 구성은 물론 비율도 거의 같은 8인을 구태여 두 그룹으로 나누고 2인만을 고훈인/ 현대 일본인 과 연결시키려 하는 것은 아마 무슨 숨은 의도가 작용하고 있는 듯하다. 그것은 가야인 8인 같은 한반도 남부의 고대인이 모두 일본 열도의 고훈인/ 현대 일본인 과 같은 구성을 보인다는 사실이 야기할 충격을 회피(세키네의 용어인데 일본은 역으로 일본 민족의 한반도 관련을 회피하려는 경향이 농후하다, 세키네 2005)하기 위한 것으로 보인다.

전번의 '악마의 문 동굴인' 유전체 분석에서도 그 유전학자는 고 인골이 나온 연해주(023')란 지역에 모든 초점을 맞추어서 상당히 무리한 주장을 내놓은 적이 있다(보론 2). 이번의 가야인 유전체 분석도 조몬인의 유전체(그래픽 상 녹색 부분이다)에 모든 초점을 맞춘 결과 거의 비슷한 구성과 비율을 보이는 가야인 8인을 무리하게 두 그룹으로 나누어서 미세차(023')를 과대 해석해서 스스로 오류를 범하고 있다. 유전자 지형의 구성과 비율이 가야인 8인 모두와 가장 근접한 그룹인 일본 열도의 고훈인(300~600)은 연구자의 숨은 의도(위)에 의해서 적절하지 않게 해석이 될 가능성이 농후하다. 참고로 현대 일본인(위)은 가야인 8인/ 고훈인 과 구성(위)은 비슷하지만 비율은 조금 다르다.

여하튼 가야인 8인의 유전체 해석과 관련해서 3중의 구성을 보인다는 것을 제시한 것은 충분히 참고할 만하다. 가야인 일부(2인)와 현대 일본인을 연결시키려고 한 시도(위)도 3중의 구성(적색 녹색 황색의 그래픽으로 처리되어 바로 알아볼 수 있게 해 놓았다. 위) 이란 유전체 지형에 의거한 것이다. 참고로 한반도 특히 남부 도서 지역의 선사시대 유전체는 그 구성이 제 각각이라서 가야인(위)과 비교 대상으로 삼기는 적절하지 않다. 일본 열도의 선사시대 조몬인(녹색 부분이 거의 100%다)/ 야요이인 도 비슷한 문제가 있기는 하지만 그 유전학자가 주목하는 것이 조몬계 유전체(녹색 부분이다)라서 어느 정도는 용인이 될 수는 있다.

3중 구성(위) 이란 준거에 따르면 요하 유역, 황하 유역, 가야인 8인, 고훈인, 현대 일본인은 같은 구성을 보인다고 할 수 있다. 거기서 요하/ 황하 유역에서 가야인 으로 연결되고 가야인 8인(구성과 비율이 거의 같은 6인은 어떤 이유에서 제외된다)이 고훈인/ 현대 일본인 으로 연결된다는 결론이 나올 수도 있다. 당연히 기타 지역인 남 중국, 몽골, 아무르강 유역, 시베리아(동북 아시아 란 명칭으로 나온다)와 그 3중 구성(위) 지역은 구분이 된다. 여하튼 이번 가야인 유전체 해석도 특정 유전체(조몬인)의 비율에만 지나치게 집착해서 GM 유전자 논(Matsumoto 1985)의 폐해(본문 50)를 재현하는 듯하다.

이번의 가야인 유전체 분석은 기원후의 시기를 대상으로 한다는 점에서 전번의 분석에 비해서 상대적으로 더 유용한 면이 있다고 할 수 있다. 말하자면 '악마의 문 동굴인'(퉁구스계인 울치족의 선조에 해당한다)보다는 가야인의 유전체 분석이 현재의 한반도(조선 반도)의 민족 집단의 유전적 구성에 대해서 훨씬 더 많은 것을 설명해 줄 수 있을 것이다. 그렇지만 그러한 긍정적인 면을 떠나서도 거기서 구사하는 유전체 분석에 따른 해석(위)은 여전히 바람직하지 못한 측면을 보여주고 있다고 할 수밖에 없다. 더구나 어떤 민족 집단의 정체성은 형질 및 유전자 보다는 문화 적인 것이 훨씬 더 큰 역할을 한다는 것은 간과할 수 없는 사실이다(이상희 2023)(제 19장).

지금까지 유전학자들은 그들 전문가 집단의 여러 가지 전문적인 지식으로 통계를 조작(操作)(기계를 조작한다는 의미의 조작이다)해서 어떤 주장과 이론을 내놓는 경우가 대부분이었다. 그러한 방식은 이미 정해진 결론을 염두에 두고 자료를 조작(造作)한다는 의심을 완전히 지울 수 없을 듯하다. 그들이 그들 만의 전문 지식을 그들이 이미 내린 결론에 맞추어서 또는 기존의 검증되지 않은 이론(알타이언어 계통수 논이 대표적이다)에 편승해서 통계를 조작(操作) 내지 조작(造作)하고 그것을 방조하는 경우가 비일비재하다. 더구나 전문가 풀이 좁아서 제대로 된 비판을 가할 수준이 되지 못한다는 것도 큰 문제다.

이미 고고학계에서는 그러한 방식으로 한반도(조선 반도)의 민족 집단의 기원(023')에 대해서 어떤 이론을 주장하는 것이 일반 독자나 언론이 반응하는 만큼 과학적인 것이 절대 아니라는 경고가 나온 바 있다(이선복 2008). 빙하기의 까마득한 시기를 대상으로 해서 그 때의 유전자 상의 집단이 한반도의 민족 집단의 기원(위)이란 주장은 그 집단에 관한 기본적인 이해가 없는 데서 오는 것이라 할 수 있다(바꿔 말해서 시간 범위 상의 한계와 몰 역사적 접근 이란 한계가 심각하다, 본문 50). 또한 어떤 유전자 상의 집단을 제시한다 하더라도 적어도 그 유전자를 가진 집단(예를 들면 Y 염색체 DNA 분석 상 C 유전자를 가진 집단)에 대해서 그들이 역사 상의 어떤 집단인지 구체적이고 심층적인 분석이 나와야 한다.

보론 6

임나일본부

    3한(023') 지역을 기준으로 한 4군(본문 28)과 고구려는 그 북쪽의 정치 세력이다. 한 4군(위)은 기원전후 이래 당시 한반도(조선 반도)와 주변 지역의 정치체가 성장하고 발전하는데 상당한 역할을 한 존재인데(Lee 1998; Pai 2000) 3한 지역도 예외는 아닐 것이다. 한편 고구려(위)는 400년 전후해서 만주 지역 최초의 통합 국가를 이루고 남방 진출을 도모하면서 백제는 물론이고 신라에도 영향력을 행사한다. 광개토왕비문을 보면 396년(영락 6년) 백제를 공략하고 399년 신라 내물마립간의 요청을 받고 400년(영락 10년) 5만의 군사를 동원해서 왜와 가야(아래)의 병력을 물리친다는 내용이 나온다. 적어도 신라가 그 남쪽으로 왜와 가야(023') 세력의 협공을 받고 있었다는 것은 분명해 보인다.

영락 5년(395)과 6년(396) 기사 사이에 삽입되어 있는 신묘년(391) 기사를 보면 백제와 신라가 오랜 기간 고구려의 속민(屬民)이고 그래서 조공을 바쳤다는 호언성의 발언이 나와 있다. 그런데 백제는 몰라도 신라의 경우는 그것이 어느 정도 진실이라 할 수 있다. 왜가 그 해에 바다를 건너와서 백제를 쳐부수고(破百殘) 신라가 신민(臣民)이 된다는 그 다음 구절도 논란이 많긴 하지만 적어도 왜가 신라에 대해서 상당한 군사적 행위를 가한 것은 분명하다고 보아야 한다. 비문 전체의 맥락에서 그것을 해석해야 한다("한국민족문화대백과사전" 광개토왕비문 조)는 전제를 하더라도 신라 관련 부분은 인정해야 할 듯하다(아래).

물론 그 기사가 고구려의 남방 원정의 명분을 강조하기 위해서 과장되게 기술한 것일 수는 있다. 그렇다고 하더라도 영락 9년(399)과 영락 10년(400)의 신라의 요청과 이어지는 고구려의 군사적 지원은 그 대상이 왜와 가야(위)가 분명한 만큼 신라가 그 남쪽으로 낙동강 건너의 가야는 물론이고 바다 건너 왜의 군사적 위협 아래 있었고 그것이 단기간의 일이 아니었을 가능성이 있다. 가야(위)는 최근의 고고학 개론서(Yi 2022)에서도 '역사의 여명'이 아니라 '3국과 이후' 란 장에서 다루어지는 것을 볼 때도 알 수 있듯이 300년 이후에서 532년(금관 가야) 또는 562년(대 가야)까지도 활동한 국가이고 국가 발전 단계 상의 한계에도 불구하고(박대재 2000)(제 5장) 3한 지역의 상당한 변수로 작용한 것임은 분명하다.

더구나 이후 3한 지역에서 한반도(조선 반도)의 통합 국가를 이루어 내는 신라의 입장에서 본다면 백제와 왜, 또는 가야와 왜의 관계가 상당히 긴밀한 편이고 그 세력이 신라의 남쪽에서 일련의 위협 세력이었음은 거의 의심의 여지가 없을 것이다. 399년(영락 9년)과 400년(영락 10년)의 고구려의 군사적 개입은 신라의 긴박한 정세가 읽혀 지는 사건이라 아니할 수 없다. 신라가 상당 기간 고구려의 간섭을 마다하지 않고 그 지원을 받은 것은 고구려로 하여금 광개토대왕비문에 신라가 속민(위)이고 조공을 바쳤다는 기록을 남기기에도 충분한 것이었다고 할 수 있다. 다만 그 과정에서 396(영락 6년)에 공략한 백제까지 끼워 넣어서 언급한 것은 다소 과장된 면이 없지는 않다.

이른바 3국 통일 전쟁(본문 18) 과정에서 신라와 당의 연합군이 백제를 일단 멸망(660)시킨 이후 진행된 백제 부흥 운동 때에도 왜가 상당한 규모의 군사력을 투입한 것에서도 알 수 있듯이 백제와 왜가 동맹의 관계에 있었던 것은 분명하다. 또한 비문에서 볼 때도 가야와 왜는 상당한 수준의 협력 관계였다는 것도 사실일 것이다. 다만 왜/ 가야/ 백제(신라 기준으로 고구려와 대비해서 넓은 의미의 남쪽이라 할 수 있다)가 구체적으로 어떤 양상으로 연결되는지는 분명치 않다. 임라일본부(아래)설도 일종의 그러한 상황 속에서 나온 학설인데 그것이 어느 정도의 역사 기획(023')이 들어간 것은 맞지만 그러한 기관이 완전히 허구에 불과한 것이라고 보기도 그렇다.

임라 는 '임라가야'(광개토왕비문), '임라왕족'(봉림사 진경대사

보월능공탑 비문), '**임라가량**'("삼국사기" '강수열전') 등의 용법으로 쓰이는데 대략 가야 를 의미하는 용어는 분명하지만 그 범위가 다양하게 사용되고 현재는 임라일본부가 논의의 중심을 이룬다. 369년(신공황후 섭정 49년)에 임라일본부를 설치했다는 "일본서기"(720)의 기사에서 그 존재가 처음 나온다. 현재 한 일 양국에서 임라일본부가 존재했다는 것은 인정하는 추세이지만 그 성격에 대해서는 여러가지 다양한 주장이 있다(위의 사전). 남한에서는 그것이 왜관처럼 일종의 왜와 가야 사이의 교섭 교역 기관으로 보거나 아니면 백제가 가야 지역에 설치한 기관으로 보는 설이 더 우세하다.

"일본서기"의 512/ 513년 기사에서 백제가 왜에게 임라 4현 을 요구하고 왜가 그것을 주었다/ 백제 대 대 가야 의 영토 분쟁이 있었다(기문 또는 대사 란 가야 또는 임라 지역의 지명이 등장한다)는 내용이 나온다. 임라 4현 은 상다리, 하다리, 모루, 사타 인데 영산강 유역 지역이라서 상당한 논란이 된 바 있다. 통상 임라 4현 은 순천, 광양, 여수 지역에 있었다는 가야 4현(위의 대사 라고 보기도 한다)을 말한다. 임라 4현이 영산강 유역을 포함한 지역이라고 한다면 임라 또는 가야 가 현재 보다 훨씬 더 너른 지역에 분포한 것이 되어 그 부분은 다시 논의가 되어야 한다. 그런데 영산강 유역은 그렇다 하더라도 그 외의 호남 지역 일부가 가야 세력권이었다는 연구 결과도 나온다.

전북 남원 지역이 대표적이다. 그 지역의 아영면과 운봉면의 가야 고분(그 중에서 아영면의 두두리 고분이 대표적이다)은 가야의 세력이 상당히 넓게 퍼져 있다는 것을 잘 말해 준다. 그렇다면 기문과 대사 란 미지의 가야 세력권도 존재하지 않았다고 단언할 수는 없는 상황인 듯하다. 왜/ 가야/ 백제 가 일련의 연결된 세력을 이루고 있었고 해상 교통로인 남해안 연안에서 섬진강을 타고 대사(순천, 광양, 여수)와 그 위의 기문(진안 고원)이 연결되었을 가능성이 있기 때문이다. 가야는 기본적으로 낙동강 서쪽의 여러 지역을 말하는데 금관 가야(경남 김해) 아라 가야(경남 함안) 를 거쳐서 대 가야(경북 고령)로 세력권이 옮겨 간다.

왜/ 가야/ 백제의 연결 이란 면에서 볼 때 그 세력들 간에 서로 교류하고 교섭하는 과정에서 어떤 기관이 임시로 또는 더 항구적으로 존재했을 가능성은 열어 두는 것이 더 진실에 가까울 지도 모른다. 그것이 왜의 입장에서 더 민족 집단 경사적으로 기술되는 것은 어쩔 수 없는 상황일 것이다. 광개토왕비문을 보더라도 신라(위)뿐 아니라 백제까지 고구려의 오랜 속민(舊是屬民)이란 구절이 있고 그것은 고구려의 입장에서 더 민족 집단 경사적으로 기술된 것이기 때문이다. 역사서가 자국 입장에서 기술된다는 것은 이제 상식의 영역에 속하는 만큼 역사서의 기술을 어느 정도 해석 상의 여유를 가지고 보는 것은 당연하다고 할 수 있을 것이다.

보론 7

백제 상층

 한반도(조선 반도) 서남부 지역은 기원전 1000년(대략적인 연대다) 이래 초기 농경 사회를 거쳐서 기원전후 소 정치체 국(023')이 발생하고 국의 연맹과 병합을 통해 점차 고대 국가 백제(~660)로 통합된다. 그 지역은 결국은 3국 통일 전쟁(본문 17)의 결과로 대 신라(676~935)로 편입된다. 660년 당과 신라의 연합군에 의해서 멸망한 백제의 마지막 왕인 의자왕(641~660 재위)은 아들인 부여융(아래), 부여태, 부여효, 부여연과 함께 당의 수도(낙양, 이후 장안으로 옮겨간다)로 압송된다. 물론 그 외에도 대신/ 장군들과 기타 12000명이 넘는 수많은 백제인들이 동행한다. 그들은 현재 중국 대륙 한족(본문 26)

의 일부가 되어 있다.

그곳에서 의자왕은 당 고종(650~683 재위)의 사면을 받지만 바로 병사한다. 당 고종은 의자왕에게 금자광록대부 위위경(아래)을 추증하고 백제 신하들의 장례를 허락한다. 의자왕은 이미 641년 즉위 당시 당 태종(627~650)이 내린 주국 대방군왕 백제왕 이란 책봉을 받은 바 있다. 7세기 이전의 이른바 3국시대에는 각국이 주로 구 중국의 남 북조(420~589)와 외교 관계를 맺기 시작해서 수 당과는 본격적인 책봉 조공 관계로 들어간다. 의자왕이 즉위 당시 받은 칭호는 그 이전 백제왕이 주로 받은 진동장군(동성왕), 정동장군, 영동장군(무녕왕), 거기대장군(위덕왕) 같은 장군 칭호가 아니라 군왕(郡王)인데 수 당에서도 상당히 높은 지위다(아래).

3국(024 a)의 정복 군주라 할 수 있는 고구려의 장수왕/ 신라의 진흥왕도 각각 정동장군 영호동이중랑장/ 영동이교위의 칭호를 받는다. 장수왕의 정동장군은 사실 상 진동장군(위) 영동장군(위)과 비슷한 의미라 할 수 있다. 왜냐하면 그

것은 동쪽 영역을 정벌하고(征) 진압하고(鎭) 안녕케한다(寧)는 의미를 지닌 것이기 때문이다. 영호동이중랑장(장수왕)의 영호(領護)와 영동이교위(진흥왕)의 영(領)도 위의 어휘들과 유사한 의미라 할 수 있다. 다만 장수왕과 진흥왕은 장군 외에도 중랑장(장수왕) / 교위(진흥왕)의 직을 받는데 둘 다 그다지 높은 지위의 관직은 아니다(구 중국의 제도를 채택한 고려시대 기준으로 5, 6 품의 직위에 해당한다).

이후 중국에서 수여하는 직은 시간이 갈수록 점점 더 올라가는 추세다. 남 북조가 끝나가고 수 당이 들어선 시기의 의자왕(즉위 당시)은 대방군왕이란 칭호를 받는다(위). 군왕(郡王)은 남 북조와 수 당시 유력한 가문이 받는 것을 감안하면 이전에 비해서 상당히 올라간 것이라 할 수 있다. 대방군왕은 의자왕이 죽은 뒤에 그 후손들이 물려받는 칭호이기도 한다. 아들인 부여융(아래)도 웅진도독 대방군왕 을 받고 부여경(부여융의 큰 아들이 부여문사이고 부여문사의 아들이 부여경 이라고 알려져 있다)도 대방군왕을 승계한 것이 확인된다. 대방은 낙랑군 바로 아래의 대방군의 대방인데 백제(한성백제)에서 가까운 곳이다.

  의자왕 즉위 당시 대방군왕 백제왕 이란 칭호와 함께 받은 주국(柱國)도 상대적으로 높은 지위에 해당하는데 상주국과 주국은 고려조의 주요한 훈직(아래)이기도 하다. "삼국사기"(1145)의 마지막 부분에는 발문이 붙어 있는데 고려조의 참고/ 편수/ 동관구/ 관구 11인과 조선조의 3인(그 책의 목판을 다시 새긴 경주부와 상급 관청)의 관직 훈직과 이름이 나와 있다. 그 가운데 편수는 바로 김부식인데 공신(수충 정난 정국 찬화 동덕) 개부의동삼사 검교태사 수태보 문하시중 판상서이예부사 집현전태학사 감수국사 상주국 으로 길게 나와 있다. 그 마지막이 상주국이다. 문하시중은 의정의 최 고위직(이부 예부 판사도 겸임)/ 집현전태학사는 한림의 최 고위직/감수국사는 역사 편찬 관련 최 고위직이다.

  사후 의자왕이 추증 받은 칭호는 금자광록대부 위위경(위)이다. 위위경의 위위(衛慰)는 태상/ 광록훈/ 위위/ 태복/ 정위/ 대홍려/ 종정/ 대사농/ 소부 의 위위인데 진 제국과 한 시기 중앙의 최 고위직이고 이른바 9경의 하나다. 이후 위진을 거쳐서 수 당 당시에는 위상이 떨어진다(3성 6부 아래 9시 로 편제된다). 비록 당시 최 고위의 관직은 아니지만 의자왕은 상당한 수준의 추증을 받는 셈이다. 당이 가진 포용적인 정책이 의자왕에게 어느 수준의 지위를 보장하고 그것이 이후 그의 후손들 특히 부여융, 부여덕장, 태비부여씨로 이어지는 '가문의 영예'를 향한 배경이 된다고 할 만하다. 태비부여씨(690~738)는 황족의 일원이 되는데 사괵왕 이옹의 왕비가 되고 아들이 그 뒤를 잇자 태비가 된다.

 의자왕의 태자였던 부여융(615~682)은 의자왕과 함께 당의 수도로 압송되지만 그 위상이 있는 만큼 당에서도 적극 활용한다. 그는 웅진도독 대방군왕(대방군왕은 의자왕 즉위 때 받은 칭호를 그대로 계승한 것이다, 위)의 직위를 받고 백촌강 전투에 참여하고 신라의 김인문 /문무왕과 화친하고 당을 대리해서 웅진도독부(구 백제 영토는 도독부로 편제된다)의 수장이 되지만 결국 다시 당으로 돌아간다. 웅진도독의 직위를 받을 때 부여융은 광록대부 태상원외경 의 관직도 같이 받는다. 태상(太常)은 위의 태상/ 광록훈/ 위위/ 태복/ 정위/ 대홍려/ 종정/ 대사농/ 소부 의 태상인데 아버지인 의자왕이 받은 위위와 겹치지 않게 하면서도 경보다 낮은 원외경(員外卿)이 수여된 듯하다.

당시 당의 수도였던 하남성 낙양시의 북망산은 우리에게도 꽤 지명도가 높은 곳이다. 낙양 교외의 그 산은 그 곳을 수도로 했던 왕조 상층의 인물들이 묻히는 곳이기도 하다. 부여융도 그곳에 묻히는데 1919년 그 묘지명이 발굴된 바 있다(대당고부여부군묘지). 부여융은 사후 보국대장군이 추증된다. 그의 아들인 부여덕장(부여융은 부여문사, 부여문선, 부여덕장 세 아들이 확인된다)의 딸 태비부여씨(즉 부여융의 손녀다)의 묘지명은 2004년 섬서성 서안시(장안)에서 발굴된다(당고괵왕비부여지명). 의자왕의 증손녀인 그녀는 앞서 말한 바처럼 사괵왕 이옹의 왕비이자 그 직위를 이어받는 아들의 태비가 된다. 부여덕장(위)의 다른 딸도 기록에 나온다(흑리전).

북망산에서는 1929년 백제 유민인 흑치상지, 흑치준 부자의 묘지명도 출토된다. 흑치상지는 백제 멸망 후 부흥 운동에 가담하지만 당에 투항한 인물이다. 그는 토번/ 돌궐을 토벌하고(좌령군 원외장군 양주자사) 이후 연연도대총관연국공을 수여받지만 반란에 연루되어 689년 자결하고 아들인 흑치준의 신원으로 698년 복권되어 699년 묻힌다(대주 고 좌무위위대장군 검교좌우림군 증 좌옥금위대장군 연국공 흑치부군 묘지문 병서). 그의 아들 흑치준은 무후(대주) 치세 이후인 706년 그 옆에 묻힌다(대당 고 우금오위 수익부중랑장 상주국 흑치부군 묘지명 병서). 요절한 그는 중랑장(위) 관직인데도 상주국(위)이란 훈직을 가진 것은 아버지(연국공)의 지위가 감안된 것 같다.

흑치상지 묘지명은 대주(大周)로 시작하고 흑치준은 대당(大唐)으로 시작한다. 그것은 고종(650~683)이 죽고 난 다음 해인 684년 중종(사성)/ 예종(문명)에 이어서 무후(광택)가 권력을 장악하고(같은 해에 연호가 세번 바뀐다) 690년(천수) 황제를 칭하고 국호를 주 로 바꾸기 때문인데 705년(신룡)에 중종이 당의 국호를 회복한다. 다시 중종(705~710)/ 예종(710~712)에 이어서 현종(712~756)이 즉위해서 재위하는데 712년도 연호가 태극

(예종), 연화(예종), 선천(현종)으로 세 번이나 바뀌는 해이기도 하다. "삼국유사" '기이제일' 말갈 발해 조에도 선천이 나오는데 그 해 발해 말갈이 발해가 된다(본문 35).

흑치준이 받은 중랑장 이란 직위는 수익부 중랑장 인데 수(守)는 행수법의 수다. 관품보다 높은 등급의 관직을 받은 것을 말한다. "삼국사기" 발문의 편수 김부식의 훈직 가운데 검교태사 수태보의 수도 같은 의미. 그는 공신(수충 정난 정국 찬화 동덕)(위) 칭호에다가 각 영역에서 최 고위직을 역임하는데(문하시중 판상서이예부사/ 집현전태학사/ 감수국사) 그 외에 개부의동삼사 검교태사 수태보(위)와 상주국(위)이란 훈직도 받는다. 그 가운데 하나가 검교태사 수태보의 태사와 태보다. 태사 태보는 이른바 3사(三師)인 태사 태부 태보의 태사 태보인데 왕의 스승을 의미하는 명예직이다. 상주국은 위에서도 설명한 바 있는데 고려조에서는 주로 왕족에게 수여되는 최고위의 훈직이다.

여하튼 의자왕을 비롯한 백제 출신 가운데 부여융, 태비

부여씨, 흑치상지, 흑치준(위)은 묘지명이 발굴된 예다. 멸망 당시 백제에서 당으로 압송된 인원은 고위 왕족과 대신/ 장군을 포함해서 12000인 이상인데(위) 그들도 상대적으로 높은 신분의 사람이었을 가능성이 높다. 세력 통제 라는 당 제국의 사민(徙民)의 목표로 볼 때 당연히 천민/ 평민보다는 지배층 일 확률이 높기 때문이다. 그들은 대부분 중국 대륙에서 현재 한족(본문 26)이 되어 있는데 다만 상층에 속하는 의자왕과 그 직계 후손 그리고 흑치상지, 흑치준 등이 확인되는 것일 뿐이다. 고구려 멸망 후 중원으로 사민("신오대사" '사이부록' 발췌) 된 고구려 왕족과 대신/ 장군도 마찬가지 경우일 것이다. 고선지(아래)도 고구려 출신이다.

당의 변경인 하서/ 안서(현재의 서북 감숙성이다)의 중급 장교 가계의 고선지는 개부의동삼사(아래)를 받은 기록이 있다. 그는 747년 이후 두각을 나타내는데 사라센 제국과 동맹을 맺은 토번을 정벌하고 파미르 고원과 힌두쿠시 산맥을 넘어서 72개국의 항복을 받고(1차 원정) 홍려경 어사중승 특진 겸 좌금오대장군 동정원(同正員) 을 수여 받는다. 홍려경의 홍려는 태상/ 광록훈/ 위위/ 태복/ 정위/ 대홍려/ 종정/ 대사농/ 소부(위) 의 대홍려의 홍려다(의자왕의 위위/ 부여융의 태상 참조, 위). 그는 750년 서역 지역으로 출정 가서 석국(타슈켄트) 왕을 생포해서 장안으로 돌아오는데(2차 원정) 개부의동삼사 를 수여 받는다. 특진(위)과 동정(위)이란 것도 고려조에 등장하는데 특진은 최 고위의 품계다.

개부의동삼사(위)는 개부와 의동삼사로 된 어휘인데 개부(開府)는 부란 기관을 설치하는 권한을 말하고 의동삼사(儀同三司)는 의례를 삼사와 같이 한다는 것이다. 삼사는 위의 태사, 태부, 태보의 삼사(三師)가 아니라 사마(태위), 사도, 사공의 삼사(三司)다. 왕의 스승 격인 삼사(三師)와 위의 삼사(三司)는 고려조에서 최 고위의 명예직으로 수여된다. 다만 동정(위)은 고려조에 검교(검교태사 수태보/ 김부식, 위)보다는 낮은 훈직이다. 개부의동삼사와 대광(大匡) 특진(特進)(위) 등은 한 때 고려조 문산계(벼슬의 품 급 계 등을 정한 체계다)에서 최 고위의 등급으로 쓰이기도 한다("한국민족문화대백과사전"). 개부의동삼사는 신라 문무왕이 당에서 받은 칭호이기도 하다.

보론 8

3국 결합설

 이른바 3국(024 a)은 한 전쟁으로 막을 내리는데 7세기의 3국 통일 전쟁(노태돈 2009 a)이다. 그 전쟁은 한반도(조선 반도)의 민족 집단(본문 15)과 관련해서 가장 중요한 사건이라 할 만하다. 비록 3한 지역을 통합한 데 그치지만 그 사건으로 인해서 그 지역의 모태(023' 024 a) 집단이 나오고 이어지는 한반도 3조(본문 16)를 통해서 한반도의 민족 집단(위)이 형성되기 때문이다. 3국 결합설(023' 024 a)은 문자 그대로 한반도(조선 반도)의 민족 집단이 3국(위)이 결합해서 형성된다는 것인데 그 이면에는 7세기의 3국 통일 전쟁(위)이 전제되어 있다. 다시 말해서 3국 결합설은 3국의 시작이 아니라 3국의 마지막이 중요한 시대적 배경이 된다(아래).

3국(위)의 시작인 기원전후를 가정하는 3국 건국계(023 a)설 보다는 3국이 종언을 고하는 7세기 이후를 전제하는 3국 결합설(위)이 더 설득력이 있다고 할 수도 있다. 3국이 결합해서 현재의 한반도의 민족 집단(위)이 이루어진다는 3국 결합설은 더 정확히 말해서 3국의 민족 집단(아래)이 결합해서 현재의 집단이 나온다는 방식이다. 그러한 이론은 위에서 언급한 바처럼 이른바 3국 통일 전쟁(위)을 전제하고 있다. 그렇지만 3국 통일 전쟁 이후의 한반도(조선 반도) 국가인 대 신라(통일 신라 또는 후기 신라)는 엄밀한 의미에서 3국을 통일한 것이라 보기 힘들고 그런 측면에서 3국 결합설은 기본적으로 문제가 없지 않다.

현재의 황해도 지역은 구 대방군 지역인데("삼국유사" '기이 제일' 북 대방 조, 남 대방 조) 백제(한성 백제)를 거쳐서 고구려의 영토가 되고 다시 7세기에 대 신라의 영토로 추가된다. 고구려는 광개토왕 장수왕 대에 만주 지역 최초의 통합 국가를 이루고 남진 정책을 추구해서 구 대방군 지역은 물론이고 경기도 북부 지역까지 내려온다. 그 뿐 아니라 광개토왕은 영락 9년(399)에 신라 내물 마립간의 요청을 받고 영락 10년(400)에 5만 대군을 보내어 가야와 왜의 군사를 물리친다. 고구려는 영락 12년(402)에 실성 마립간을 왕위로 올리고 장수왕 5년(417)에 눌지 마립간을 왕위에 올리는 등 영향력을 행사하지만 끝내 3한 지역을 정복하지는 못한다(본문 32).

7세기의 3국 통일 전쟁(위)은 엄밀히 말해서 3한 지역을 통합한 것이고 구 대방군 지역(황해도)을 제외한 고구려 지역은 그 범위 밖이었다는 것은 분명한 사실이다(아래). 구 대방군 그 위의 지역에는 말갈 발해("삼국유사" '기이제일')(698~926)가 들어선다. 그렇다고 한다면 3국이 결합해서 또는 3국의 민족 집단이 결합해서 한반도(조선 반도)의 민족 집단이 이뤄진다는 것은 의문의 여지가 다분하다고 할 만하다. 만주 지역 최초의 통합 국가를 이룬 예맥 고구려(김한규 2004)(제 4장)는 현재의 한반도의 민족 집단과는 제한적인 관련이 있을 뿐이라는 것이 진실일 것이다. 이후 3한을 3국과 비슷한 의미로 사용하는 3한 3국론(023')이 나오지만 달라지는 것은 없다.

대동강 북안인 고구려 수도 평양은 발해의 영토로 편입되고 오랜 기간 대 신라와 발해 사이의 변방 지역으로 남는다. 한 때 수도였던 그 지역에서 농업 사회의 기반이 완전히 무너진다는 분석까지 나온다(김기협 2004)(제 3장). 여하튼 평양 지역은 10세기 이른바 후 3국기가 되어서야 한반도(조선 반도) 국가로 넘어온다. 후 3국을 통합한 고려조(918 또는 935~1392)는 평양 지역을 확보하고 나서 그 위로 청천강 남안에 안북도호부(현재의 안주다)를 설치하고 북계(보론 9) 지역을 개척해 나간다. 이후 거란 요(907~1125)와의 전쟁과 협상을 통해서 강동 6주(대략 압록강 하류에서 청천강까지다)를 차지하고 청천강 상류를 거쳐서 동계(보론 10)로 넘어가는 천리장성을 쌓는다.

여하튼 3국 결합설(위)은 무엇보다 구체적으로 어떤 집단들이 어떻게 혼합이 되고 결합이 되는지를 설명하는 이론이 아니다. 그것은 포괄적으로 3국설(023')이란 이론에 기대는 이론이기 때문이다. 말하자면 3국설 이란 일종의 역사 기획(023')에 의거해서 기계적인 방식으로 만든 이론이란 한계가 분명하다. 3국설(위)의 3국 결합설 뿐만이 아니라 남 북국설(본문 22)이란 역사 기획에 근거해서 한반도(조선 반도)의 민족 집단의 남 북국 결합설(023')을 주장하는 것도 마찬가지다. 그것이 3국 결합설 이든 남 북국 결합설 이든 간에 그러한 방식의 이론은 전혀 바람직하지 않다. 3국설/ 남 북국설 같은 역사 서사는 분명히 한계가 있는 것이라고 해야 한다.

3국 결합설(위)의 근거가 되는 3국설(위)은 더 정확히 말해서 3국 소급설 인데 10세기의 후 3국에서 바로 기원전후(위)의 3국으로 소급(023')하는 고려조의 기발한 역사 해석 방식이다. 그 체계 안에서는 7, 8, 9세기의 대 신라(통일 신라 또는 후기 신라)는 뛰어 넘어 버린다. 대 신라 뛰어넘기(023') 또는 대 신라 지우기(023')가 시현되어 한반도(조선 반도) 지역에서 그 시기의 역사는 사라져버린다. 7, 8, 9세기의 대 신라(위)는 한반도 국가(024 b)의 시작이기도 한데 이후 고려 조선 양조로 이어진다. 대 신라와 고려조 조선조는 한반도 3조(위)를 이룬다. 한반도의 민족 집단은 한반도 3조(위)를 통해서 형성된다고 할 때 그 시작인 7, 8, 9세기가 없는 한반도의 민족 집단(위)은 상상조차 할 수 없다.

3국 결합설은 더 구체적으로 말한다면 3국의 민족 집단(민족 1)(023')이 결합해서 현재의 한반도의 민족 집단(위)이 이루어진다는 이론이라 할 수 있다(위). 민족 집단 이란 면에서 이른바 3국은 신라는 3한계(한)가 주축이 되고 고구려는 예맥계(특히 부여계)가 주축이다. 다만 백제는 지배층을 이루는 예맥계(부여계)가 기층을 이루는 3한계와 혼합이 된 국가라고 할 수 있다(노태돈 2009 b)(제 3장). 백제의 지배층은 졸본 부여에서 내려가는 예맥계(부여계)라고 알려져 있다. 결국 신라 고구려 백제의 이른바 3국은 3한계(한)와 예맥계(예 맥)가 주요 민족 집단이라 할 수는 있다. 그렇다고 해서 '예 맥 한' 이란 개념이 바로 성립할 수 있는 것은 아닐 것이다.

'예 맥 한' 이란 개념이 성립한다 하더라도 예 맥 한 혼합설(023') 또는 예 맥 한 결합설(023')이 현실적인 기원 이론(42)일 수 있는가 도 문제가 된다. 더구나 예 맥 한 혼합설(위)이 단순히 예 맥 한 이 혼합되어 한반도(조선 반도)의 민족 집단이 나온다는 것임에 반해서 예 맥 한 결합설(위)은 '예 맥 한 공통 집단'(023')(본문 40)을 가정하는 좀더 복잡한 구성을 보인다. 다시 말해서 '예 맥 한 공통 집단'에서 예 맥 한 이란 집단이 나오고 그 집단이 다시 결합해서 현재 한반도의 민족 집단이 나온다는 방식이다('예 맥 한 재 결합설'이라 할 만하다). 그 공통 집단은 단군(단군 2) 또는 원 한국어의 위상을 가진다(본문 40). 그러한 연역적 방법(023')은 문제가 많다.

참고로 예맥계는 만주 지역의 다른 주요 집단인 동호계 또는 읍루계(숙신계)에 비해서 상대적으로 이른 시기에 분화가 되고 비교적 일찍 명맥이 끊긴다. 예맥계의 주요 하위 집단인 조선계(요녕계)와 부여계는 7세기까지는 그 존재가 사라지기 때문이다. 더구나 '예 맥 또는 예맥'(김한규 2004; 손동완 2018)이란 용어도 주로 예맥계의 잔여 집단(아래)을 가리키는 용어로 사용이 되어 왔다. 한반도 북부 동해안의 동예("삼국지" '위지' '오환선비동이열전')가 대표적이다. 동예로 불리던 그 집단은 고려조 전기의 "삼국사기"에서는 말갈로 불리기도 하는데 이른바 '예계 말갈'(023')이다. 그 외에도 한반도의 맥계 집단도 역시 말갈로 호칭이 되는데 이른바 '맥계 말갈'(023')이다.

적어도 6세기에는 이미 '예맥' 이란 용어가 완전히 예맥계의 잔여 집단(위)을 의미하는 용어로 사용된다. 신라 선덕여왕(555~567)은 수도 계림(경북 경주)의 황룡사에 9층탑을 세우는데 그 목탑의 각 층은 당시 신라를 위협하던 9가지 집단(9한)을 의미한다("삼국유사" '기이제일' 마한 조; '기이제사' 황룡사 구층탑 조). 그 가운데 하나가 예맥 인데 그것은 한반도 지역에 잔존하던 예맥계 집단을 가리킨다(위). 참고로 예맥 외의 다른 집단은 바다 건너 일본, 구 중국을 대표하는 중화/ 오월, 도서 지역을 대표하는 탁라(탐라)/ 응유(다른 해석도 있다), 북방을 대표하는 말갈/ 단국/ 여진('기이제사'에서는 '여적' 女狄으로 되어 있다) 등이다.

결국 3국 결합설(위)의 다른 버전인 이른바 예 맥 한 결합설(위)도 문제가 많다고 할 수밖에 없다. 우선 예 맥 한 가운데 예 맥 즉 예맥계(위)의 비중은 그다지 크지 않다. 예맥계(위)의 주요 집단인 요녕계(조선계)는 일찍이 한반도 서북부에서 한족(26) 집단과 융합되어 그 정체성을 잃고 이후의 부여계도 대부분 일찌감치 정체성을 상실한다. 예맥계는 현재 동호계 또는 읍루계(숙신계) 집단과는 달리 유전자 분석조차 가능하지 않은 상태다. 예맥계의 위상은 '예 맥 또는 예맥'(위)이란 용어가 잘 보여준다. 예맥계의 잔여 집단은 7세기에 이미 9한의 하나로 여겨지고(위) 12세기에는 당시 북방 이민족의 범칭에 해당하는 말갈 이란 용어로 불리기도 한다("삼국사기").

이상의 3국 또는 3국의 민족 집단(민족 1)(023')이 결합해서 현재의 한반도의 민족 집단(본문 15)이 형성된다는 이론은 "삼국사기"(1145)의 3국(위)이란 것을 전제하고 있다. 다만 그 이론은 3국 건국계(024 a) 설과는 달리 7세기 3국 통일 전쟁(위)으로 인해서 3국이 종언을 고한 이후를 염두에 둔 입론이다. 그렇지만 그 결합설은 앞서 지적한 바처럼 구체적으로 한반도의 민족 집단이 어떻게 결합해서 이루어진 것인지를 말해주는 것과는 거리가 멀다. 어떤 지역의 민족 집단(위)에 관한 논의에서 어떤 추상적인 이론을 가지고 거기서 이끌어내는 방식은 바람직하지 않다. 그렇다고 할 때 3국 결합설은 근본적인 문제가 있다고 할 수밖에 없을 듯하다.

보론 9

북계

 대 신라(676~935)는 한주, 삭주, 명주가 북쪽 변경에 해당한다. 그 가운데 한주는 서에서 동으로 발해(698~926)와 긴 국경을 맞대고 있다(삭주와 명주는 북쪽 경계면이 아주 좁은데 대략 원산 부근이다). 한주 지역은 10세기 후 3국 기에는 후 고구려(고려 〉 마진 〉 태봉 〉 고려 로 이름을 바꾼다) 지역이 되고 그 지역의 세력들은 자신들이 이전의 고구려(기원전후~668)를 계승하는 세력이란 기치를 내건다. 고려조는 우리가 잘 알다시피 대 신라 말기 반란 세력(023')의 하나인 후 고구려(901~935)의 후계 세력이 세운 국가다. 고려조로 들어와서 한주 지역은 관내도(10도제, 아래)가 되는데 관내(關內)(구 중국의 용어다)는 수도 개경을 둘러싼 지역이란 의미다.

 한주 이북 지역은 발해(위)를 거쳐서 거란 요(907~1125)의 지배를 받는데 점차로 고려조(918 또는 935~1392)의 영토로 편입이 된다. 고려조는 거란 요와 대치하고 전쟁을 하는 과정 속에서 청천강을 넘어서 압록강 하류까지 영토를 확장한다. 이른바 강동 6주(흥화, 용주, 통주, 철주, 곽주, 귀주)를 둘러싼 거란 요와의 줄다리기는 우리에게 비교적 잘 알려져 있다. 위의 6주 외에도 삭주, 위주, 인주, 태주, 선주, 운주, 염주, 박주, 가주, 영주가 고려조의 영토로 편입된다. 이상의 한주 이북 지역이 이른바 북계(023')에 해당한다. 한편 명주(위)와 그 이북 지역은 이른바 동계(보론 10) 지역인데 북계와 동계를 합쳐서 양계(본문 31) 라고 한다.

 고려조는 주 방어선 역할을 하던 청천강(023') 유역을 넘어서 압록강 하류까지 영토를 확장하고(위) 그곳에서 청천강 상류의 희천을 경과해서 동계(위)로 이어지는 천리장성을 구축한다. 그 장성은 고려조와 그 북방을 구분하는 군사적 문화적 경계선의 역할을 한다. 고려조 후기 더 정확히 말해서 거의 말기에 와서야 압록강 중류 지역을 확보하고(강계 만호부, 이성 만호부) 조선조 초에는 압록강 상류의 4군(023') 지역까지 편입(023')이 되면서 북계 지역은 완전히 한반도의 일부로 들어간다. 그 과정에서 현재의 압록강을 경계로 하는 국경이 점차로 확정되고 압록강 양안의 단동(요녕성)/ 신의주, 집안(길림성)/ 만포 등이 중국과 한국(조선) 양국의 국경 도시가 된다.

북계(위)는 조선조의 평안도를 거쳐서 현재 북한(조선민주주의인민공화국)의 주요 부분을 이룬다. 현재의 행정 구역으로는 평양 직할시, 남포 특별시, 평안남도, 평안북도, 자강도로 나뉘어진다. 그 가운데 특히 평양 직할시는 북한의 정치 문화적 중심지에 해당하고 북한의 표준어인 문화어도 그 지역에서 사용되는 말을 기본으로 하고 있다. 1953년 이래 본격적인 사회주의 현대화를 겪은 북한은 민족 통일(023')이란 구호가 무색하게 양계(위) 중심의 그들 만의 특유한 정체성을 수립하는데 온 힘을 쏟아왔는데 특히 북계 지역이 더 핵심적인 역할을 한다. 고조선 〉고구려 〉발해 〉고려 〉리조(조선) 〉북한 으로 이어지는 조선사(본문 34)의 역사 체계가 대표적이다.

고려조 초기에는 지방 행정 제도(아래)가 제대로 정비되지 않은 상태였다. 고려조가 호족 연합 세력으로 규정이 될 정도로 호족의 세력이 강한 것도 그 한 요인인 듯하다. 그러다가 983년(성종 2년)에 12목/ 995년(성종 14년)에 10도(위)를 거쳐서 점차 5도 양계(아래)의 제도를 확정하게 된다. 서해도(현재의 황해도 지역)/ 교주도(현재의 강원 영서 지역)/ 양광도(현재의 경기도와 충청도를 합한 지역)/ 전라도/ 경상도 의 5도는 이른바 남도(아래)인데 상대적으로 안정된 지역이라 할 수 있다. 그에 비해서 양계(서해도와 교주도의 바깥 지역이다)는 북방 북국(본문 20)과 대치하는 지역이고 고려조가 영토를 확장하는 과정에 있었기 때문에 5도와는 다른 상황일 수밖에 없었다.

대 신라 북쪽 변경인 한주(위)를 중심 지역으로 하는 후 고구려(위)를 계승한 고려조는 개경을 수도로 삼는데 대 신라

(경주 즉 금성이 수도다)에 비해서 상당히 북쪽이다. 수도 개경 바로 위의 지역이 비교적 이른 시기에 서해도(황해도)로 편제 되고 그 위의 북계(위)도 방위 상 매우 핵심적인 지역이 될 수밖에 없다. 현재 남한(대한민국)의 수도 서울도 북한(조선민주주의인민공화국)과 매우 인접한 지역이라 방위 상 여러 가지 어려운 문제가 있는데 고려조도 그 이전 시기에 비해서 대북국(본문 20, 21, 22, 23)의 전략이 상대적으로 중요한 상황이 었다고 할 수 있다. 더 자세한 사항은 아래에서 다시 설명이 될 예정이다.

서해도(위)의 북쪽 지역에 위치하고 있는 북계는 10도(위) 기준으로는 패서도(위)에 해당하는데 평양이 그 중심 지역이 다. 평양은 서경이라 불리고 유수사가 파견된다. 대동강 이 북인 그 지역은 발해(대 신라와 동시대 이다) 당시에는 농업 사 회의 기반이 무너진 상태였다가 후 3국 시기에 어느 정도 회 복이 된다는 분석도 있다(김기협 2008)(제 3장). 패서도(위)란 이 름도 후 3국 때 궁예가 확정한 '패서 13진'에서 나온 것이다. 초반에는 서경(위)이 그 지역의 중심이지만 이후 더 북쪽에 있는 안북 도호부(안주)가 중시된다. 북계는 동계(보론 10)와 함께 남쪽의 5도(위)와는 여러가지 측면에서 다른 점이 많은데 행정 제도(아래)도 많이 다르다.

5도(위)에는 안렴사가 파견되는데 비해서 북계와 동계의 양계는 매우 군사적인 이름의 병마사(아래)가 파견된다. 병마사는 함께 부임하는 속관도 상당한 규모를 자랑한다. 또한 양계를 다시 몇 개의 도로 나누는 분도(分道) 제가 시행되고 남도(위)와는 달리 속현도 거의 없고 조세도 그 지역에서 사용한다는 것이 특징이다. 중앙에서 양계의 병마사를 지휘하는 병마판사 란 제도도 가동이 되는데 그 기관은 이후 도병마사, 도평의사사(023')로 발전한다. 양계 관련 체제와 제도는 이후 조선조 초기까지 영향을 미친다(여기서 다루는 행정 제도에 관한 용어는 대부분 한국학중앙연구원에서 나온 "한국민족문화대백과사전"의 해당 항목을 참조한 것이다).

조선조 초기에도 당시 도관찰출척사(都觀察黜陟使)가 감창, 안집, 전수, 권농, 관학사, 제조형옥병마공사 등을 겸직한다고 되어 있다("제왕운기" '교정', 아래). 그 가운데 감창, 안집, 전수는 고려조의 양계와 관련이 있는 용어다. 감창사(監倉使)는 양계에서 시행하던 분도(양계를 운중도/ 흥화도와 명주도/ 연해도/ 삭방도 5개의 도로 나눈다)(위) 제 하에서 도의 책임자가 가지는 직함이다(주로 재정을 감독하지만 관리의 감찰도 맡은 듯하다). 안집사(安集使)는 동계(위)가 쌍성총관부(아래)로 넘어가고 나서 남쪽에 조금 남은 구역을 책임지는 직책이었다. 전수(轉輸)는 전운과 같은 의미인데 양계의 수장이 전운사(轉運使)란 설도 있다.

참고로 "제왕운기"(1287)는 조선조에 와서 다시 목판을 만드는데 주 내용인 권상/ 권하(각각 구 중국/ 동국 의 역사를 읊고 있다)를 중심으로 그 앞에는 '제왕운기진정인표'(帝王韻紀進呈引表)가 붙어 있고 그 뒤에는 '세계도' '발'(정소, 아래) '후제' '교정'이 붙어 있다. 다시 찍은 판본 마지막이 '교정'인 셈인데 최유(최유해)가 교정 책임자다. 그 뒤에는 "제왕운기"를 찍은 경주부와 그 상급 관할 기관(경상도)의 관리들이 나와 있다(그들도 교정을 본 것인지는 확실하지 않다). 경주부의 부윤(이승간)과 판관(반영) 그리고 경상도의 도관찰출척사(이지강)와 경력(이윤적)이 그들이다. '후제'(위)(이원, 안국인 2인이 쓴 것이다. 1360년 5월 동경 개판)에는 조선조 이지가 다시 쓴 발문이 붙어 있는데 1417년(태종 17년)이란 연대가 나와 있다.

  조선조에서는 양계(평안도와 함경도) 지역과 남해안 지역(수군)은 주로 무관들이 배치되지만 기타 내륙은 주로 문관인 지방관들이 군직을 가진다. 지방관의 등급에 따라 병마첨절제사(종 4품) 병마동첨절제사(종 5품) 병마도위(종 6품)의 군직을 가지는데 그것은 유사시에 상당한 문제가 발생할 가능성을 내포한다(임진왜란 때 그것이 바로 시현이 된다). 조선 초기의 경주부(위)도 부윤은 병마절도사/ 판관은 병마절제판관의 군직을 가진다. 병마절제판관(위)의 절제는 위의 첨절제사, 동첨절제사의 절제이고 병마절도사(부윤)의 절도는 고려조 전기의 10도(위) 12절도사의 절도다. 고려조 초기의 10도(위)는 주요 지역의 절도사가 계수관(손동완 2022/ 용어 1) 역할을 하는데 그들이 도의 수장 역할을 한다.

보론 10

동계

 양계(본문 31)의 하나인 동계는 한마디로 정의하기 힘든 지역이다. 다만 북계(보론 9)와 대비되는 이름을 가진 지역이고 대 신라 기준으로 북쪽 변경의 한주 삭주 명주(서에서 동으로 방향이다) 가운데 명주와 가장 관련이 높다(명주는 현재 남한 동해안의 상당 부분을 포함한다). 그렇다고 해서 동계가 문자 그대로 동해안의 동쪽 방향의 비중이 높은 행정 구역인 것만은 아니다. 동북면이란 별칭이 그것을 잘 말해 주고 있다(북계는 서북면이란 별칭이 있다). 고려조 초기에는 대 신라의 한주 지역은 관내도(10도제)로 들어가고 삭주 명주 지역은 삭방도(10도제)(아래)로 편제되는데 안변도호부(영흥)가 중심 지역이다. 고려조는 안동(안동) 안서(해주) 안남(전주) 안북(안주) 안변(영흥)에 도호부를 설치한다.

삭방도(10도제)(위)에서 교주도(5도)(강원도 영서 지역인데 춘천이 중심 지역이고 우수주, 우두주, 수약주 등으로 불리는데 맥국 관련설이 있다)가 분리되고 나서 그 나머지는 동계로 불린다. 다른 각도에서 말한다면 교주도(5도) 너머 지역이 특히 북쪽으로 확장된 것이 바로 동계(1036)/ 동북면(1047)이라고 할 수 있다. 따라서 동계는 기본적으로 북쪽으로 여진(023')과 대치하는 지역이다. 고려조는 거란 요/ 여진 금/ 몽골 원 과 대치하는데 그 지역의 여진 집단은 초반에는 거란의 지배를 받고 그 다음에는 여진 금 또 그 다음에는 몽골 원의 지배를 받는다. 결국 수도 개경 북쪽인 서해도(황해도)와 남쪽의 양광도, 전라도, 경상도 그리고 교주도가 고려조의 5도를 이룬다.

동계는 상당 기간 화주(영흥)(금야) 주변이란 범위를 넘어서지 못한다. 북계는 이미 이른 시기에 압록강 이동인 이른바 강동 6주가 편입되고(보론 9) 그 후 천리장성(023')까지 어느 정도의 영토(현재 북한의 평안북도에 해당하는데 자강도는 제외되는 범위다)가 확보되는 반면 동계는 거의 고려조 말기인 공민왕 대에 와서야 함흥/ 길주 가 확보될 정도다. 동계 가운데서도 화주와 그 북쪽은 고려조의 이주민과 여진이 섞여 있는 지역이라 할 수 있다. 안변도호부(위)의 안변의 변(邊)이란 이름 자체가 바로 변방이란 의미인데 원래 안변도호부가 있었던 화주(영흥) 주변 지역은 이후 몽골 원의 직접 지배를 받기도 하고(아래) 원 제국을 이은 한족 왕조 명이 철령 이북인 그 지역에 대해서 소유권을 주장하기도 한다.

고려조는 몽골 원과 30년 전쟁을 수행한다. 그 마지막 즈음인 1258년(고종 45년) 조휘와 탁청 이란 인물이 동계(영흥 주변이 당시의 영역이다)의 병마사 신집평을 제거하고 원에 투항한 이후 그 지역에 쌍성총관부가 설치된다. 그 두 인물이 각각 총관과 천호 직을 가지고 그 자손들이 그 직위를 세습한다. 한반도 국가(024 b)인 고려조를 마침내 굴복시킨 원은 처음에는 직접 지배를 고려하지만 결국은 구 중국(본문 24, 25, 26, 27)의 천하 체제를 도입해서 고려조를 책봉(023') 하는 방식을 택

한다. 그렇지만 북계와 동계의 일부 지역은 예외로 하는데 총관부 등의 조직을 두고 직접 지배의 형식을 취한다. 화주(영흥) 지역을 중심으로 한 쌍성총관부와 평양 지역을 중심으로 한 동녕부가 그것이다. 탐라(제주)도 같은 경우에 속한다.

원이 고려조의 핵심 지역인 5도(위)와의 통합성이 상대적으로 떨어지는 양계와 탐라(제주)를 직접 지배의 대상으로 삼고 (책봉을 한)고려조를 견제하는 방식을 취한 것은 나름대로의 타협책의 일환일 수도 있다. 결국 원래 북방 북국(본문 20)의 영역이었던 양계는 5도(위)보다는 먼저 조정의 대상이 된 셈이다. 그나마 북계의 동녕부(1270~1290)는 얼마 지나지 않아 되돌려주지만 동계의 쌍성총관부(1258~1356)는 상당히 오랜 기간 지속된다. 여하튼 양계는 그 이름처럼 변경 지역이고 고려조 후기 몽골 원 당시에도 맨 처음에 그 영향을 받는 지역이 된다. 그만큼 양계 지역의 제도도 고려조 내내 안정적으로 기능하고 있었던 것은 아니라고 해야 한다.

고려조 말기에는 양계가 여러가지 이름으로 불린다. 양계 지역은 그 제도적인 측면에서 볼 때(위) 점차로 그 특유의 모습이 점차 사라지면서 고려조 말기와 조선조 초기를 거치면서 5도(위)와 흡사한 방식으로 조정이 된다. 조선조에서는 북계 즉 서북면은 평안도로 바뀌고 동계 즉 동북면은 함경도로 바뀐다. 더 정확히 말해서 1413년(태종 13년) 양계 지역은 드디어 평안도/ 영길도 란 이름으로 정식으로 양계 또는 그와 관련된 명칭을 버리고 조선조 8도의 하나로 거듭난다. 그렇지만 영흥 길주의 영길 이란 이름이 잘 말해 주듯이 동계 지역은 여전히 함경북도의 남단 지역까지 만 확보된 상태였다. 다시 말해서 현재의 함경북도 북단은 그 영토 밖의 지역이었다.

영길도는 이후 함길도로 이름이 바뀐다. 그 과정에서 도의 행정 중심도 영흥에서 함흥으로 다시 영흥으로 또 다시 함흥으로 이동한다. 고려조 천리장성을 기준으로 한다면 영흥(화주)은 그 안이고 함흥은 그 밖이다. 물론 고려조에서 천리장성 이북 지역을 도모하지 않은 것은 아니다. 윤관(?~1111)의 여진 정벌(1104, 1107)이 대표적이다. 그렇지만 윤관이 개척해서 9성을 쌓고 민을 이주시킨 그 지역을 고려조에서는 방위 상의 어려움 때문에 되돌려준다. 결국 천리장성 북쪽 지역인 함흥과 길주는 오랜 기간이 지난 후에 야 한반도 국가(위)의 영역 안으로 들어온다. 함흥은 조선조 태조(아래)가 양위한 후에 칩거한 곳이기도 하다.

조선조의 함경도는 남병영과 북병영(병영은 병마절도사영의 줄임말이다) 두 지역으로 구분한다. 함경도를 제외한 8도는 대부분 좌도와 우도로 나뉘는 것과는 비교가 된다. 함경도는 남북으로 길게 뻗어 있는데 그것도 역사적으로 상당한 시차를 두고 한반도 국가로 편입(023')이 된 것이다. 남병영은 함흥 위의 북청에 설치되는데 남병사(병사는 병마절도사의 줄임말이다)의 지휘를 받고 북병영은 길주 위의 경성에 자리잡는데 북병사의 지휘 하에 있다. 북병영이 동계(동북면)의 사실 상의 최 북방의 변경이라 할 수 있다. 동계 지역이 조선조에 영길(영흥과 길주)도/ 함길(함흥과 길주)도를 거쳐서 함경(함흥과 경성)도가 되는 것은 앞서 말한 동계 지역의 확장을 잘 말해준다.

북병영의 최 북단은 물론 우리에게 비교적 익숙한 6진 (023')이다. 경흥진/ 경원진/ 온성진/ 종성진/ 회령진/ 부령진 의 6진은 조선조에 와서 그것도 세종 대에 비로소 한반도 국가로 편입이 된다. 그들 지역은 행정 구역 상의 명칭이 경흥부/ 경원부/ 온성부/ 종성부/ 회령부/ 부령부 로 불리지만 그 체제는 고려조 양계의 방어진(본문 16)의 형식을 그대로 유지한다. 북병영 관할 지역의 행정 구역은 대부분 거진(巨鎭)으로 편제된다. 양계 지역 즉 조선조의 평안도와 함경도에 설치된 거진이 31개에 달하는데 비해서 기타 6도의 거진은 다 합해서 24개일 정도이다(기타 6도는 부윤, 목사, 대도호부사 등의 계수관에 해당하는 고위 지방관만이 거진의 지휘자가 된다).

함경도 지역은 이른 시기에는 옥저, 읍루, 동예(023')의 민족 집단이 활동하던 곳이었다. 이후 고구려의 영토가 되었다가 다시 발해(남해부)의 지배 영역으로 들어간다. 또 다시 거란 요/ 여진 금을 거치고 고려조가 그 최 남단인 용흥강 유역을 지배하는데 앞서 말한 천리장성(위)은 바로 그 부근까지 이어진다. 그나마 화주(영흥) 주변도 고려조 후기에는 몽골 원의 쌍성총관부로 넘어가고(위) 거의 말기인 공민왕에 와서야 수복이 되는 상황이다. 물론 북계의 서경(평양) 주변은 원의 동녕부가 되긴 하지만 비교적 이른 시기(충렬왕)에 고려조로 다시 들어간다. 동계인 함경도 지역은 북계인 평안도 지역에 비해서도 상당히 오랜 기간이 지난 다음에 한반도 국가로 편입(위)이 된다는 것은 앞서 말한 바와 같다.

한반도 지역에는 각 지역을 부르는 별칭이 있다. 관동/ 관서/ 관북 도 그 가운데 하나다. 그 세 용어는 모두 관(關)이란 말이 들어가지만 각각 가리키는 곳이 다르다. 그 가운데 관북이 바로 함경도를 지칭하는 용어다. 그 때의 관은 철령(대략 강원도와 함경남도 사이 더 정확히 말해서 회양과 고산 사이의 고개다)인데 철령 이북 이란 의미다. 동계는 처음에는 관동(강원도 영동) 지역과 그와 인접한 관북 지역이 그 중심 지역이지만 이후 동해안을 따라 북쪽의 함흥/ 길주/ 경성 을 넘어서 두만강 지역까지 이어진다(위). 북계(위)가 고려조 전기에 이미 압록강까지 확장되는 데 비해서 동계는 고려조 말기와 조선조 초기를 지나서야 두만강에 도달한다.

함경도 지역은 조선조를 건국한 이성계 가와도 관련이 있다. 영흥(화주), 덕원, 함흥은 물론이고 두만강 바로 건너의 알동(아래)도 포함된다. 태조 이성계는 영흥에서 태어난다. 영흥은 부친인 이자춘(환조)(환조, 도조, 익조, 목조 의 환조다)이 천호로 있던 지역인데 1356년 공민왕이 쌍성총관부를 수복할 때 협조해서 삭방도 만호 겸 병마사의 직위를 받는다. 이성계는 홍건적, 왜구, 여진 등을 토벌에 공을 세우는데 특히 그 지역의 여진을 정벌하고 동북면 병마사(나하추 침입 당시), 동북면 원수, 지문하성사, 화령(화주) 부윤(함주 침입 격퇴 시)의 직위를 받기도 한다. 영흥(화주)은 현재는 금야 라는 군으로 불리지만 오랜 기간 그 주변 지역(정평, 고원, 요덕)의 중심지 역할을 한다.

두만강 건너의 알동(경원 경흥의 대안이다)은 3대조인 익조(이행리)와 4대조인 목조(이안사)가 천호로 있던 지역이다. 러시아가 연해주를 차지(1860) 함에 따라 6진 지역의 대안은 러시아 지배 하에 들어가는데 그 지역의 일부이다. 이성계 가는 그 지역에 있던 조상의 묘소 2기를 경흥으로 이장하고 다시 함흥으로 이장한다. 영흥 위의 함흥은 '함흥차사'란 말이 있듯이 태조 이성계와 관련이 있다. 태조는 양위한 뒤에 함흥에서 거주한다. 함흥은 이후 함경도(8도)의 중심 지역 역할을 한다. 덕원부(의주 宜州)는 원산만 지역인데 그 곳에서도 그 가계는 천호를 지낸다. 현재의 원산은 그 경내의 작은 어촌인 원산진이 한말을 거치면서 원산부(23부, 아래)가 되고 그 지역의 중심지가 된 것이다.

동계 지역은 북한(조선민주주의인민공화국)에서는 함경남도/ 함경북도/ 양강도/ 나선 특별시/ 강원도 로 나뉜다. 양강도는 대략 함경남도의 북쪽에 위치하는데 두만강과 압록강 두 강을 면한 지역이고(북계 지역의 자강도의 강은 도시 이름 강계다) 혜산이 행정 중심지다. 혜산은 이전의 갑산도호부의 여러 진 가운데 하나였다. 갑산은 '삼수 갑산'이란 용어에서 알 수 있듯이 외진 지역인데 한말의 23부제(1895~6) 하에서는 전국의 23개 광역 행정 구역의 하나로 편제된 바 있다. 나선 특별시는 이전의 6진 가운데 최남단인 경원을 포함한 지역인데 러시아 연해주와 접해 있다. 강원도는 휴전선 이북의 강원도 지역에다 이전의 함경남도 원산을 넣어서 만든 행정 구역이다(철령의 이남과 이북이 다 들어가 있다).

〈참고 문헌〉

"상서대전"(권 38)

"사기"(조선열전)

"한서"(조선전)

"후한서"(동이열전)

"삼국지"(오환선비동이전)

"구당서"(동이북적전)

"신당서"(동이전, 북적전)

"구오대사"(외국열전)

"신오대사"(사이부록)

"삼국사기"(권1, 13, 23, 28)

"해동고승전"(1215)

"동국이상국집"(1241)

"삼국유사"('기이제일' '탑상제사)

"제왕운기"(권하 동국군왕개국연대)

"동국통감"(1485)

"동사강목"(1758)

"발해고"(1784)

'사불허북국거상표'(최치원)

"한국민족문화대백과사전"(한국학 중앙 연구원)

강인욱 2021, "옥저와 읍루", 동북아 역사 재단.

강인욱 외 2022, "고조선의 네트워크와 그 주변 사회", 주류성.

계승범 2011, "정지된 시간", 서강대 출판부.

계승범 2014, "중종의 시대", 역사비평사.

권헌익 정병호 2013, "극장 국가 북한", 창비.

김기협 2008, "밖에서 본 한국사", 돌베개.

김기협 2022, "오랑캐의 역사", 돌베개.

김병모 1992, "한국인이 발자취"(개정판, 초판 1985), 집문당.

김시덕 2015, "동 아시아, 해양과 대륙이 맞서다", 메디치미디어.

김시덕 2024, "한국 도시의 미래", 포레스트북스.

김영민 2021, "중국정치사상사", 사회평론아카데미.

김영하 1990, '후기 신라와 발해의 성립', "북한의 한국사 인식" 1, 한길사.

김영하 2006, '신라 통일론과 남 북국 성립론', "한국 고대사 입문" 3, 김정배 편저, 신서원.

김원룡 1986, "한국 고고학 개설"(제 3판), 일지사.

김자현 2019, "임진 전쟁과 민족의 탄생", 너머북스.

김정배 1973, "한국 민족 문화의 기원", 고려대학교 출판부.

김정배 2006, '한민족의 기원과 형성', "한국 고대사 입문" 1, 김정배 편저, 신서원.

김정학 1964, '한국 민족 형성사', "한국 문화사 대계" 1, 고려대학교 민족 문화 연구소. 1966

김정학 1990, "한국 상고사 연구", 범우사.

김주원 1991, '한국어 계통과 형성에 대한 연구사적 고찰', "한국 고대사 논총"(가락국 사적 개발 연구원), 한국 고대 사회 연구소 편.

김주원 외 2006, "사라져 가는 알타이 언어를 찾아서", 태학사.

김철준 1975, "한국 고대 국가 발달사", 한국일보사.

김한규 2004, "요동사", 문학과지성사.

김호동 2016, "아틀라스 중앙 유라시아사", 사계절.

노태돈 1985, '발해국의 주민 구성과 발해인의 족원', "한국 고대의 국가와 사회", 일조각.

노태돈 1990, '고조선 중심지의 변천에 대한 연구', "한국사론" 23.

노태돈 2003, '발해국의 주민 구성에 대한 연구 현황과 과제', "한국사 연구", 한국사 연구회.

노태돈 2009 a, "삼국 통일 전쟁사", 서울대학교 출판사.

노태돈 2009 b, "한국 고대사의 이론과 쟁점", 집문당.

노태돈 2014, "한국 고대사", 경세원.

노혁진 1994, '한국 선사 문화 형성 과정의 시대 구분', "한국 상고사 학보", 15.

니시지마·이성시 2008, "일본의 고대사 인식, 동 아시아 세계론와 일본", 역사 비평사.

리영희 1974, "전환 시대의 논리", 창비.

박대재 2000, "고대 한국 초기 국가의 왕과 전쟁", 경인문화사.

박대재 2006, '3한의 기원과 국가 형성', "한국 고대사 입문" 1, 김정배 편저, 신서원.

박명림 1996 a b, "한국 전쟁의 발발과 기원" 1, "한국 전쟁의 발발과 기원 2, 나남.

박명림 2002, "한국 1950, 전쟁과 평화", 나남.

박명림 외 2006, "해방 전후사의 인식" 6, 한길사.

박명림 2011, "역사와 지식과 사회", 나남.

박정재 2024, "한국인의 기원", 바다출판사.

박찬승 2010, "민족 민족주의", 소화.

백낙청 2011, "민족 문학과 세계 문학 1", 창비.

백낙청 2021, "분단 체제 변혁의 공부길"(개정판), 창비.

백낙청 2022 a b, "민족 문학의 현 단계"(민족 문학과 세계 문학 2), "민족 문학의 새 단계"(민족 문학과 세계 문학 3), 창비.

사회과학원 고고학 연구소 1977, "조선 고고학 개요", 과학

백과사전 출판사(평양).

사회과학원 역사 연구소 1979~83, "조선 전사", 과학 백과사전 출판사(평양).

성백인 1996, '한국어 계통 연구의 현황과 과제', "한국 민족의 기원과 형성" 하, 소화.

세키네 2020, "일본인의 형성과 한반도 도래인", 경인문화사. 2005

손동완 2018, "한민족의 기원 연구", 바른북스.

손동완 2022, "한민족과 북방 북국", 바른북스.

송재윤 2022, "슬픈 중국, 문화 대 반란 1964~1976", 까치.

송호정 1999, '고조선 국가 형성 과정 연구', 서울대 대학원 박사학위 논문.

신채호 1929, '전후 3한 고', "조선사 연구 초", 조선도서주식회사.

심재훈 2018, "청동기와 중국 고대사", 사회평론아카데미.

심재훈 2021, "중국 고대 지역국가의 발전", 일조각.

오영찬 2006, "낙랑군 연구", 사계절.

우경섭 2013, "조선 중화주의의 성립과 동 아시아", 유니스토리.

유인선 2012, "베트남과 그 이웃 중국", 창비.

유인선 2018, "베트남의 역사", 이산.

윤무병 1975, '무문토기 형식 분류 시고', "진단 학보", 39.

윤해동 2022, "식민 국가와 대칭 국가", 소명 출판.

이기백 1976, "한국사 신론", 일조각.

이삼성 2009 a b, "동아시아의 전쟁과 평화" 1, "동아시아의 전쟁과 평화" 2, 한길사.

이삼성 2018, "한반도의 전쟁과 평화", 한길사.

이삼성 2023, "동아시아 대 분단 체제론", 한길사.

이상희 2023, "인류의 진화", 동아시아.

이선복 1991, '신석기 청동기 시대 주민 교체설에 대한 비판적 검토', "한국 고대사 논총" 1, 한국 고대 사회 연구소 편.

이선복 2003 a, '화석 인골 연구와 한민족의 기원', "한국사 시민 강좌" 32집, 일조각.

이선복 2003 b, '한국인의 기원', "강좌 한국 고대사" 1(한국 고대사 연구 100년), 가락국 사적 개발 연구원.

이선복 2008, '한국인의 기원과 형성', "새로운 한국사 길라
   잡이" 상, 지식산업사.
이성시 2001, "만들어진 고대", 삼인.
이성시 2019, "투쟁의 장으로서의 고대사", 삼인.
이송래 2002, '복합 사회의 발전과 지석묘의 소멸', "전환기
   의 고고학" 1, 한국 상고사 학회 편, 학연 문화사.
이승훈 2023, "한자의 풍경", 사계절.
이영훈 외 2004, "수량 경제사로 다시 본 조선 후기", 서울대
   학교 출판부.
이영훈 2007, "대한민국 이야기", 기파랑.
이장우 외 2020 a b, "고문진보 전집", "고문진보 후집", 을유
   문화사.
이전 2005, "고조선과 고구려", 경상대학교 출판부.
이정우 2024, "세계철학사" 4, 길.
이종욱 2002, "신라의 역사" 1, 김영사.
이종욱 2006, "민족인가 국가인가", 소나무.
이현혜 1984, "3한 사회의 형성 과정 연구", 일조각.
이형구 1989, "발해연안 빗살무늬 토기 문화의 연구", "한국

사학" 10(한국 정신문화 연구원).

이형구 2004, "발해연안에서 찾은 한국 고대 문화의 비밀", 김영사.

임우재 2000, "한국 신석기 문화", 집문당.

임지현 1999, "민족주의는 반역이다", 소나무.

임지현 2004, '고구려사의 딜레마', "근대의 국경, 역사의 변경", 휴머니스트.

장우진 1987, '조선 사람의 시원 문제에 관하여', "조선 고고 연구" 3(평양).

장우진 1989, "조선 사람의 기원", 사회과학 출판사(평양).

장우진 2000, "조선 민족의 발상지 평양", 사회과학 출판사(평양).

전재현 외 1986, "룡곡 동굴 유적", 김일성 종합 대학 출판부(평양).

정광 2010, "역주 원본 노걸대", 박문사.

정영훈 외 2014, "한국의 민족주의와 탈 민족주의", 한국학 중앙연구원 출판부.

정영훈 외 2017, "한민족 공동체 연구", 한국학 중앙연구원

출판부.

정옥자 1998, "조선 후기 조선 중화사상 연구", 일지사.

조동일 2010, "동아시아 문명론", 지식산업사.

조흥윤 1996, '한민족의 기원과 샤머니즘', "한국 민족의 기원과 형성" 하, 소화.

최몽룡 2006, "한국 고고학 고대사의 신 연구", 주류성.

최몽룡 2008 a, '동북 아시아적 관점에서 본 한국 청동기 철기시대 연구의 신 경향', "21세기의 한국 고고학" 1, 최몽룡 편저, 주류성.

최몽룡 2008 b, "한국 청동기 철기시대와 고대 사회의 복원", 주류성.

최성락 1995, '한국 고고학에 있어서의 시대 구분론', "아세아 고문화"(석계 황용훈 교수 정년 기념 논총).

최성락 2002, '전환기 고고학의 의미와 과제', "전환기의 고고학" 1, 한국 상고사 학회 편, 학연 문화사.

최정운 2013, "한국인의 탄생", 미지북스.

최정운 2016, "한국인의 발견", 미지북스.

최정필 2006, '신석기 시대', "한국 고대사 입문" 1, 김정배 편저, 신서원.

한영희 1996, '한민족의 기원', "한국 민족의 기원과 형성" 상, 소화.

함재봉 2017, "한국 사람 만들기" 1, 아산서원.

Anderson 1983, *Imagined Communities: Reflections on the Origin and Spread of Nationalism*, London: Verso.

Deuchler 1992, *The Confucian Transformation of Korea*, Cambridge: Harvard University Asia Center.

Duncan 2000, *The Origins of the Chosun Dynasty*, Seattle: University of Washington Press.

Fei 1988, '中華民族的多元一体格局', "費孝通集", 中國社会科学出版社.

Fugida 1930, '櫛木紋土器の分布に就きて', "青丘學叢" 2.

Gelabert et al. 2022, 'Northeastern Asian and Jomon-related genetic structure in the Three Kingdom period of Gimhae, Korea', *Current Biology*, 2022 Aug; 32(15).

Jin et al. 2003, 'Y-chromosomal DNA haplogroups and their

implication for dual origins of Koreans', *Human Genetics*, 114.

Kwon(권헌익) 2020, *After the Korean War*, Cambridge: Cambridge University Press.

Larsen 2010, *Tradition, Treaties, and Trade*, Cambridge: Harvard University Press.

Lee(이성시) 1998, "古代東亞細亞の民族と國家", 岩波書店.

Lee & Choi(이송래, 최몽룡) 1992, 'Emergence of Complex Society in Prehistoric Korea', *Journal of World Prehistory*, 6(1).

Matsumoto 1985, "日本民族の源流", 大陸書房.

Nishizima 1983, "中國古代國家と東アジア世界", 東京大學出版會.

Ogura 2017, "朝鮮思想全史", 筑摩書房.

Pai(배형일) 2000, *Constructing Korean Origins*, Cambridge: Harvard University Press.

Robbeets et al. 2021, 'Triangulation supports agricultural spread of the Transeurasian languages', *Nature* 599, 10

Nov. 2021.

Schmid 2002, *Korea Between Empires 1895~1919*, New York: Columbia University Press.

Siska et al. 2017, 'Genome-wide data from two early Neolithic East Asian individuals dating to 7700 years ago', *Science Advances*, 01 Feb 2017: 3(2).

Smith 1992, *The Ethnic Origins of Nations*, New Jersey: Wiley-Blackwell.

Tilly 1975, *The Formation of National States in Western Europe*, Princeton: Princeton University Press.

Wen et al. 2004, 'Genetic evidence supports demic diffusion of Han culture', *Nature* 431, 16 Sep. 2004.

Winston 2004, *Human*, London: Dorling Kindersley Limited.

Yi 2022, *Archaeology of Korea*, Seoul: Sahoipyoungnon Academy.

World Map of Y-DNA Haplogroups.png.

(용어와 색인)

676 165, 375

1000(기원전) 378

1885 44, 57, 117, 178, 219

1953 28, 35, 376

가치, 가치 공유 226, 249

각색, 픽션(준왕) 404

간극(기자 조선과 현대 2국가) 336

간극(구 중국과 신 중국) 249

간도 97

갈해 188, 317, 320, 323

감상적 통일 91

감정적 단편적(대 구 중국) 279

갑오개혁 을미개혁 64

강제 이주 98

강좌파 125

강한 기획, 약한 기획 207, 386, 387

강희제 옹정제 건륭제 217

같음 다름 131, 132

개국 351

개발 독재 136

개방 개혁(고르바초프) 49

개방 개혁(등소평) 51, 73

개방적(조타 사섭) 332

개척 98

개화파 281

객가인 107, 246

객가인, 한족(동남 아시아) 107

거란 요, 몽골 원 187

거진 158

격의 불교, 선 불교 235

견훤(마한 정통론) 154

결정적 역할(해양) 444

겸애 231

경쟁 275

경제 논리 83

계급 투쟁 311

계기적(신석기와 청동기 문화) 227

계보(광개토왕비) 295

계보론(본토설) 304

계보론(고조선 고구려 발해 고려 조선 북한) 209, 260, 315

계승(대 신라) 152, 154

계통수 132, 358

고 아시아족 410

고구려 167, 396

고구려 관련 문제(한반도의 민족 집단) 380

고구려 백제 381

고구려 발해 290, 293

고대 국가 259, 395, 396

고대 노예 소유제 사회 312, 352

고대 한국인, 고대 일본인 27, 30, 142

고대의 한국 민족, 고대의 일본 민족 142

고대사 259

고도의 문명 141, 239

고도화(샤머니즘) 413

고려 마진 태봉 고려(후 고구려) 169

고려 요 송, 고려 금 남송 213

고려 잔얼, 고려 구장 208, 321

고려사, 고려사 절요 329

고려설(전통설) 170

고려인 97

고려인, 조선족 16

고려조 152

고려조 후기 154, 334, 355

고려조의 기원 350

고르바초프 옐친 49

고립어 245

고문진보 235

고선지 243

고육지책(발해) 208

고이왕 근초고왕 173

고인 신인 신석기인 304

고조선 1(단군 조선) 352, 425

고조선 2(3조선) 352, 425

고조선 3(역사 상의 조선) 352, 425

고조선 4(조선사) 312, 353, 425

고조선 고구려 381

고조선 고구려 발해 고려 조선 북한(계보론) 209

고조선 왕검조선(고조선 조) 359

고조선 조(기이제일) 351, 359

고종기 56, 219

고층, 고층 존재 문제 360

공공적, 시민적 137

공동 문어, 책봉, 보편 종교 337

공산화 47, 66

공생, 적대적 공생(남한과 북한) 77

공세기(인민군, 유엔군, 중공군) 119

공유, 역사 공유 100, 103, 104, 166, 311

공자 229, 231

과거 제도 156

과도기적 존재(근대 한국인) 29

관계(구 중국) 176, 276

관계 회복(당과 신라) 165

관성(구 중국) 281

관화, 북경 관화 243

광개토왕비문 294, 429

괴리(대 신라 뛰어넘기) 387

교류 교섭 254, 401, 407, 443

교역 399

교체(기자) 361

구 북방 54

구 소련 47, 50, 85, 110

구 소련, 신 중국 47

구 중국 176, 194, 220, 247

구 중국 문화 227, 247, 256, 276, 328, 343

구 중국 역사서(부여계 관련) 433

구 중국을 향한 사대 275

구도(한반도 국가, 북방 북국, 구 중국) 45, 57, 67, 161, 251, 275, 416

구축, 정체성 구축(북한) 87

국 143, 395, 397

국과 국의 집합 345

국 공 합작, 국 공 내전 66

국가 또는 왕조(한반도, 일본 열도, 베트남 지역) 146

국가 없는 국민(식민지기) 127

국교(유교) 234, 335

국민, 국민 국가(네이션 스테이트) 121, 122

국민 교육 헌장 136

국민 없는 국가(임시 정부) 126

국읍, 별읍 413

국제 관계, 단순한 국제 관계 145

국제 관계, 복잡한 국제 관계 145

국제 정세(7세기 한반도) 396

군장 사회 394

권위주의 137

귀화 18

귀화(재일 교포) 99

균세(한말) 64

균질화 121, 246

균질적 구성(한국 포르투갈) 177

균형 외교(한말) 62

극단적 민족주의 213, 360, 383

근대 26, 115, 121, 259

근대 자본주의, 현대 사회주의 125, 312

근대 한국인 27, 28, 131

근대의 과도기 131

근대의 해석 259

근대주의 120, 366, 375

근대주의 딜레마 129

근대화 136

글라스노스트 49

금, 청 325

기 현상(시대구분) 164

기로(진역) 405

기봉 335

기원, 고려조의 기원 170, 314

기원, 모호하고 불 분명한 기원(한국 민족) 141, 369

기원, 분명한 기원 144

기원, 정치적 성격의 기원 434

기원, 한반도 3조 란 기원(한국 민족) 38, 104

기원 이론(일반) 374, 377

기원 이론(고려조) 170, 207

기원전후 378

기이제일(삼국유사) 351

기자 334, 353

기자 기원 155, 403

기자 사당 155

기자 설화 334, 404

기자 조선 155, 334, 352, 360, 402, 426

기자, 위만 338

기장, 벼 22

기조(외교) 250

기후, 기후 결정론 455

길림오랍 430

김씨 왕조 34

김정은 26

꼬리(근대) 129

낙랑 상호 영향권 258, 399

낙랑군 낙랑인 254, 399, 426

남 북국, 남 북국사 205

남 북국설 175, 194, 203, 386

남 북방계 얼굴 448

남 북방계 혼합설 446

남 북조 199

남국, 남국 문제 194

남국 정체성 198

남방 해양 44, 417, 439

남방 해양 문화 439

남제 북제(베트남) 195

남진(베트남) 196

남진 정책(장수왕) 297

남월 332, 425

내 몽고, 신강 위구르, 서장 자치구 68

내륙 호수(빙하기의 동해) 442

내물, 실성, 눌지 마립간 299

내재론(기원) 148, 308, 379, 401

내재적 발전론(김용섭) 118

내지(일본) 98

네이션, 네이션 스테이트(국민 국가) 121, 122

네트워크, 초국적 네트워크 106

노농파 125

노동당 311

노장 230, 235

논(김부식) 171, 350, 405, 435, 445

농경 443

농경 도입(과정주의) 143

농경 의례화 413

농경화 413

다 민족(한반도 현대) 39

다 민족(중국) 238

다 문화 39

다급 64, 180

다변적, 다변적 국제 관계 201

다섯 종류(근대 한국인) 29, 131

다원일체 225

다이쇼 쇼와 42

다자적 제국주의 64

다층 중층(시점론) 132, 133

단군 351, 355

단군 2 358

단군 기원 356

단군 담론 264, 283, 306

단군 신화 359

단군 조선 351, 355, 384

단기 356

단상(남 북국사) 204

단순, 단순한 역사 144

단순, 단순한 국제 관계 145, 196

단절, 근대의 단절 126, 128

단절 손절(유교) 339

단혈성론 305

달라이 라마 69

당 251

당 송 명 251, 252, 266

당대설 309, 376, 409

당위 91

대 몽골 울루스 51

대 북국 184

대 북국 대 중국(조건) 181, 340

대 분단 53, 91, 444

대 신라 151, 165, 382, 390, 392

대 신라, 고려조, 조선조(한반도 3조) 151

대 신라, 고려 1기, 고려 2기, 조선 1기, 조선 2기 159

대 중국(정치 군사) 183, 328

대 중국 2(문화) 340

대 중국 3(신 중국) 248

대남 전략 92, 292

대륙, 대륙의 사회주의권 47

대륙 주축론 89

대립(패권) 275

대만 72, 89

대보단, 조종암, 만동묘 268

대신 대행(천하 체제) 210, 253, 272

대안, 외래설의 대안 379

대안, 다섯 가지 대안(근대 한국인) 131

대월사기전서 195, 332, 339

대체 사상(노장 도교) 235

대치(북방 북국) 184

대칭 국가(임시 정부) 126

대한민국 14, 26, 45

도광양회 73

도교 231, 235

도덕적 우위 91

도약(단군) 352

도입(남 북국설) 206

도입부(제왕운기) 265

도평의사사 157

독립 왕조(베트남) 195

독립문 212

독점(북방 개념) 415

돌궐 회흘 토번(열전) 189, 224, 242

돌변(조선계설) 346, 407

동 로마제국 48

동 아시아 세계 177, 256, 258

동 아시아 문화권 258, 391

동 아시아 문명권 177, 256, 258, 391

동검, 요녕식 동검, 비파형 동검 401, 423

동계 167

동국 194, 327

동국, 해동 220, 327

동국 남국 한국 198, 327

동국의 기원 335, 426

동국역대 전수지도(동사강목) 336

동국통감 329

동남아, 미주(화교) 107

동맹 1(구 중국) 176, 177, 226, 249

동맹 2(북국 제국) 177, 253

동맹 3(미국) 249

동명 434

동명왕편 434

동물 문양, 동복, 쿠르간 412

동방 정책(러시아) 48

동부 만주 420

동북 공정 381

동북 3성 67

동북방 186

동사 327, 354

동이 1(중국 대륙 동부) 190

동이 2 190

동이 북적 남만 서융 224

동이전(오환선비동이열전) 395

동이북적전 189

동인(국의 발생) 397

동주 229

동질성(209

동출부여, 원출부여 435, 436

동포(개념 확대) 113

동포, 해외 동포, 재외 동포, 북한 동포 113

동학농민봉기 64

동호계 읍루계 186

동화(양계) 18, 291

동화(한족) 239

등소평 51, 73

디아스포라 동포 24, 96

디아스포라 비 동포 100

디아스포라 조선 사람 112

디아스포라 한국 사람 99, 112

딜레마(고구려) 381

딜레마 근대주의 딜레마 129

라마교 69

러시아 러시아인 47, 63, 475

러시아 연방 86

러일 전쟁 41

마립간 집단 173

마한 정통론(3한 정통론) 287, 427

마한 조 154, 225, 484

만다린, 푸퉁화 243

만들어진 3국 349, 384

만절필동 269

만주(동북) 66, 184, 388

만주 퉁구스계 315

만주국 42, 97

만청, 여진 청 217

말갈 315

말갈 발해 205, 300, 317

말갈 발해 조 319

말갈의 별종 321

말갈계 205

말살, 혼합(유럽계 이주민) 23

매개체(한 4군) 262

매도, 민족주의 매도 279

맹주 398

메이지 유신 41, 125

명, 당 송 명 252

명맥 186, 191, 297

명목과 실질(3국과 3한) 153

명시적(제왕운기) 360

모순(북한) 90

모스크바 대공국 48

모태 133, 140, 146, 152, 165, 377, 391, 453

모택동 73

모호(근대 한국인) 29

모호, 불 확실(한국 민족의 기원) 369, 376

목차(기이제일) 352

몰 역사 374, 378, 452

몸통(한반도 3조) 129

몽골 고원 187

몽골 민족 140

몽골어(TMT 의 하나) 190

무국 117

무리, 무리한 발상(유득공) 208

무리 사회, 부족 사회, 치프덤, 국가(인류학) 274, 394

무문기, 3한 통합기 393

무역, 교역, 산업 444

무역, 방위 45

문명 전환 57, 118

문명화(7세기 동 아시아) 258

문화(대 정치 군사) 176, 247, 271

문화(대 형질 및 유전자) 374

문화 접촉, 문화 변용 258

문화 혁명, 문화 대 반란 73

문화적 전파(한족) 240

문화어 33

미 군정기(일본) 43

미 군정기(한국) 43

미국 24, 43, 88

미국, 러시아 62

미소 양극 체제 50

미완의 입론(조선계설) 407

미주 한인 99

미토콘드리아 DNA 분석 447

미화(난생) 445

민월 백월 240

민족 1(민족 집단) 122

민족 2(국민) 123

민족 3(2국민 상위) 35, 77, 105, 135

민족, 민족주의 134

민족 공동체(한민족 공동체) 24, 105

민족 국가 369

민족 기원 174, 356, 414

민족 문학(민족 3) 77

민족 문화 369

민족 소멸 21, 110

민족 자결주의 117

민족 집단(민족 1) 122, 129

민족 집단, 무국, 2국가 129

민족 통일 35, 90, 91, 105

민족 통일 자주 135

민족 형성 376

민족의 성장, 민족의 통일(한국사) 363

민족과 문화(한국사) 362, 363, 368

민족과 초국 109

민족과 통일 26

민족적 배경 185

민족어 235

민족주의 15, 77, 117, 163, 181, 248, 256, 258, 279, 281, 356, 381

민주화, 문민 정부 136

민주화파 75

바다 건너(신 중국) 88

바다 건너(대만) 89

바이칼 논, 아무르 설 448

반 기원론 379, 402

반 기자 조선 논 404

반 민족 111

반 시점론 132

반 준왕설 402, 405

반 중국 249, 414

반기문 18

반미 종북 78

반미 주사파 76

반원 252

반일, 반일 민족주의 280

발전 단계(조선계설) 345

발전 단계(3국 건국계 설) 172

발전론적 민족주의 135

발해(바다) 420

발해(국가) 300, 319, 387

발해 군왕 320

발해 말갈 188, 205

발해 말갈, 흑수 말갈 188, 205

발해 요 금 원 청 184

발해 및 후기 신라사 313

발해 및 고려사 1, 발해 및 고려사 2 205, 313

발해와 신라, 발해와 후기 신라 205

발해고 서 204

발해연안 419

발해연안설, 발해연안 1설, 발해연안 2설 424

발해연안 고조선시대 424

발해인 102, 189, 205, 324

방어진, 진 158

방해(후기 건국계) 174

배구(기자 인증) 361

백두산(북한) 126

백서노자 230

백화 243

법가 병가 묵가 230

법령점번 260, 346

베트남(월남) 195

베트남 사람, 베트남 사람 2 338

별종(발해) 300

병마판사 157

병칭 307

병합(한반도) 42, 399

보수 정당 75

보장왕, 연, 진 242

보조(조선족) 97

보편(구 중국 문화) 176, 236, 271, 276, 328, 362

보편적 세계주의 137

복고 237

복권(대 신라) 153

복잡, 복잡한 역사 145, 174

복잡, 복잡한 국제 관계 145

복합 사회 394

본토 기원설, 자생설, 자체 형성론 306

본토 유형 307, 450

본토설(북한) 291, 303, 378

볼셰비키 혁명 48

봉건 제도 229

부 존재(발해) 206, 387

부가(발해 기사) 208

부고려자 321

부박 130

부여, 부여부 429, 430

부여, 고구려, 동 옥저, 읍루, 예, 한, 왜인(동이전) 19

부여 융, 태비 부여씨 437

부여계 20

부여계 계승론, 정치적 계승론, 문화적 계승론 437, 438

부여계설 429

부여별종(부여계) 433

부족 국가, 성읍 국가 394

부흥 중흥 136

북 부여 429, 431

북 중국(10~14세기) 242

북경 243

북계 167, 255

북계 동계 288

북국 중심(조선사) 314

북국 제국(원, 청) 177, 178, 210, 249, 388

북미, 남미, 독일, 호주(디아스포라 한국 사람) 113

북방 2(비 시베리아) 415

북방 북국 160, 175, 184, 193, 389, 415

북방 사회주의 52, 193

북방 시베리아, 북방 시베리아 문화 193, 410, 415, 439

북방 정책(노태우) 49, 416

북방설(시베리아설) 410

북병영 158

북부 전구 사령부(신 중국) 88

북속(베트남) 195

북송(재일 교포) 99

북원 216, 252

북적 185, 223

북조 242

북학파 218

북한 33, 204

북한(부여계 계승론) 437

북한 완충론 85

분단, 분단 체제 77, 90

분류 상의 오류(말갈별종) 322

분리 90, 292

분서갱유 233

불 연속(근대) 127, 128

불 확실(한국 민족의 기원) 353?

불리 292

비 대칭 전력 87

비 시베리아(북방 2) 415

비 역사적 142

비 이성(유사 역사학) 383

비 청동기인 395

비 한국 민족 149

비 한반도 145

비 혈통 16

비변사 157

빅 히스토리 453

4서 235

4중 혼합설 142, 455

4중 혼합설 2(박정재) 455

사(계급) 230

사건(3국 통일 전쟁) 392

사대 문제 249, 274, 281

사대와 자주 264

사대와 자주(북한) 306

사대주의 272, 277

사드 보복 82

사민 102, 242, 300, 436

사불허북국거상표 301

사신, 의례 61

사이부록 224

사타 242

사할린 동포 98

사회 통합(탈북민) 112

사회주의 34

사회주의권(대륙) 47

3국 151, 162

3국 각자 170

3국 건국계, 3국 건국계설 162, 172, 350, 385, 436

3국 결합설 163, 350, 385

3국 소급설 349

3국 통일 전쟁 161, 172

3국설(3국 소급설, 후 3국 3국 소급설) 170, 349, 383, 386, 429

3국과 3조선 376

3대(하 은 주) 221

3북(동호계, 읍루계, 예맥계) 186, 293

3성 6부 156

3조선 342, 348, 354, 360, 384

3진(한, 위, 조) 223

3한, 3한 지역 147, 161, 391, 453

3한 공신, 3한 벽상 공신 153

3한 복합체 166, 390, 392

3한 3국론 154, 261

3한 일관론, 3한 일관론자 379, 380

3한 정통론(마한 정통론) 154, 403, 427

3한 통합 382

3한 통합기 395

3한과 양계 지역 167

3한의 기원 문제 401

3한국 199, 328, 405

3한설 308, 378, 379

3한화 392

30년 전쟁(대 몽골) 211

삼국사기 170, 348, 383, 429, 437

삼국유사(기이제일) 351

삼국유사(준왕 설화) 403

삼국지 405

상권(동남 아시아) 107

상상 상의 영토 확장 149

상인(한반도 화교) 108

샤머니즘 412

서방 46

서부 만주 419

서부 만주, 동부 만주 186

서북면 동북면 289

서역 70

서주 229

서학 동학 355

석묘(발해연안) 423

선 민족, 준 민족, 전 근대 민족 364

선 형성기 133, 200, 365, 453

선 후 남방계 설 448

선도(연맹체) 398

선천(연호) 319

선택적, 선택적 통일 91

선행 단계, 2국가의 선행 단계(한반도 3조) 103

선험적, 선험적 민족 364

선험적, 선험적 가정 452

설명력 450

설화(기자) 361

설화(준왕) 403, 427

섬 아닌 섬(남한) 90

섬서 산서 하남 222

성랑 승선 157

성리학 235

성립, 대 신라의 성립 390

성찰(고구려 관련) 380

성찰(근대주의 관련) 128

세계화 지구화 16

소 정치체(국) 395

소 중화, 소 중화론 218, 264

소 중화의 역설 272

소급 169, 348

소급과 재 소급 348

소급설(후 3국 3국 소급설) 349

소멸, 민족 소멸 21, 110

소비에트 연방(구 소련) 48

소수 민족(디아스포라 동포) 96

소수 민족(중국 대륙) 144, 148, 238, 241

소수 민족(한반도) 144

소요 제물 231

속국 299

송 남송 251

송국리 문화 455

수렵 채집인, 농경민 455

수묘인 연호 294

수입 도입(북한의 남 북국사) 204, 207

수입(일본의 민족 개념) 123

수준 저하 207

수탈론 118

스키타이 오르도스 412

슬라브계 48

승인(일본의 한반도 접수) 63

시 주석 72

시간 범위 308, 452

시경 서경 역경 233

시대구분(조선사) 311

시대구분(한국 고고학) 164

시민 사회, 시민 교육 138

시베리아(북방 1) 410

시베리아 대 해양 440

시베리아 문화 410

시베리아설 410

시온주의자 107

시점 376

시점론 127, 130

시효(해양 세력) 89

식민 국가 125

식민지 근대화 111, 118

식민지 제국주의 60

식민지기 42, 117

신 냉전 74

신 북국 제국(구 소련) 50

신 북방(중앙 아시아) 55

신 북방(구 소련, 신 중국) 구 북방(북방 북국) 53

신 중국 65, 178, 226, 249

신 중국을 향한 사대 81, 275

신라 백제(고대 국가) 396

신라기(동국통감) 153

신라방 101

신래한예(광개토대왕비) 295

신묘년 기사 296

신분과 계급 120

신오대사 324

신편 총설(신편 한국사) 368

신편 한국사 367

신화 설화 역사 341

실위, 몽올 실위 186

실재(위만 조선) 402

심양 요동 대도(디아스포라 비 동포) 100, 101

심양왕 101

13경 233

십제 20, 433

쌍성총관부 213

아관파천 48, 62

아류, 신채호의 아류 149

아무르설 22

아무르인, 요서 농경민, 점토대인, 부여계(4중 혼합설 2) 455

아사, 아류 아사 367

아언 통어 243

아편 전쟁 218

안동도호부 165

알타이언어 22, 245

약점(조선사) 314

양계 145, 157, 158, 166, 286

양계(고구려인 발해인) 102

양극 체제 50

양립 불가(3국설과 남 북국설) 204

언어학적 분류 448

언어학적 접근 454

여진 216, 325

여진계 18, 103, 290

역부족(남 북방계 논) 447

역사 공동체 만주 191, 388

역사 공동체 몽골 일본 중국 37

역사 공동체 베트남 332

역사 공동체 한국(조선) 20, 31, 36, 114, 148, 310, 387

역사 공유(2국가) 100, 103, 104, 166

역사 기획 145, 203, 302, 385

역사 만들기 386

역사 문화 286

역사 밖의 역사 331

역사 상의 조선 352, 404, 425

역사 영토 104

역사 전쟁 260

역사의 여명 174

역사적, 비 역사적 369, 378

역사적 공백 353, 426

역사적 맥락(신 북방) 55

역사적 주권 161, 205, 315, 321

연대(구 중국) 276

연맹 398

연맹과 병합 395

연맹체(마한, 진한, 가야, 백제) 396, 398

연변 조선족 자치주 71

연속성(고려와 조선) 156

연속성, 한반도 3조와의 연속성 128

연역적 방법 357

연운 16주 242

연합(당과 신라) 164

연합 국가(조선계와 한족계) 341

연합 국가(백월계와 한족계) 342

연해주(고려인) 97

연해주(악마의 문 동굴인) 467

열린 민족주의 21, 136

영락 296

영약 3단 62

영어 공용론 137

영토 163

영토, 역사, 언어, 전통 104

예 맥 또는 예맥(예맥계의 잔여 집단) 318

예 맥 한 공통 집단 358

예계 말갈, 맥계 말갈 188, 322

예맥 고구려 293

예맥계 294

예맥어 358

5단계(조선사) 311

5부(고구려) 294

5제(황제 전욱 제곡 요 순)(구 중국의 전설시대) 221

오두미교 231

오람(마한 조) 154

오스트로아시아, 오스트로네시아 448

오어 민어 월어 감어 상어(한어 방언) 244

오염(민족주의) 138

옥저 동예 예맥(외곽의 소수 민족) 144

옥저 읍루 동예(동계) 167

완성, 3한 복합체의 완성 392

완충, 대 중국 완충(북한) 86

외곽(중국 대륙) 144

외곽(한반도) 144, 290, 431

외곽(만주) 145, 296, 431

외교(한말) 62

외기 331, 338, 362

외기 삼국기 신라기 고려기(동국통감) 329

외래설 376, 377, 379, 402, 409

외래적 기원(3한) 402

왜 가야 298

요녕계 142, 425, 455

요녕계, 부여계(4중 혼합설) 142, 455

요동 427, 428

요동도지휘사사(요동도사) 216

요사 금사 원사 청사고 214

요하 227, 421

요하 문명 423

우 221

우거수 염사치 408

우크라이나 전쟁 86

우호 관계(구 중국과 한반도 국가) 247

원 청(북국 제국) 210

원 청(천하 체제, 책봉) 210, 338

원 한국어 358

원군(명) 252

원군(신 중국) 269

원세개 59, 180

원시 공동 사회 312

원용(계통수) 258

원용(유물 사관) 366

원인 고인 신인 304

원초주의 122

원형 357

위구태 431

위로부터(방법) 452

위만 341

위만 조선 341, 344, 425

위만 조선, 낙랑군 255

위상(시베리아설) 415

위정척사파 79, 281

위정척사파, 기독교, 사회주의(탈 민족주의) 111

위협(고구려) 397

위협(신 중국) 82

유가 230

유교 155, 234

유교 이데올로기 336

유교 전파 334, 361

유교 제도 257

유교적 관료제 155, 156

유교적 서사(기자) 335

유교화, 성리학 화 218, 266

유대인 유대교 106, 109

유득공 204

유리(몰 역사) 453

유림 79, 281

유물 사관 311

유사 몽골계설 287

유사 문제(한국 민족의 기원) 370, 374, 414

유사 퉁구스계 411

유사역사학, 유사역사학자 149, 263, 383, 423

유전자, 형질 및 유전자 247, 307, 374, 446

유전자 논 446

유전자적 접근 454

유전적 다양성(동남 아시아) 450

유전적 범위(동 아시아) 16

융합(조선계와 한족계) 344, 426

은(상) 228

읍루 물길 말갈 188

읍루 물길 말갈 여진 317

읍루계, 숙신계 322

읍루계 단혈성 316

의례 예기 주례(3례) 234

의사(통일) 92

의자왕 243, 437

2국가 2국민 24

2단계 교체설 411

2중 기원론 446

2중적 의식, 2중적 인식 162, 351, 385

24사 215

이동(조선) 425

이동설 287

이민 사회 14, 138

이슬람 화(투르크계) 224

이월(정체 제도) 157

이유(사대) 276

이전의 유전자 분석 449

이주 21, 454

이주민 15

이주 배경 16

인구 문제 110

인도 태평양 사령부(미국) 88

인력 97

인식 차(기자) 340

인아거일(한말) 64

인적 자원 97, 112

인증(기자) 353, 361

일관(조선계설) 407

일관, 3한 일관론 379, 380

일국이제 80

일당 지배 34

일본 41, 116

일본(남국) 198

일본 민족 149

일본어 사용 집단 456

일연(마한 정통론) 154, 403

잃어버린 10년 62

임라 254

임시 정부 117

임오군란 59

임진왜란 101, 130, 157

입시, 사 교육 138

자본주의적 현대화 45, 444

자유 진영 46

자유민주권, 해양의 자유민주권 46

자주(소 중화) 272

자주(북한) 282, 306

자치구(내몽고, 신강 위구르, 서장) 68

자치주 71

잔여, 예맥계의 잔여 집단(예 맥 또는 예맥) 318

잔존 세력(구 중국 문화) 282

잠재적 위협 세력(신 중국) 83, 226, 249

장 태 동 수 묘 요(중국 대륙 기원의 소수 민족) 241, 244

장강 227

장수왕 294

장안 서안 223

장어, 한 장어 239

장족 장어 68, 69

재 소급, 재 소급설 348, 351, 384

재신 추신 156

재일 교포, 재일 한국인 98

재촉(청 제국주의) 64

쟁장 사건 288, 301

저항적 민족주의 118, 129, 135

적대적 공생 77

적대적 2국가 292

전 한국 민족, 전 일본 민족 141, 143

전 후 3한설 287

전국시대(구 중국) 232

전국시대(일본) 41

전략적 정치적 사대 270, 271, 276

전설시대(5제) 221

전쟁 104, 160

전쟁, 3국 통일 전쟁 161, 165

전통설 170, 354, 376

전환 44, 56, 117, 161, 179

전환기, 식민지기, 해방 분단 전쟁기 44, 116

절충론 412

정기, 여기, 이기, 진기(대월사기전서) 331

정복자 기원 20, 141, 239

정전 협정 120

정체성(남한, 한국 사람) 16, 28

정체성(북한, 조선 사람) 34, 87, 290, 306

정체성(한국 민족 또는 한반도 국가) 166, 175, 181, 184, 290, 301, 316, 317

정체성 상실(발해인) 205, 324

정체성 혼란

정치 군사 44, 74, 176, 181, 184, 247

정치 선전(북한) 35

정치 체제, 정치 제도(유교) 234

정치적 통합, 문화적 융합 386

정통상전송(제왕운기) 265

정통성(고려조) 169

제국 1(북국 제국) 60

제국 2(식민지 제국주의) 60

제기 악기(은) 228

제외(발해) 301, 314

제정 러시아 48, 430

제주어 245

제한적(남방 해양) 441

제한적(남국) 194, 201

제한적(3국) 31

제한적(고대 한국인, 선사시대 한국인) 32

제한, 시대적 제한(남 북국) 199

조건(대 북국 대 중국) 165, 181, 221

조공(광개토왕비) 298

조상 304, 414, 453

조선(발해연안) 424

조선(역사 공동체) 38

조선 사람 24, 35

조선 사람 2 36, 38

조선 유민, 조선지유민 344, 406

조선 중화주의 270

조선계 345

조선계설 345, 406, 426

조선민주주의인민공화국 43, 90, 105

조선사(북한) 291, 310, 366

조선상 역계경 408

조선열전 342

조선옛유형사람 305

조선적(재일 교포) 98

조선전사 310

조선조 사람 36

조선족 97

조선족, 고려인(남한) 108

조선족, 고려인, 재일 교포, 미주 한인(디아스포라 동포) 96

조약, 장사 60

조일수호조규 41

조작(유전자 연구) 453

조청상민수륙무역장정 59

조타 사섭(베트남) 332, 338

족장 사회 394

졸본 부여 432

종손 281

종언 180

좌우궁인 403

주공 229

주권 제한(1885) 61

주몽 온조 436

주민 통제 34

주사파 76

주찰조선총리교섭통상사의 180

주체 사상 33, 303

주축 316

준왕, 준왕 설화 403, 427

준왕설, 비 준왕설 402

줄타기(3국과 3한 사이) 153

중국 221

중국 공산당 66

중국 대륙 147

중국 대륙 기원(소수 민족) 241

중국계 성씨 17

중국인(논) 405

중세 동 아시아 문명권 337

중세 봉건 사회 312

중앙 아시아(고려인) 98

중원 222

중층적, 중층적인 민족 형성 376

중추 문제(고구려 백제) 381

중핵 문제(3국 건국계) 436

중화 221, 224

중화권(3한 지역) 167

중화민국 66, 72

중화인민공화국 52, 66

즐문인, 무문인, 요녕계, 부여계(4중 혼합설) 455

지구화 세계화(20, 21세기 한반도) 445

지급시 71

지리적, 역사 문화적 287

지석묘 394, 395

지석묘, 난생 설화, 쌍어 문양, 돌하르방(남방 해양) 445

지역 역사 복합체 152, 391

지역신(단군) 351

지역적 정체성(북한) 90

지엽적(부여계의 문화적 계승론) 437

지정학 275

진 문공 223

진 제국 232

진국 408

진난 17, 405

진단 300

진보 정당 75

진역 405

진영 33, 46, 74, 108, 178, 250

징용 98

차선이자 최선(북한 완충론) 87

착란(구 중국과 신 중국) 276

책봉 213, 217, 337

책봉(원 청) 253

책봉 조공 211

천리장성 286

천산 산맥, 오아시스 70

천제, 하백(추모왕) 295

천하 체제 210

첨부(고구려 발해) 302

청 57, 65

청 일 전쟁 41, 64

청 제국주의 60

청동 단검 395

체계 부재(한국사) 204

초 국적, 초 종족 270

초 오 월 229, 240

초국적 네트워크(한민족 공동체론) 106

초기 국가 형성 258

초기 농경 사회 143, 395, 401

초원 유목 문화 412

최근의 유전자 분석 447

추모왕 295, 432

추위 454

축복(북한 완충론) 90

춘추, 춘추 3전 233

춘추 전국 229

출발, 기원 133

출산율 14

출자부여 433

취약(정통성) 348

친 사회주의 정서(민주화파) 81

친일 118

친중 1 79, 277

친중 2 78, 83, 277

친중파 277

72국 조(기이제일) 260, 344

쿨리 107

탈 근대 사상 237

탈 민족 39, 110, 137

탈 민족과 초국(홍범도) 110

탈북민 111

태비 부여씨 243, 437

태평양 전쟁 43

통일, 통일 전쟁(3국 통일 전쟁) 161, 382, 392

통일, 통일 방안(남한 북한) 105

통일 지상주의 87, 91

통전 인용(72국 조) 344

통합, 3한 통합기 375, 395, 397

통합(한반도 지역의 소수 민족) 144

통합(이민 사회, 이주민) 21, 138

통합(탈북민) 112

통합 국가(한반도) 192, 194

통합 국가(발해 요 금 원 청) 184, 266, 297, 388

통합과 분리(양계) 292

통합의 이데올로기(고려조) 170, 349

통혼 213

투르크계, 투르크어 190, 224

투쟁의 무기(유교) 339

투쟁의 장(고대사) 260

퉁구스계, 퉁구스어 22, 191, 411

퉁구스어 남부 방언 318

퉁구스인 411

트랜스유라시아 언어(알타이언어) 22, 245

특별 행정구 72

특수 관계(남한 북한) 26

틀 그 자체 441

티베트(서장) 68

팔레스타인 지역 107

패권, 패권 경쟁 275

패자 229

페레스트로이카 49

페르시아(이란)계 22

편입 18, 289

평양 33, 303

평양 안주 288

평양 원산 선 286

평양설 308

평화 헌법 43

평화기, 팍스 시니카 217, 253

포르투갈(균질적 구성) 177

풍속점리 261, 346

픽션(준왕) 404

하가점 하층 문화, 하가점 상층 문화 422

하나의 기원 356

하와이 멕시코 쿠바(미주 한인) 99

하플로 그룹 450

한(왕조) 232, 239

한 4군 254, 343, 344

한 장어, 한어 1 238

한계(자주) 273

한계(시간 범위) 308, 452

한국(3한국) 199, 405

한국(조선), 역사 공동체 한국(조선) 387

한국 문화, 한국 문명 31

한국 문화, 한국 민족 문화 369

한국 민족 15, 25

한국 민족, 비 한국 민족 149

한국 민족, 한국사, 한국어(한국 사람 2 또는 조선 사람 2) 38

한국 사람 24, 44, 150

한국 사람 2(조선 사람 2) 36, 38

한국 사람과 조선 사람(남한과 북한) 36

한국 사람과 디아스포라 동포(한민족 공동체 논) 106

한국 시민 15, 25

한국 전쟁 119, 160

한국 한국인 200, 380

한국사 362

한국사(신편 한국사) 362

한국어 358

한국어 일본어 358

한국인, 현대 한국인, 근대 한국인, 고대 한국인 27

한길사 한국사 365

한말(단군) 355

한문 한자어 235

한미 동맹 120

한민족, 한인, 한국 민족 114

한민족 공동체 14, 106

한반도 147, 286

한반도, 비 한반도 145

한반도 3조 146, 150, 166, 177, 377, 453

한반도, 일본 열도, 베트남(민족 형성) 391

한반도, 중국 대륙, 일본 열도, 몽골 고원 147

한반도의 민족 집단 140

한법 한인(북 중국) 189, 244, 324

한아언어(북 중국, 한어 2) 243

한어 1 244

한어 2 238, 243

한인, 대한인국민회 114

한자 한문 한어 238

한자, 한문, 유교, 제도 257

한족 238

한족(피 흡수) 102, 300

한족 국가, 한족 왕조 249

한족계설 405

한지 한왕 한인 403

한화(북조, 수, 당) 242

합병 117

해방 분단 전쟁기 118

해방 공간, 48체제, 한국 전쟁 118

해양 40

해양 대 대륙 33, 44, 47, 52, 85, 115, 125, 180, 274, 363, 415, 439

해양 국가(남한) 45

해양 문화 442, 445

해양 세력(일본, 미국) 40, 44, 439

해양계(남방계) 442

해체(민족 개념) 130

핵 무장, 핵 무장 국가 34, 87

허점, 방법 상의 허점 452

현대 공산주의 사회 313

현대 한국인 27

현대화, 자본주의적 현대화, 사회주의적 현대화 24

현실적, 현실적 시기(676) 375

현실주의 이상주의 88

혈통과 문화 135

형성, 형성 유형 147, 148, 165, 192, 357, 365, 376, 385, 390

형성기, 선 형성기 192, 365

형질 및 유전자 247, 307, 374, 446

호우 299

호태왕 296

혼란과 논란(근대) 124, 126

혼성어(북경 지역) 243

혼합 결합 356

혼합 조화(시베리아와 해양) 440

홍범도(탈민족과 초국) 110

홍산 문화 422

홍콩(일국이제) 80

홍콩 마카오 72

화교 107, 246

화교 유대인 106

화북 화중 화남 71

화북 화동 중남 71

화하 221

확대(동포) 113

황로 230

황하 222

황하 유역 227

황해도(신라) 164

회색 국가 213

획기적, 획기적 전환 60

후 고구려(고려 마진 태봉 고려) 169, 348

후 3국 3국 소급설 349

후금 216

후기 건국계설 173

후한서 인용 260, 344

휴전 협상 119

흉노 돌궐 224

흑수 말갈 189, 300, 325

흡수(비 동포) 101

흡수(한족으로) 102, 300, 436

흥륭와 문화 422

afb^{1}b^3 449

ab³st 449

C3 290, 451

C 계열 306, 451

D 계열 451

G2 51, 73

GM 유전자론 449

O 계열 306

O1, O2, O3, O2a, O2b 451

TMT 190

transnational 1 106

transnational 2 39, 110, 137

Y 염색체 DNA 분석 447

한국 사람
(Koreans)

초판 1쇄 발행 2025. 1. 24.

지은이 손동완
펴낸이 김병호
펴낸곳 주식회사 바른북스

편집진행 박하연
디자인 김민지

등록 2019년 4월 3일 제2019-000040호
주소 서울시 성동구 연무장5길 9-16, 301호 (성수동2가, 블루스톤타워)
대표전화 070-7857-9719 | **경영지원** 02-3409-9719 | **팩스** 070-7610-9820

•바른북스는 여러분의 다양한 아이디어와 원고 투고를 설레는 마음으로 기다리고 있습니다.

이메일 barunbooks21@naver.com | **원고투고** barunbooks21@naver.com
홈페이지 www.barunbooks.com | **공식 블로그** blog.naver.com/barunbooks7
공식 포스트 post.naver.com/barunbooks7 | **페이스북** facebook.com/barunbooks7

ⓒ 손동완, 2025
ISBN 979-11-7263-222-9 93910

•파본이나 잘못된 책은 구입하신 곳에서 교환해드립니다.
•이 책은 저작권법에 따라 보호를 받는 저작물이므로 무단전재 및 복제를 금지하며,
 이 책 내용의 전부 및 일부를 이용하려면 반드시 저작권자와 도서출판 바른북스의 서면동의를
 받아야 합니다.